# PRACTICE AND INNOVATION

Research on the Construction of Shanghai Global Asset Management Center

# 实践与创新

## 上海全球资产管理中心建设研究

上海全球资产管理中心建设研究课题组◎编著

復旦大學出版社

## 本书编委会


主　编　朱永红　李　军

编　委　李　文　胡爱民　刘加海

李琦强　曹艳文　李　丹

高卫星　杨　宇　章　明

蔡梦苑　卫以诺　韩文奇

杨卓群　曾东祺

# 序

推进上海全球资产管理中心建设，是上海建设国际金融中心的重要内容，也是上海在2020年基本建成与我国经济实力和人民币国际地位相适应的国际金融中心之后，开启“后2020”国际金融中心建设新征程上的重点工作。为此，《实践与创新——上海全球资产管理中心建设研究》正逢其时，非常有意义。参与此书编写的人员中有好几位是我的老同事和老朋友，当收到为此书作序的邀请后，我便欣然应允。我完全认同他们编写此书的理念。上海建设全球资产管理中心，要呼应我们所处的大时代，展现上海发展的大格局，适应金融科技带来的大变革，体现资产管理行业的社会大责任，实践行业监管与治理的大智慧。

呼应我们所处的大时代。正如习近平主席所说，当今世界正经历百年未有之大变局，国际经济金融格局深刻调整，我国已进入了高质量发展阶段，对包括资产管理在内的金融服务提出了新要求。特别是2020年新冠肺炎疫情在全世界范围的暴发和流行，进一步加速人类社会生活生产方式的变动，资产管理也面临新的发展机遇和挑战。此时，对很多问题和挑战的思考、分析、解决，都需要前所未有的耐心、勇气以及创造力。我想，上海建设全球资产管理中心的道路、成就及前景，应是我们所处大时代的生动写照。

展现上海发展的大格局。习近平主席提出强化上海“四大功能”——全球资源配置功能、科技创新策源功能、高端产业引领功能和开放枢纽门户功能。所谓“功能”，我理解，不应仅指为上海自身发展所用的“功能”，还应是指为中华民族伟大复兴，甚至为人类命运共同体建设所用的“功能”，这就要展现“大格局”。首先是我国对内、对外的区域发展战略上的大格局。丝绸之路经济带、21世纪海上丝绸之路、推动长江经济带发展、长江三角洲一体化等，都是国家战略，而长江经济带是“一带一路”在国内的主要交汇地带，长江三角洲地区又是长江经济带发展的龙头，毫无疑问上海处于最关键位置。其次是两个“经济循环”的大格局。习近平主席指出，要推动形成以国内大循环为主体、国内国际双循环相互促进的新发展格局。可以认为，科技创新策源功能和高端产业引领功能对应国内经济循环，全球资源配置功能和开放枢纽门户功能对应国际经济循环。而资产管理的本质，就是资源配置。所以，上海建设全球资产管理中心，是全球范围内资源配置，必将充分体现上海发展的大格局。

适应金融科技带来的大变革。当今世界,正在进入第四次科技革命,万物互联、人工智能、基因编辑、大数据、云计算等正在走进现实,加速了人类文明的演化进程,并推动了人类生活方式、生产方式和思维方式的根本性变革。在中观、微观层面分析,资产管理行业也不例外。一是金融科技为资管机构自身的发展带来巨大的能量;二是科技型企业也在积极进入资产管理,提升金融服务效率,丰富了资管机构的业态、形态;三是资管机构和科技企业、互联网企业进行大范围的"平台化"合作,使资管机构形态、资产管理业态的不同部分体现了不同的特征:空间上的集中与分布,时间上的连续与离散,线上的虚拟现实的存在感,线下的快捷高效的"无感体验"等。毫无疑问,上海建设全球资产管理中心,将全面拥抱金融科技。

体现资产管理行业的社会大责任。资产管理行业承担和履行社会责任,就应该实现经济价值和社会价值的统一。这需要注重充分发挥资产管理行业的客户端的"普惠金融"特点,以及投资端的产业政策的有效性。我们要丰富资产管理的金融产品品种,做好投资者适当性管理,加强投资者教育,使每个人都有适合自己的资管产品进行投资。同时,明晰产业政策,鼓励资产管理机构将"众人之财"投资到国家亟须发展的产业行业,促进我国经济的发展。

实践资产行业监管与治理的大智慧。改革开放四十年的经验告诉我们,制度及相应的监管体制、治理机制的革新,带来的影响是全局的、根本的、长远的,红利也是最为巨大的,资产管理行业也是如此。当前,中央对资本市场(也包含了资产管理行业)的定位有三句话、九个字:建制度、不干预、零容忍,这充分体现了监管与治理的大智慧,需要我们扎实、认真实践好。一方面,为了避免监管真空或者是监管套利,需要从单一的机构监管向兼顾功能监管转换;另一方面,考虑市场本身的需求和阶段性特征,渐进改革,比如资管新规落地的过渡期安排。我相信,在上海建设全球资产管理中心过程中,监管部门和主管部门将充分实践资产管理行业监管与治理的大智慧。

作为一个长期参与上海国际金融中心建设的老兵,衷心期待本书的读者能有所收获,祝愿上海全球资产管理中心建设不忘初心、砥砺前行,取得更大的成就!

是为序。

2020年12月

# 前　言

深化金融供给侧结构性改革，增强金融服务实体经济能力是我国资本市场发展的主要任务。特别是十八大以来，在党中央领导下，我国有序推进金融改革发展、治理金融风险与开展金融的对外开放，金融行业保持快速发展，金融产品日益丰富，金融服务普惠性不断增强，金融与实体经济的关系更为紧密。习近平总书记强调，要增强金融服务实体经济能力，金融活，经济活；金融稳，经济稳。经济是肌体，金融是血脉，两者共生共荣。因此，高质量的经济发展离不开金融对实体经济的支持，更离不开金融与实体经济的桥梁——资产管理行业的规范发展。目前，中国资产管理行业管理的资产总规模已达百万亿级：1991 年中国出现第一只公募基金产品，2004 年国内推出第一只人民币银行理财产品，2013 年互联网化的货币基金——余额宝诞生，2019 年第一只银行理财子公司产品以及买方投顾业务模式下的组合产品落地，我国的资产管理行业呈现出产品逐渐丰富、规模不断攀升、金融科技持续赋能的发展局面。

进入新时期，世界政治、经济格局发生了剧烈变化，全球金融市场动荡不断。面对错综复杂的国内外环境，习近平总书记强调，要正确把握金融本质，深化金融供给侧结构性改革。2018 年 3 月 28 日，在习近平总书记主持召开的中央全面深化改革委员会第一次会议上，审议并通过了规范金融机构资产管理业务的指导意见。一个月后的 2018 年 4 月 27 日，中国人民银行、中国银行保险监督管理委员会、中国证券监督管理委员会、国家外汇管理局联合印发了《关于规范金融机构资产管理业务的指导意见》(银发〔2018〕106 号，简称资管新规)，资管新规引导资产管理回归本源，通过统一同类产品的监管标准防范跨行业、跨市场风险传递，促进我国资产管理健康发展，资产管理行业逐渐实现了统一监管，“影子”银行、业务多层嵌套、资金空转甚至是恶意抬高融资成本等扭曲发展方式已经丧失了生存空间，净值化、标准化产品不断涌现，资产管理行业迎来了历史性发展机遇。

面对大资管时代，经过多年的发展，上海资产管理行业在服务实体经济和社会财富管理方面的作用更加凸显。目前，上海拥有各类持牌金融机构超过 1 600 家，其中外资机构占到 1/3，全球排名前十的资管机构都在上海有资产管理业务。外商独资的私募基金大都落户上海，上海金融从业人员目前达到了 47 万人，这一切都为建设有全球影响力的资管中心城市奠定了坚实基础。2020 年 8 月 20 日，习近平总书记在合肥主持召开长三角一体化发展座谈会，指出要抓好上海国际金融中心建设，支持长三角和全国经济高质量发展，加快形成以国内大循环为主体、国内国际双循环相互促进的新发展格局。2020年11月12日，在浦东开发开放30周年庆祝大会上，习近平总书记再次强调，要增强全球资源配置能力，服务构建新发展格局。

资产管理是上海国际金融中心建设的重要部分，是连接居民财富供给和实体经济资金需求之间的通道，上海建设全球资产管理中心，有助于推动长三角区域经济高质量发展，更有助于推动双循环格局的形成。正是基于这样的大环境，上海需要把资产管理行业当作发展全球金融中心的重点，而上海的资产管理机构需要区域内资产、资金、人才的汇聚、高度发达的金融市场以及完善的制度体系，实践与创新的融合，就成为上海建设全球资产管理中心研究的重点。

《实践与创新——上海全球资产管理中心建设研究》，将上海全球资产管理中心的焦点放在了实践和创新两个主题上。其中，实践方面包括了对资产管理行业概述、全球资产管理、中国资产管理和上海资产管理的介绍；创新方面就主要涵盖了上海建设全球资产管理中心的战略与发展思路分析。具体而言，本书包括七个部分，第一章为资产管理行业概述，介绍资产管理的定义、本质与特征、起源与发展、分类等。第二章为全球资产管理行业基本情况，介绍全球主要资管中心发展情况，并进行了对比分析，总结有益发展经验。第三章为中国资产管理行业基本情况，介绍我国资管发展总体表现、细分行业、自律组织等情况，并与国际资管行业进行了比较。第四章为上海资产管理行业基本情况，介绍上海市资管发展总体情况、区域分布、人才发展、相关部门和特色品牌等。第五章为上海建设全球资管中心的战略分析，深入分析上海优势、劣势、机遇和挑战。第六章为上海建设全球资管中心的发展思路，从五个方面提出了思路建议。第七章为海外资产管理机构上海投资指南。

拥抱新机遇，扬帆再起航！我们相信，本书的出版只是一个开始，面对资产管理大时代的来临，上海建设高质量发展的全球资产管理中心一定是政府机构、金融要素市场、金融机构以及投资者等共同努力奋斗下的结果；中国资产管理行业未来发展的宏图，需要我们国内所有金融从业人员“不忘初心、牢记使命”，用智慧和汗水共同奋进，携手全球的资产管理机构与五湖四海的朋友们，共同开启上海全球资产管理中心建设新征程！

本书编委会

2020年12月

# 目 录

第一章 资产管理行业概述 …… 001
第一节 资产管理介绍 …… 001
第二节 资产管理的本质与特征 …… 004
第三节 资产管理的起源与发展 …… 006
第四节 资产管理的分类 …… 010

第二章 全球资产管理行业基本情况 …… 012
第一节 全球资产管理行业发展概述 …… 012
第二节 全球资产管理行业的发展情况 …… 024
第三节 全球资产管理行业比较分析 …… 038
第四节 未来全球资产管理行业的发展之道 …… 043

第三章 中国资产管理行业基本情况 …… 048
第一节 中国资产管理整体发展情况 …… 048
第二节 中国资产管理行业细分发展情况 …… 058
第三节 中国资产管理相关的自律组织机构 …… 104
第四节 中国与国际资产管理行业比较 …… 107
第五节 中国主要城市与地区资产管理行业比较分析 …… 112

第四章 上海资产管理行业基本情况 …… 116
第一节 上海资产管理行业发展情况 …… 116
第二节 上海资产管理行业区域分布情况 …… 132
第三节 上海资产管理行业人才及培训情况 …… 134
第四节 上海资产管理行业有关部门与服务机构 …… 143
第五节 上海地区金融市场和资产管理特色品牌 …… 152

**第五章　上海建设全球资产管理中心战略分析** …… 165
第一节　上海建设全球资产管理中心的战略背景 …… 165
第二节　上海建设全球资产管理中心的战略分析方法论 …… 173
第三节　上海建设全球资产管理中心的思路与推进 …… 191
第四节　上海建设全球资产管理中心的重要意义 …… 194

**第六章　上海建设全球资产管理中心发展宏图** …… 196
第一节　金融监管与政策制定更加科学 …… 196
第二节　市场参与主体更加丰富多样 …… 200
第三节　营商环境融入全球资产管理网络 …… 202
第四节　搭建资产管理行业生态圈 …… 205
第五节　明确资产管理风控中心和金融科技中心地位 …… 210

**第七章　海外资产管理机构赴上海投资指南** …… 212
第一节　中国证券投资基金业协会 …… 212
第二节　国内基金相关法律法规及监管政策 …… 213
第三节　行政审批流程指引 …… 216
第四节　中国资产管理行业服务机构 …… 221

**附录** …… 225
附录一　资产管理相关重要制度 …… 225
附录二　国家层面支持上海建设国际金融中心的政策措施 …… 239
附录三　上海市关于建设国际金融中心配套政策与措施 …… 262

**后记** …… 275

# 第一章
# 资产管理行业概述

## 第一节　资产管理介绍

### 一、国内关于资产管理的定义

资产管理(Asset Management)虽然只是两个简单词汇“资产”“管理”的组合,但是合并到一起后,资产管理就是一个国家或地区经济和国民财富发展到一定高度后的产物,是金融体系发展到一定阶段的高级形态。目前,学术界和业界从不同的角度,对资产管理有着不同的定义。

#### (一) 国内监管与自律机构对资产管理的定义

国内监管部门和行业自律机构,曾多次对资产管理内容和范围进行阐释。

2017 年 7 月,中国人民银行发布的《中国金融稳定报告(2017)》中,认为资产管理业务是机构接受投资者委托,对受托的投资者财产进行投资和管理的金融服务,资产管理机构为委托人利益履行勤勉尽责义务并收取相应的管理费用,委托人自担投资风险并获得收益。

2018 年 4 月,中国人民银行、中国银行保险监督管理委员会、中国证券监督管理委员会、国家外汇管理局联合印发了《关于规范金融机构资产管理业务的指导意见》(银发〔2018〕106 号,简称“资管新规”),将资产管理定义为:资产管理业务是指银行、信托、证券、基金、期货、保险资产管理机构、金融资产投资公司等金融机构接受投资者委托,对受托的投资者财产进行投资和管理的金融服务。

中国基金业协会每年发布的《中国证券投资基金业年报》,认为资产管理是资产管理人受投资者委托,为实现投资者的特定目标和利益进行证券和其他金融产品投资管理服务并收取费用的行为。

#### (二) 国内学者对资产管理的定义

国内专家学者也根据自身的理解,对资产管理做出了不同的解释。

巴曙松认为资产管理是对动产、不动产、股权、债权、其他财产权和资产组合进行委托管理、运用和处分，以达到保持、创造财富等目的的综合金融服务。资产管理产业链：上游是资产配置、投资业务、投资顾问、产品设计与创新；中游是提供通道服务、产品的存续管理；下游是融资客户的开发、客户维护与服务、品牌的营销与增值。

吴晓灵在其"中国资产管理业务监管研究"课题报告中，认为资产管理业务是指资产管理机构接受投资者委托，对受托的投资者财产进行投资和管理的金融服务。资产管理属于直接金融业务，直接金融业务根据服务对象的不同，分为投资者服务的资产管理业务，和为融资者服务的投资银行业务等。

肖钢在其"资产管理行业未来市场格局与业务模式研究"课题报告中，认为中国的资产管理业务是金融机构的表外业务，投资人基于对管理人的信任，将自己的财富交给管理人经营，二者之间总体上遵从信托关系。资产管理产品符合证券的基础属性，即份额化筹集资金、由他人来从事经营活动、投资者获取收益并承担风险、可交易可转让，将资产管理产品纳入证券范畴有利于更好地明确上位法支撑。

苏薪茗在其著作《中国资产管理行业发展与监督概况》中，通过与财富管理的比较，归纳资产管理业务的一般特征。资产管理的核心是资产配置，主要业务是对资产进行管理和运用，具体内容可以见表1-1。

**表1-1　资产管理与财富管理比较**

| 项目 | 资产管理 | 财富管理 |
|---|---|---|
| 核心 | 资产配置 | 客户关系管理 |
| 主要业务 | 对资产进行管理和运用 | 分析客户需求，定制目标和计划，提供个性化服务 |
| 标的 | 目前的金融资产 | 目前和未来的资产和负债（实物资产、金融资产、无形资产） |
| 主要客户群体 | 客户群体广泛，包括机构和个人投资者 | 高净值客户 |
| 产品本质 | 有既定的定义和投资范围，特定的投资策略 | 灵活的顾问业务，关于资产配置的一揽子计划 |
| 服务内容 | 主要金融服务 | 金融服务与非金融服务 |
| 服务方式 | 统一的、标准化服务 | 个性化、定制化服务 |
| 代表模式 | 公募基金 | 私人银行 |
| 代表地区 | 以美国为代表 | 以瑞士为代表 |

资料来源：《中国资产管理行业发展与监督概况》，华宝证券研究创新部

## 二、海外机构对资产管理的定义

海外机构对资产管理业务也有多种理解和定义，与国内不同的是，海外通常将资产管理称为投资管理（Investment Management），是一项针对证券及金融资产投资的金融服务，以投资者的利益出发并达到投资目标的统称。

在欧洲投资协会报告中，将资产管理认定为投资管理的一种，认为资产管理业务是帮助人们达成长期目标，为未来提供保障的事业。个人或机构将资金信托给投资管理人，资产管理机构通过投资于公司或基础设施如交通或医院，或投资支持政府，从而帮助客户获得资产的增长。资产管理机构代表客户，成了政府债券最大的投资人，这支持了工作岗位的产生、支持了经济的发展。

在海外金融投资百科全书（Investopedia）官网上，资产管理定义是金融服务机构（通常是投资银行）或个人对客户全部或部分投资组合的指导。一般是机构提供投资服务，以及各种普通投资者可能无法获得的传统投资的替代方案。

此外，海外著名的金融论坛华尔街绿洲（Wall Street Oasis，一个由金融专业人士组成的在线金融社区）认为，资产管理通常提供给高净值个人投资者，产品服务涵盖了主权财富基金，养老金和公司理财等。资产管理公司通常会收取管理费（占总管理资金的固定百分比），有时会收取一定比例的利润占比，此时资产管理基金和对冲基金之间的界限就不那么清晰。

## 三、资产管理的综合定义

2018 年 4 月资管新规发布后，国内不同市场主体对于资产管理业务，在概念范畴、监管原则、业务规则等方面形成了众多的共识。当下，中国的资产管理行业对于不同资产管理产品的认知差异在逐渐缩小。基于此趋势特征，本书结合海内外专家学者的观点，认为对于资产管理的定义不应采用封闭和穷尽的方法，而应该探寻资产管理业务的本质和内涵，形成资产管理行业的共识。因此，本书将资产管理分为广义和狭义两种。

狭义的资产管理，是指投资者基于对资产管理机构的信任，将资金本金进行出让，签订资产管理协议与合同，并约定投资者本人承担一定的风险同时获得一定的收益，资产管理专业机构负责提供资产的投资配置、产品规划、风险管理、维护客户权益以及其他服务的业务。

广义的资产管理，是指包括资产管理中介机构、金融机构、国家主权基金、社会资金等在内的所有财富管理机构为投资者（个人、机构、国家）提供的投资以及财富管理配置的行为统称。

显然，广义的资产管理融合了部分财富管理的理念，并对投资机构和投资者的范围进行了扩充。但无论是广义和狭义概念，资产管理都有四个必需的要素。

① 从参与方来看：资产管理的参与方主要为委托人和受托人。委托人是投资者、资产所有人和受益人，受托人为资产管理人。在公私募证券投资基金、信托产品等资产管理形态中，受托人还包括托管机构，形成双受托人制度，比如信托行业的慈善信托产品，采用的是“信托公司＋公益组织”作为共同受托人的“双受托人”模式；

② 从受托资产来看：资产管理受托的资产主要为货币等金融资产，一般不包括房地产、固定资产等实物资产；

③ 从管理方式来看：资产管理主要通过投资于证券、期货、基金、保险、银行存款等金融资产、未上市公司股权以及其他可被证券化的资产实现增值，即资产管理行业投资方向一般是金融“标准化产品”；

④ 从融资方式来看：资产管理提供受托管理服务并收取一定的管理费用，投资风险由受托人承担，是社会直接融资的重要组成部分。

## 第二节　资产管理的本质与特征

资产管理的本质是资产管理人基于客户的信任而履行受托职责，实现委托人利益最大化。换句话为：受人之托、代人理财。这点与信托的本质较为相似，但资产管理的本质还有一定的外延性质，因为在资产管理的定义和要素中，还涵盖了委托的属性。因此，本书认为，狭义的资产管理本质上是信托性质，而广义的资产管理本质，除了信托性质外，还包含了委托代理性质。

关于信托与委托，均是基于信任而产生的权利义务关系，二者的最大的区别，在于以下三点。

第一，财产所有权与收益分配关系不同。信托的财产所有权属于受托人，利益归属受益人；委托不因为接受委托获得财产所有权，财产所有权与利益归属均为委托人；

第二，法律后果承担人不同。信托受托人是以自己的名义进行活动，自行承担行为的法律后果；委托代理中，受托人是以委托人名义从事活动，法律后果由委托人承担；

第三，稳定性不同。信托一旦成立，信托财产具有独立性，信托人不得随意废除或者取消信托关系；委托关系基于委托人和受托人彼此之间的互相信任，双方原则上可以随时取消。

但无论是信托关系，还是委托关系，资产管理人必须尽到诚实信用、勤勉尽责的责任，恪守忠诚与专业的义务。忠诚义务要求管理人应当以实现投资人利益最大化为目的，将自身的利益妥善置于投资人利益之下，不得与投资人利益发生冲突。专业义务要求管理人应当具备专业的投资管理和运作能力，充分发挥专业投资管理价值。因此，资产管理的特征具体表现为以下五点。

## 一、一切资产管理活动都要求风险与收益相匹配

资产管理提供的是代客理财服务，与储蓄产品有本质区别。资产管理人对于投资人的根本效用价值在于通过集合资金、组合投资、有效管理风险，获取更合理的风险回报，所获取的收益与其承担的风险相匹配。

## 二、管理人须坚持“卖者有责”

卖者有责，是指管理人受人之托，必须忠人之事。在产品设计、投资管理和产品销售全链条做到诚实守信、勤勉尽责，严格兑现对持有人的法律承诺，始终坚持“持有人利益至上”的原则，不能利用自身优势为他人图利，损害投资人的利益。卖者有责还要求管理机构在销售产品时要实事求是，不弄虚作假，充分履行风险告知义务，做好信息披露，严格保护投资者利益。

## 三、投资人须做到“买者自负”

买者自负，是指投资人承担最终的收益和风险，不存在保底、保收益等刚性兑付。投资人要清醒、准确地意识到，如果不承担市场波动带来的风险，就不可能获取投资的收益。作为委托人，投资人要根据自身风险承受能力选择合适的产品，获取与所承担风险相匹配的收益。

## 四、有限的资产负债表风险

一般认为，资产管理机构受托管理的资金应当独立于自有资金，不构成管理人的负债，托管资产不体现在资产负债表内。

### 五、以管理费和业绩报酬为主要收费方式

资产管理通常采用管理费收入模式，而近期的买方投顾则体现了以业绩报酬为主的收费模式，但无论是管理规模收费还是业绩报酬收费，资产管理行业的收费模式与其他金融机构开展业务获得利差和收取佣金的模式并不相同。

## 第三节　资产管理的起源与发展

### 一、早期的资产管理起源

资产管理的本质特征是“受人之托、代人理财”，这一点与信托行业诞生的初衷相一致。早期的资产管理行业（或信托行业）起源于欧洲。

11世纪开始，英国百姓有将自己的土地捐赠给宗教团体的习惯，于是教会就占有了土地。而根据当时英国法律规定，教会的土地永久免税，并且还可以永久占有土地，这严重侵犯了君王的利益。13世纪末，英国国王亨利三世颁布了《没收条例》（*Statute of Mortmain*），禁止百姓将土地捐赠给教会，否则一律没收。而当时英国的法官大多是教徒，为了应对《没收条例》的规定，他们参照《罗马法》（*Roman Law*）的信托遗赠制度创设了“尤斯制”（USE）。尤斯制的具体内容是：凡要以土地贡献给教会者，不做直接转让，而是先赠送给第三者，并表明其赠送的目的是为了维护教会的利益，然后让第三者将从土地上所取得的收益转交给教会，就叫作“替教会管理或使用土地”。此外，英国普通法严格规定长子继承制，禁止公民间的土地遗赠。于是，人们又利用尤斯制，在生前将土地转让于他人，嘱托受让人先为自己的利益管理土地，于自己死后继续由受让人管理土地，但应将管理土地所产生的利益交由拟约定的长子之外的其他人。由此，规避了长子继承制，产生了与实际继承土地一样的效果。到了17世纪，尤斯制终于被国家所承认，从而发展为信托。

1774年，荷兰商人凯特威士（Ketwich）创设了第一只信托基金，但是真正将基金运作模式推广开来的是1868年在英国成立的“海外及殖民地政府信托基金”（The Foreign and Colonial Government Trust），该基金一般被认为是封闭式投资基金的起源。海外及殖民地政府信托基金在当时的《泰晤士报》（*The Times*）上刊登招募说明书，公开向社会公众发售，投资于美国、俄国、埃及等国

的 17 种政府债券。该基金与股票类似，不能退股，亦不能将基金份额转让，认购者的权益仅限于分红和派息两项，基本具备了现代基金的雏形。

## 二、现代的资产管理发展概述

一般认为，现代的资产管理起源于美国。第二次世界大战结束后，随着工业革命和信息技术的蓬勃发展，美国开始崛起，成为世界工业大国，大量财富被创造出来，由此也产生了数量众多的富豪和富豪家族。以花旗银行、摩根银行为代表的私人银行开始向这些富豪和富豪家族提供各项财富相关的金融服务。

1882 年，约翰·洛克菲勒(John Rockefeller)成立了史上首个家族办公室，通过家族办公室对家族事务和财富传承进行管理的模式由此兴起。1925 年，投资公司和投资信托在美国资本市场迅速兴起，到 1929 年，市场几乎“每天都会设立一个封闭式基金”。1929 年年底，美国股市遭遇黑色星期五，资产管理行业遭到严重损失，于是在 1933 年，美国国会通过了《证券法》，规范的资本市场逐渐形成，为资产管理行业提供良好的发展环境。1934 年，美国通过了《证券交易法》，监管证券交易，防范市场被人为操纵，限制过度投机交易。1940 年，《投资公司法》通过和美国投资公司协会(The Investment Company Institute，简称 ICI)成立，美国的资产管理行业得到了进一步规范。1940 年《投资公司法》对美国基金发起人的治理结构、流动性与估值、杠杆、信息披露等内容做出严格要求，美国大多数的交易所交易基金(Exchange Traded Fund，简称 ETF)产品受 1940 年《投资公司法》所约束。根据统计，截至 2018 年年底，美国有 98%的 ETF 按照 1940 年《投资公司法》履行注册手续，并接受美国证券交易委员会(The U.S. Securities and Exchange Commission，简称 SEC)的监督。

目前，美国证券交易委员会对于资产管理业务的监管，主要依据七部重要的法律，包括：《证券法》(1933 年)、《证券交易法》(1934 年)、《信托契约条例》(1939 年)、《投资公司法》(1940 年)、《投资咨询法》(1940 年)、《萨班斯-奥克斯利法案》(2002 年)以及《信用评级机构改革法案》(2006 年)。良好的法治环境为美国资产管理行业的健康发展奠定了基础。

二十世纪七十八十年代，美国经济发展进入滞胀阶段，国内生产总值(Gross Domestic Product，简称 GDP)增速下降，生产资料与大宗商品价格升高，滞胀环境下，带来股市下跌与债市利率上行的双重负面冲击，即“股债双杀”。此时，全新的金融衍生品成了资产管理业务发展的方向，美国的银行业开始提供委托更为全面和综合的资产、咨询管理服务。1999 年颁布的《金融服务法现代化法案》

标志混业经营已成为国际金融发展的时代潮流，同一机构可以提供不同类型的金融产品，美国金融市场重新繁荣，资产管理机构开始涉足银行业务、证券业务以及衍生品业务等众多业务，美股、债权和货币等资产价值不断上升，银行以及各金融机构开始利用各种创新工具为客户提供金融服务。可以看出，以美国为代表的现代资产管理行业，是伴随着市场制度以及监管环境不断优化而不断发展壮大的。

总之，以美国为代表的全球资产管理行业，规模不断上升地位不断提升。资产管理行业正在形成规模庞大、影响力深远、模式成熟、品种丰富、监管有效的行业体系。

## 三、我国资产管理发展概述

尽管资产管理业务起源于西方国家，但中国的资产管理行业也有近百年的发展历史。早在100年前的民国时期，信托业便进入中国。20世纪初，外国银行便将现代信托带进中国，中国的银行开始提供信托业务。1917年，上海商业储蓄银行设立保管部，后来改为信托部；1918年，浙江兴业银行开办出租保险箱业务；1919年，聚兴城银行上海分行成立信托部，这是我国最早经营信托业务的三家金融机构。1921年，上海成立中国通商信托公司，中国第一家专业信托公司正式成立。与欧美资产管理发展历史相似，中国的资产管理行业也是从信托业逐渐发展而来。

中国资产管理行业的真正大发展，是1978年改革开放后，信托、基金、银行等众多资产管理机构纷纷成立或设立。1979年10月，中国设立了改革开放后的第一家信托公司——中国国际信托投资公司，拉开了以提供金融服务为主要功能和发展方向的现代信托业的序幕。

资产管理的核心产品是公募类的金融产品，20世纪90年代，国内的基金行业迎来了发展。1991年8月，我国第一只公募投资基金——珠信基金设立，这是中国第一只封闭式基金；1992年10月，中国第一家基金公司——深圳投资基金公司成立，但两者均不是中国人民银行总行（当时的金融监管部门）批准的产品和机构；1992年11月，中国人民银行批复设立了国内第一家封闭投资基金——淄博基金，为此后基金行业的发展奠定了坚实基础。

1997年是中国资产管理行业发展的一个重要分水岭。当年，国务院证券委员会发布了《证券投资基金管理暂行办法》，揭开了我国资产管理行业规范监管的大幕。1998年，中国迎来了第一批公募基金管理公司和第一批公募基金产品，基金行业迎来规范监管下基金产品数量、规模发展的大时代。2005年，随着《商业银行个人理财业务管理暂行办法》（中国银行业监督管理委员会令2005年第2号）的推出，以银行理财为主导的国内资产管理市场迅速发展。随后的几年，中国的银行理财、证券集合管理产品、保险资产管理产品、证券投资基金和信托计划经历了大发展周期。

2018年是中国资产管理行业转型的重要一年，也被行业称为资产管理转型元年。2018年4月以来，《关于规范金融机构资产管理业务的指导意见》（银发〔2018〕106号）、《关于进一步明确规范金融机构资产管理业务指导意见有关事项的通知》等一系列制度的发布，包含银行理财、信托、券商资产管理、保险资产管理、公募基金、私募基金、基金子公司、期货公司资产管理等在内的大资产管理行业，初步建立了统一监管框架。2019年，众多银行理财子公司纷纷成立，新业态使中国资产管理行业迎来新的发展局面。

2020年，新修订的《证券法》将资产管理产品纳入证券范围，并授权国务院按《证券法》的原则制定其发行和交易管理办法，资产管理行业的法律规制和上位法更加明晰。2020年年初，一场席卷全球的新冠肺炎疫情，对国内经济金融带来了较大的冲击，金融机构资产管理业务规范转型面临较大压力，为平稳推动资管新规实施和资管业务规范转型，经国务院同意，中国人民银行会同国家发改委、财政部、银保监会、证监会、外汇局等部门审慎研究决定，资管新规过渡期延长至2021年年底。监管部门研究提出“过渡期适当延长＋个案处理”的政策安排，主要包括：①延长资管新规过渡期至2021年年底，在锁定2019年年底存量资产的基础上，由金融机构自主调整整改计划；②对于2021年年底前仍难以完全整改到位的个别金融机构，金融机构说明原因并经金融管理部门同意后，进行个案处理，列明处置明细方案，逐月监测实施，并实施差异化监管措施；③健全存量资产处置的配套支持措施。鼓励采取新产品承接、市场化转让、合同变更、回表等多种方式有序处置存量资产。允许类信贷资产在符合信贷条件的情况下回表，并适当提高监管容忍度。已违约的类信贷资产回表后，可通过核销、批量转让等方式进行处置。鼓励通过市场化转让等多种方式处置股权类资产。稳妥处置银行理财投资的存量股票资产，避免以单纯卖出的方式进行整改。优化银行资本补充工具发行环境，进一步增强金融机构资本实力。推进金融市场发展，提升新产品接续能力，引导资管行业为资本市场提供长期稳定的资金支持。

总之，我国的资产管理行业发展，经历了从初期的单一产品到如今的百花齐放，从开始的探索、实践、不规范到如今的政策制度规范基本健全，从单纯的学习借鉴西方到当下形成具有中国特色的资产管理行业，从少数的海外市场产品到目前内地与港澳以及海外产品丰富齐全，从投资者范围较为有限少数到如今成为居民投资理财首选的过程。其间虽然有波动，但整体而言，我国的资产管理发展呈现出循序渐进、始终向前发展的态势，如同全球的资产管理行业在不断发展一般，中国的资产管理行业正成为当前中国经济发展的一个重要的中坚力量。

## 第四节　资产管理的分类

### 一、美国资产管理主要类型

美国资产管理主要的产品类型有以下几种：共同基金、投资信托、ETF、封闭式基金。此外，还有房地产信托投资基金、对冲基金、私募股权基金、企业年金、养老金等金融投资产品。

其中，发展最快的产品是共同基金，在美国资产管理市场中占比规模最高，份额最大。ETF是近几年美国资产管理市场中成长最快的产品。此外，美国拥有一大批全球资产规模最大的基金公司，包括先锋领航（Vanguard）、贝莱德（BlackRock）等，在金融科技方面，美国智能科技投资公司沃尔方特（Wealthfront）、贝塔曼（Betterment）等公司开创了人工智能理财产品的先河。美国的资产管理行业发展迅猛，产品丰富，创新能力强。

### 二、欧洲资产管理主要类型

欧洲资产管理市场主要产品有以下类型：国家主权投资基金、可转让证券集合投资计划、特定投资基金、风险资本投资工具等。其中，国家主权投资基金和可转让证券集合投资计划规模较大。

目前，欧洲资产管理机构分布较为分散，欧洲主要国家（如英国、法国、卢森堡、德国、意大利等）均有较多的资产管理机构，主要产品类型为股票型、债券型、平衡型与货币市场类型。

### 三、我国资产管理主要类型

我国的资产管理类型主要根据金融机构和资产管理产品两个角度区分。我国资产管理涉及银行、保险、证券、基金、信托、期货等行业机构。而资产管理产品根据不同的机构则有不同的划分。

从实质大于形式来看，我国当前资产管理产品主要包括公募基金、私募投资基金、资金信托计划、证券基金期货经营机构特定客户资产管理、保险公司投资类型资产管理、银行理财等，如表1-2所示。

**表1-2 我国资产管理机构类型与产品**

| 机构类型 | 产品 |
| --- | --- |
| 商业银行 | 银行理财产品、银行理财子公司产品、私人银行业务 |
| 基金管理公司及子公司 | 公募基金和各类非公募资产管理计划 |
| 私募机构 | 私募债券投资者基金、私募证券投资基金、创业投资基金等 |
| 证券公司及证券资产管理公司 | 集合资产管理计划、定向资产管理计划、专项资产管理计划 |
| 期货公司及期货资产管理公司 | 期货资产管理业务 |
| 保险公司、保险资产管理公司 | 万能险、投连险、管理企业年金、养老保障及其他委托管理资产 |
| 信托公司 | 单一资金信托、集合资金信托 |
| 国家主权投资 | 中国国家主权财富基金、一带一路基金等 |
| 金融科技、三方代销公司 | 投顾组合产品、基金投顾产品等 |

资料来源：中国证券业协会、华宝证券研究创新部

# 第二章
# 全球资产管理行业基本情况

## 第一节　全球资产管理行业发展概述

### 一、全球资产管理介绍

#### （一）全球资产管理内涵

全球资产管理的内涵非常广泛，比如在资产管理投资者方面，全球资产管理的投资者就有投资银行、证券公司、保险公司、智能科技公司、独立第三方公司等众多类型。此外，一些退休基金、共同基金、对冲基金、主权基金等各类基金也常被纳入其中，由于不同国家金融市场特征不一致，资产管理的外延也存在一定差异。另外，资产管理在全球范围的投资标的也较为广泛，可以对动产、不动产、股权、债权、其他财产和资产组合进行委托管理、运用和处分，以达到保存、创造、传承财富的最终目的。

总之，资产管理业务在不同国家，发展程度不尽相同，全球资产管理业务有不同类别的产品范围和投资主体，不同国家的监管部门对于资产管理业务的规范管理也有较大的差异性。

#### （二）全球资产管理发展情况

在第一章的论述中，我们已经提到资产管理始于欧洲，兴于美国。一般的资产管理业务最早认为孕育于英国的“信托责任”。13 世纪的英国出现为规避禁止向教会捐赠土地的法律而创设使用的尤斯制，于 19 世纪发展为一种商业模式即信托业务，20 世纪初，资产管理业务成型于美国，标志为美国《证券法》(1933 年)、《投资公司法》(1940 年)的颁布和美国投资公司协会的成立。伴随着世界经济的发展，私人财富快速增长，全球资产管理行业迅速扩张。近半个世纪以来，随着金融市场各类工具的创新，监管环境的变化以及客户需求的增长，全球资产管理业务快速发展、成长为集高创新、高活跃度、高盈利的金融子行业，并成为现代金融体系的重要组成部分。

2018年，由于政治极化加剧、民粹主义进一步崛起，贸易保护主义抬头，经济逆全球化等不确定性因素增加，全球金融市场剧烈波动，全球的资产管理行业也受到波及。全球资产管理总规模（Asset Under Management，简称AUM）在2018年增长速度有所放缓，2019年，经济环境相对缓和，全球私人财富增速超过GDP增速，全球资产管理行业也呈现出恢复态势。2020年以来，受到疫情以及全球经济复苏不确定性的影响，全球的实体经济受到了重创，但金融服务实体经济的功能却发挥了重要的作用，短时期内，各种不确定性势必会对全球资产管理行业造成影响，但是长期来看，资产管理行业的性质和作用，使资产管理行业依旧处在稳定的发展周期。

基于长期的视角，我们认为资产管理在短暂的波动后依旧会呈现向上发展的趋势，资产管理行业会登上金融领域的中央舞台，不再隐身于银行和保险业的背后，不再是附属品，而是作为金融系统中更加积极、突出和重要的力量。

资产管理已发展成一个庞大的行业，但由于各国家和地区的信息披露和统计口径的差异，全球各大金融机构的统计标准也不一致，存在多种数据。根据综合分析，我们认为2019年，全球的资产规模超过100万亿美元，处于100万～120万亿美元，高于全球经济规模（参照数据：2019年，世界银行统计的全球GDP约86.6万亿美元；国际货币基金组织统计的全球GDP约87.75万亿美元）。

未来几年，伴随着财富管理行业的壮大以及发展中国家的振兴崛起，全球资产管理总规模将呈现出稳定的增长趋势。预计到2025年，全球资产管理行业的规模将达到150万～200万亿美元。到2030年，全球资产管理行业的规模有望达到200万亿美元。

## 二、全球资产管理规模统计分析

资产管理行业在全球具有举足轻重的作用，世界上各类型的研究机构、咨询公司每年都将资产管理业务报告作为其核心报告进行发布，本书对全球不同类型的机构发布的资产管理业务报告进行梳理分析，并予以归纳总结。

### （一）韦莱韬悦统计数据

韦莱韬悦（Willis Towers Watson，简称WTW）是国际著名的咨询研究机构，由韦莱和韬睿惠悦合并而来。其中，韦莱（Willis）是全球知名的保险经纪公司，成立于1828年，总部设于伦敦。韬睿惠悦（Towers Watson）是全球领先的咨询服务公司，总部位于纽约。2016年1月，韦莱与韬睿惠悦合并为韦莱韬悦。

2019年10月，韦莱韬悦旗下的研究机构——超前研究所(Thinking Ahead Institute)与养老金与投资(Pensions and Investments)合作推出《2019年度全球资产管理500强报告》(*The World's largest 500 Asset Managers*)。报告内容显示，截至2018年年底，排名前500位的全球资产管理公司的资产管理总规模为91.5万亿美元，较2017年年底(94.36万亿美元)下降了3%。2018年，500家机构资产管理的中位数规模(Median AUM)为45.6万亿美元，相比于2017年的44万亿美元有所增加，全球资产管理规模处于稳定的发展周期，如图2-1所示。

**图2-1　全球资产管理500强机构资产管理总规模(单位:万亿美元)与区域分布**

资料来源:韦莱韬悦、华宝证券研究创新部

根据韦莱韬悦报告的内容，截至2018年年底，排名前500强的全球资产管理公司的资产管理总规模北美地区最高，为51.9万亿美元，但是同比下降了4.9%；其次是欧洲地区资产管理总规模为28.7万亿美元，下降了3.9%；日本则排在第三为4.5万亿美元，基本维持不变；而其余地区的资产管理总规模增加了17.9%，规模已经到达6.3万亿美元。

### (二) 波士顿咨询公司统计数据

波士顿咨询公司(Boston Consulting Group，简称BCG)是一家全球性管理咨询公司。根据2019年波士顿咨询公司发布的《全球资产管理报告》(*Global Asset Management*)显示：截至2019年年底，全球资产管理总规模为88.7万亿美元，相比2018年的76.9万亿规模增长了约15%。

其中，北美洲为42万亿美元，占全球47.19%；欧洲为22.8万亿美元，占全球25.62%；亚洲为11.2万亿美元，占全球12.58%；日本、澳大利亚为6.6万亿美元，占全球 7.42%；拉丁美洲为 1.9 万亿美元，中东地区和非洲为 1.4 万亿美元。中国大陆的资产管理规模为 4.2 万亿美元（即中基协的公募基金 14.2 万亿元与中基协登记备案的私募投资基金 14.25 万亿元之和 28.45 万亿元，约合 4.2 万亿美元），全球占比为 4.71%，占亚洲的三分之一以上。

### （三）安永及交大高金统计数据

2019 年 12 月，安永会计师事务所（Ernst & Young，简称 EY）发布了《2019 年全球资产管理行业报告》，内容显示：过去三年，全球资产管理总规模的增长主要依赖于股票市场。2018 年由于全球资本市场波动，加之行业内生增长乏力，全球资产管理总规模经历了金融危机后的首次下降。2019 年，全球资产管理规模再创新高，截至 6 月份，达到 95.3 万亿美元，相比于 2018 年的 84.2 万亿美元，资产管理规模增幅达到 13.18%（见图 2-2 和图 2-3）。

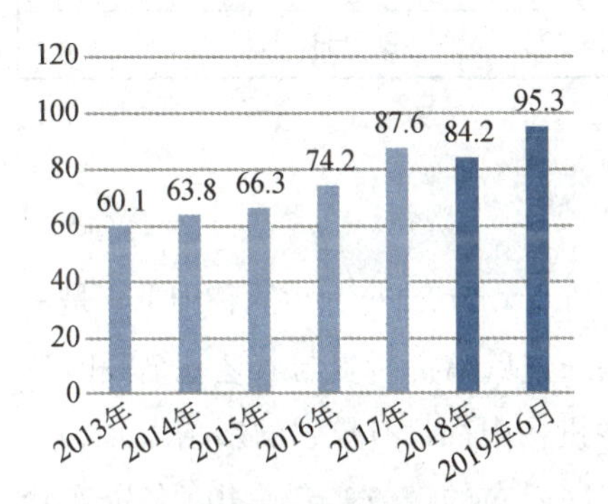


**图 2-2　全球资产管理总规模（单位：万亿美元）**

资料来源：安永会计师事务所、华宝证券研究创新部

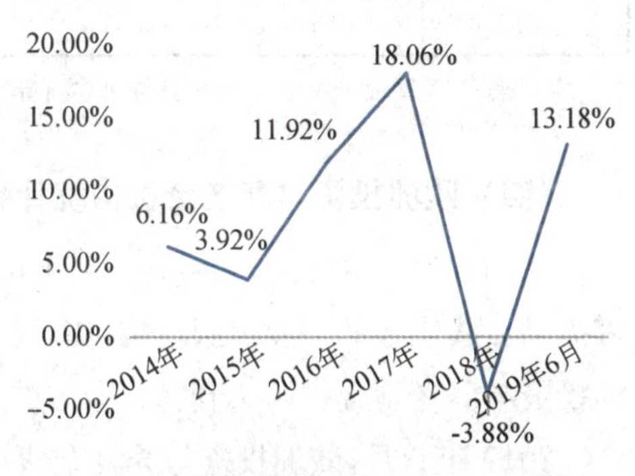


**图 2-3　全球资产管理总规模增长率（%）**

资料来源：安永会计师事务所、华宝证券研究创新部

随着 2019 年资本市场的回暖，全球资产管理行业逐步走出阴霾，资产管理行业规模重新回升，再创新高，达到 95 万亿美元左右。不过由于地缘政治、通胀低迷和各大央行宽松货币政策所带来的不确定性仍引发了全球投资者风险偏好下降，2020 年全年资产管理总规模有所回调，尤其是 2020 年年初，新冠肺炎疫情在全球爆发，对资产管理发展将造成一定的影响。

上海交通大学高级金融管理学院、上海市地方金融监督管理局、中国人民银行上海总部编写的《上海国际金融中心发展报告 2019》，引用了英国银行业组织（The City UK）《关于英国成为国际金融中心的主要事实》（*Key Facts about the UK as an International Financial Centre*）、《关于英国金融及相关专业服务主要事实》(*Key Facts about UK Based Financial and Related Professional Services*)等报告。数据显示,2018 年,全球各个国家传统型投资管理资产规模约为 120.98 万亿美元,如表 2-1 所示。

**表 2-1 2018 年年底传统型投资管理型资产规模(单位:10 亿美元)**

| 国家 | 养老基金 | 保险资产 | 共同基金 | 合计 | 占比(%) |
|---|---|---|---|---|---|
| 美国 | 24 711 | 8 500 | 21 078 | 54 289 | 45% |
| 日本 | 3 081 | 3 711 | 1 805 | 8 596 | 7% |
| 英国 | 2 856 | 2 288 | 1 683 | 6 827 | 6% |
| 法国 | 155 | 2 739 | 2 075 | 4 969 | 4% |
| 加拿大 | 1 630 | 692 | 1 163 | 3 485 | 3% |
| 其他 | 7 740 | 16 190 | 18 890 | 42 820 | 35% |
| 全球 | 40 173 | 34 120 | 46 693 | 120 986 | 100% |

资料来源:英国银行业组织、华宝证券研究创新部

### (四) 欧洲投资与养老金机构统计数据

欧洲投资与养老金机构(Investment & Pension of Europe,简称 IPE),是一家提供在线服务的专业出版机构,旗下出版物包括《欧洲投资与养老基金》和《亚洲投资与养老基金》,两个刊物在全球的金融机构中都具有较强的影响力。

2019 年 6 月,欧洲投资与养老金机构官网发布的《2019 年前 400 名资产管理者调查》(*IPE Top 400 Asset Managers Survey 2019*)数据显示:2019 年全球资产管理规模整体增长 1%,达到了 66.4 万亿欧元(75.76 万亿美元)。与过去三年相比,增长速度显著放缓,2018 年资产管理总规模增长了 4%, 2017 年增长了 12%以上(见图 2-4)。

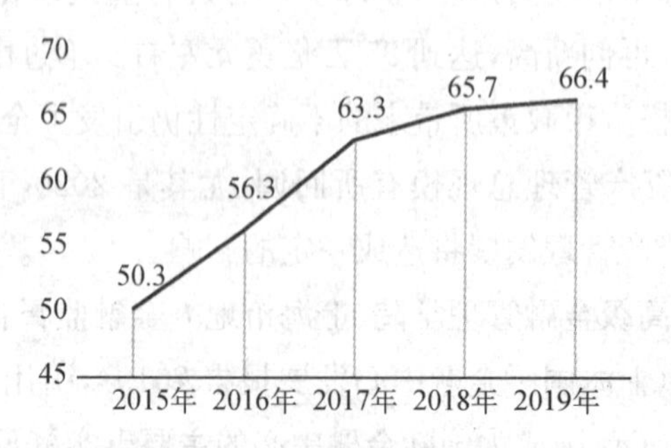


**图 2-4 2015—2019 年全球资产管理规模(单位:万亿美元)**

资料来源:欧洲投资与养老金机构、华宝证券研究创新部

### （五）欧洲基金与资产管理协会统计数据

欧洲基金和资产管理协会（European Fund and Asset Management Association，简称EFAMA）是欧洲地区统计资产管理数据的权威机构，每年该机构都会发布欧洲地区的资产管理数据以及欧洲各国资产管理规模变动情况。

据其官网数据显示，全球资产管理规模为68万亿欧元(约76万亿美元)。其中，美国为30.9万亿欧元，欧洲为21.5万亿欧元，亚洲(除日本以外)为4.8万亿欧元，日本为3.4万亿欧元，澳大利亚为1.7万亿欧元，拉丁美洲为1.7万亿欧元。

### （六）国际投资基金协会统计全球受监管开放式基金的数据

国际投资基金协会（International Investment Funds Association，简称IIFA）基于其46个国家和地区会员的数据，汇总得出全球资产管理业务规模。

2020年第一季度末，全球受监管开放式基金含基金中的基金（Fund of Funds，简称FOF）净资产合计超过51.55万亿美元，全球基金数12.3万只。另外，ETF总规模5.14万亿美元，机构主权基金规模4.6万亿美元(见图2-5)。

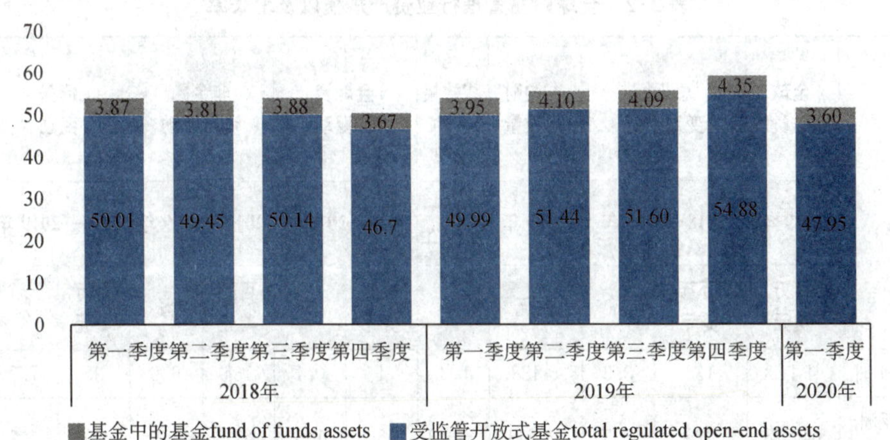


**图2-5　全球受监管开放式基金规模(单位:万亿美元)**

资料来源:国际投资基金协会、华宝证券研究创新部

截至2020年第一季度末，全球受监管的开放式基金资产的40%为持有股票基金，债券型基金的资产份额为23%，平衡/混合基金的资产份额为12%，货币市场基金占资产总额的16%。

国际投资基金协会数据显示，全球受监管开放式基金资产管理规模的地区分布不一致。按地区划分，2020年第一季度，全球资产的52%位于美洲，34%位于欧洲，14%位于非洲和亚太地区。这其中，美国仅有9 985只基金(占比全世界 12.3 万只的 7%),却拥有近 22.52 万亿美元的基金净资产规模(全世界占比为 43%),即 7%的产品数量占比全球规模的约 43%,反映美国的单体资产管理机构大、单体资产管理产品的规模大的特征。

### (七) 全球财富管理行业的数据

#### 1. 瑞士信贷研究所统计数据

瑞士信贷研究所(Credit Suisse Research Institute)作为全球著名银行瑞士信贷银行股份有限公司旗下的研究机构,其每年发布的“全球财富报告”是行业知名的财富管理报告。

2019 年 10 月 21 日,瑞士信贷研究所最新发布第十版《2019 年全球财富报告》,报告显示,最新的全球财富管理市场总规模增长了 2.6%,达到了 360 万亿美元。人均资产达到 70 850 美元,与 2018 年同期相比增长了 1.2%。美国、中国和欧洲分别贡献了 3.8 万亿美元、1.9 万亿美元、1.1 万亿美元,成为全球资产增长的最大贡献者(见表 2-2)。

表 2-2　全球财富管理行业资产规模以及增长率

| | 全球总规模 | 总规模变动情况 | | 人均财富数量 | 人均财富数量变动情况 | 金融资产变动 | | 非金融资产变动 | | 债务变动 | |
|---|---|---|---|---|---|---|---|---|---|---|---|
| | 2019 年 | 2018—2019 年 | | 2019 年 | 2018—2019 年 | 2018—2019 年 | | 2018—2019 年 | | 2018—2019 年 | |
| | 百万美元 | 百万美元 | % | 美元 | % | 百万美元 | % | 百万美元 | % | 百万美元 | % |
| 非洲 | 4 119 | 130 | 3.3 | 6 488 | 0.4 | 1 | 0.1 | 164 | 6.6 | 35 | 7.7 |
| 亚洲-大洋洲 | 64 778 | 825 | 1.3 | 54 211 | −0.3 | 539 | 1.5 | 672 | 1.9 | 386 | 4.2 |
| 中国 | 63 827 | 1 889 | 3.1 | 58 544 | 3 | 88 | 0.2 | 2 273 | 7.5 | 471 | 10.9 |
| 欧洲 | 90 752 | 1 093 | 1.2 | 153 973 | 1 | 127 | 0.3 | 1 156 | 2.0 | 190 | 1.4 |
| 印度 | 12 614 | 625 | 5.2 | 14 569 | 3.3 | 37 | 1.4 | 708 | 6.9 | 120 | 11.5 |
| 拉丁美洲 | 9 906 | 463 | 4.9 | 22 502 | 3.2 | 193 | 4.0 | 340 | 5.7 | 70 | 5.0 |
| 北美洲 | 114 607 | 4 061 | 3.7 | 417 694 | 2.7 | 3 334 | 3.6 | 1 353 | 3.8 | 626 | 3.8 |
| 全世界 | 360 603 | 9 086 | 2.6 | 70 849 | 1.2 | 4 319 | 2.0 | 6 666 | 3.7 | 1 898 | 4.0 |

资料来源:瑞士信贷研究所、华宝证券研究创新部

根据报告显示，2019 年全球人均资产方面，瑞士位居第一（增加 17 790 美元），其次是美国（11 980 美元）、日本（9 180 美元）和荷兰（9 160 美元）。由于受到外汇等因素影响，人均资产减少国家有澳大利亚（减少 28 670 美元）、挪威（减少 7 520 美元）、土耳其（减少 5 230 美元）、比利时（减少 4 330 美元）。中国目前百万（美元）富翁人数为 440 万人，仅次于美国；财富超过 5 000 万美元的超高净值人数为18 132人，全球排名第二，仅次于美国。2019 年，全球新增百万（美元）富翁 110 万人，美国占一半以上，日本和中国则分别新增 18.7 万人和 15.8 万人。在全球最富裕的 10%的人口当中，2019 年中国有 1 亿人属于这个区间，首次超过美国的9 900万人。但是人均资产方面中国与发达国家的差距较大，中国为 4.78 万美元，日本则高达 22.72 万美元。

2. 波士顿咨询公司统计数据

波士顿咨询公司最新发布的《2019 年全球财富报告——升级业务模式，重燃增长动力》（*Global Wealth 2019：Reigniting Radical Growth*）报告显示。2018 年，以美元计价的全球私人金融财富仅增长了 1.6%，总规模达到了 205.9 万亿美元，但增长率低于 2017 年的 7.5%，与 2013—2017 年 6.2%的复合年增长率亦相去甚远。尽管增长遇到了阻力，但过去五年全球财富总体规模增长依然显著。2013—2018 年，包括股票、投资基金、现金和存款以及债券的可投资资产以 5.5%的复合年增长率增长，目前占个人金融资产总额的 59%（122 万亿美元），如图 2-6 所示。

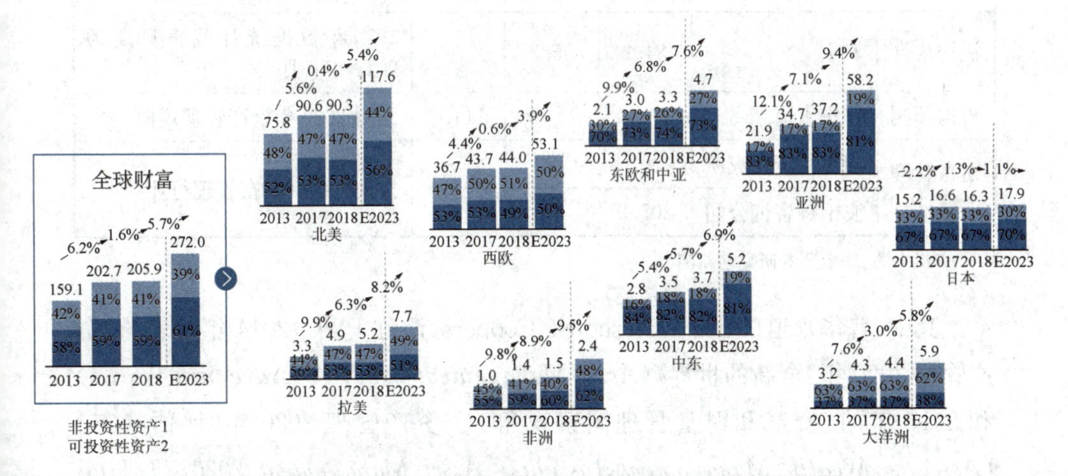


**图 2-6　2013—2018 年财富管理资产规模以及区域分布情况(单位:万亿美元)**

资料来源：波士顿咨询公司、华宝证券研究创新部

### （八）总结分析

由于市场机构众多，本书仅摘取行业影响力较大且报告数据较新的内容。通过以上对全球资产管理规模的统计分析，我们可以发现，全球不同金融机构和地方协会自律组织的统计标准和产品选择并不一致，使全球资产管理总规模存在多种数据（见表2-3）。

表2-3　全球资产管理规模（单位：万亿美元）

| 统计方式和来源 | 统计机构 | 资产管理规模 | | | 备注 |
|---|---|---|---|---|---|
| | | 2018年 | 2019年 | 其他 | |
| 资产管理机构数据统计 | 韦莱韬悦 | 91.5 | — | — | 统计全球500家全球资产管理机构 |
| | 欧洲投资与养老金 | — | 75.76 | — | 统计全球400家全球资产管理机构 |
| 区域样本数据统计 | 波士顿咨询公司 | 76.9 | 88.7 | — | 统计六大洲地区 |
| | 欧洲基金和资产管理协会 | — | — | 76 | EFAMA官网未披露数据统计时间 |
| 国家样本数据统计 | 英国银行业组织 | 120.98 | — | — | 统计了6个国家和其他地区数据 |
| | 国际投资基金协会 | — | 59.23 | 51.55 | 统计了47个国家的开放式基金数据，最新数据为2020年第1季度的51.55万亿美元 |
| 机构统计 | 安永 | 84.2 | 95.3 | — | 2019年数据统计截止日期为2019年6月 |
| 机构预测 | 普华永道 | — | — | 111.2 | 预测2020年资产管理规模 |
| 财富管理统计 | 瑞士信贷研究所 | — | 360 | — | 按地区统计财富管理行业数据 |
| | 波士顿咨询公司 | 205.9 | — | — | |

资料来源：华宝证券研究创新部

其中，普华永道（Price Waterhouse Coopers，简称PWC）2014年发表的《资产管理2020年：全新的世界》（*Asset Management 2020: A Brave-new World*）和2017年的《资产和财富管理洞察视角——资产管理2020年：评估状态》（*Asset & Wealth Management Insights: Asset Management 2020: Taking Stock*）两篇文章，通过对不同地区资产管理业务增长率的展望，利用数学模型预测2020年全球资产管理规模，得出总规模约110万亿美元。韦莱韬悦是在统计全球资产管理公司500强机构具体数据的基础上，得出2018年全球资产管理规模约为91.5万亿美元。波士顿咨询公司则根据全球不同区域的数据，汇总相加得出2019年年底全球资产管理的资产总额为88.7万亿美元。而全球的财富管理行业由于其广泛的定义和产品内容，其规模势必大于资产管理业务规模(详见本书第一章表1-1所示)，我们只是将财富管理行业的数据内容作为参考。

在前文，我们已经明确提到，一般而言，一个国家和地区的资产管理规模与当地的GDP发展是正相关的关系，汇总分析全球各机构的数据，我们更加坚定地认为：2019年全球的资产规模大约处于100万～120万亿美元，全球资产管理规模处于上升的发展周期。

## 三、全球对资产管理的分类

全球对于资产管理的分类主要有以下七种。

### (一) 从机构的主要功能角度区分

根据机构的主要功能为销售募集的渠道以及资产投资运用的管理，其主要可分为资金端和资产端。

资金端一般为财富管理的部门或机构，通常包括财富管理、私人银行、家族信托、家族办公室、基金销售公司等，其从业人员一般持有理财师及相关的职业资格。资金端可以是资产管理机构的内部部门(现主要资产管理机构往往没有财富管理、私人银行、家族信托等部门)，也可以是独立的机构。在国内，独立机构，俗称第三方销售机构(渠道)，需要有中国证监会颁发的基金销售牌照，典型代表包括诺亚财富、天天基金。美国与中国，零售客户主要掌握在第三方渠道，其中美国代表有嘉信理财(Charles Schwab)。而在卢森堡、苏黎世等地区，财富管理与私人银行则是主要的独立机构。

资产端一般注册为投资管理机构，主要是各类投资管理公司、基金管理公司。其从业人员一般持有金融投资分析相关职业资格。

在美国，有多类机构提供资金管理服务，包括但不限于独立投资咨询机构、海外基金、保险公司、银行及存贷机构、经纪公司，其典型代表为全球领先的先锋领航、贝莱德。而中国的主要资金管理服务机构则为：银行理财子公司、保险资管公司、信托公司、基金公司、中基协备案的投资管理公司等。

在各国监管中，资产端机构即投资管理机构，天然带有资金端功能(直销、委托代销)，但大部分资金端机构则不具备资产端的功能。如持有中国证监会颁发的基金销售牌照的机构，只能代销资产端的产品，自身不能管理运营基金财产，且往往不能再委托代销。如银行的财富管理或私人银行部门，能广泛代销各类资管产品，自身却不能管理运用资产。各国家和地区在统计资管规模时，往往仅以投资管理机构提供的数据为基础，避免重复计算。

财富管理机构和投资管理机构相辅相成，共同构成资产管理行业的重要部分，但是由于投资管理机构涉及直接持有资产的账户，投资专业度高，竞争难度大，并为资产管理行业发展统计的代表，因此成为行业的核心。各国和地区在发展资产管理行业时，往往特别侧重对投资管理机构的支持。

对具有投资管理功能的机构类别及其名称，各国监管规定不尽相同，如美国投资咨询机构就是主流的投资管理机构，但中国仅持咨询顾问牌照的机构，不能从事投资管理。少数国家或地区，机构名称中只有财富管理没有投资管理字样，也可能持有的是具有投资管理功能的牌照。

**（二）从发行限制角度区分**

根据发行的限制，可依据是否公开向特定对象发行，分为私募和公募基金。在全球，私募基金大部分都是非公开发行，而公募基金则是公开发行。

**（三）从资产投向角度区分**

根据投资方向，大致可分为传统投资和另类投资。

传统投资主要是投向公开市场，包括权益、债券、混合等；另类投资则一般包括非公开市场投资，诸如私募股权投资（Private Equity，简称 PE）、风险投资（Venture Capital，简称 VC）、不动产投资等和对冲基金。在新加坡等特定区域，房地产信托投资基金（Real Estate Investment Trusts，简称 REITs）也被列入另类投资。

**（四）从牌照角度区分**

根据资产管理机构牌照的性质，可以分为银行（理财子公司）、保险、信托、券商、期货、公募管理人、私募管理人等。

中国香港地区在资产管理方面，目前实行牌照管理。根据香港《证券及期货条例》相关内容，第 9 号牌照就是香港的资产管理牌照。大陆则由于历史原因，资管新规虽然初步统一了规则，但是牌照仍然是多元的，众多机构均可以开展资产管理业务。

**（五）从客户类别角度区分**

根据投资人类别，资产管理可以分为散户型或零售型（个人、家庭）、机构型

(银行、保险、养老金、基金会等机构主体)。散户型资产管理的代表机构之一是嘉信理财(Charles Schwab),机构型资产管理的代表之一是北方信托(Northern Trust)。

### (六) 从机构管理能力区分

根据机构的管理能力,可以分为全能型、专业型。属于全能型的资产管理机构代表如资产管理排名领先的贝莱德、富达(Fidelity)、东方汇理(Amundi);专业型管理机构,诸如关注量化的资产管理机构,代表之一就是文艺复兴科技机构(Renaissance Technologies Corp)。

### (七) 从参与主体区分

从参与主体来看,资产管理机构分为中央银行、政府/非政府退休计划(社保基金)、主权财富基金、捐赠基金、金融机构等。

韦莱韬悦发布的《2019 年度全球资产管理 500 强报告》显示,截至 2018 年年底,根据客户类别的资产分配,全球资产管理主要的投资者为:非政府退休计划、政府退休计划、主权财富基金、各国中央银行、保险机构、捐赠与基金会等。

据经济合作与发展组织(Organization for Economic Co-operation and Development,简称 OECD)发布的全球养老金市场报告,2018 年年底全球养老金资产规模达 44.1 万亿美元。列入该报告统计的,包括各国的养老基金、养老保险及其他退休储蓄产品等。该报告覆盖了 88 个司法管辖区,其中包括 36 个 OECD 国家。其中 OECD 国家的养老金资产规模合计为 42.5 万亿美元,其他地区为 1.6 万亿美元。从绝对规模来看,北美地区规模最大,其次为西欧、澳日。从相对于当地 GDP 的比例来看,一些小国家养老金占 GDP 比例高(如冰岛 161%、瑞士 142%,排名靠前),而一些发展中国家的养老金占 GDP 比例低于 20%。

美国的养老金资产规模达 27.5 万亿美元,占 OECD 国家总量的 64.8%;排名第二的英国,其养老金总量为 2.8 万亿美元,占比达 6.6%;加拿大排名第三,总量规模 2.5 万亿美元,占比 5.9%。之后分别为澳大利亚(总量 1.9 万亿美元)、荷兰(总量 1.5 万亿美元)、日本(1.4 万亿美元)和瑞士(约 1 万亿美元)。其余 29 个 OECD 国家的养老金总和,仅占总量的 8.9%。

根据路闻卓立(业内知名智能信息管理服务平台)统计,2018 年年底全球机构投资者合计 38.93 万亿美元。其中,中央银行 13.55 万亿美元、养老基金 15.69 万亿美元、主权基金 8.58 万亿美元、捐赠基金 0.93 万亿美元、家族办公室 0.18 万亿美元。

# 第二节　全球资产管理行业的发展情况

## 一、全球资产管理发展现状及有关机构

资产管理行业是经济发达社会富裕的产物，与经济发展密切相关，和 GDP 的总量水平基本一致。根据世行 GDP 数据，2018 年亚太地区 25.92 万亿美元，全球占比 30%；欧洲地区 23.04 万亿美元，全球占比 26.67%；北美地区 22.21 万亿美元，全球占比 25.7%。

因此，全球资产管理中心主要分布在美、欧、亚太的经济发达地区。波士顿咨询公司的报告内容显示，截至 2019 年年底，北美、欧洲、亚洲（不含日本）、日本和澳大利亚的资产管理规模分别占比 49%、26%、13%、8%，拉丁美洲、中东、非洲占比较低，仅有 2%（见图 2-7）。

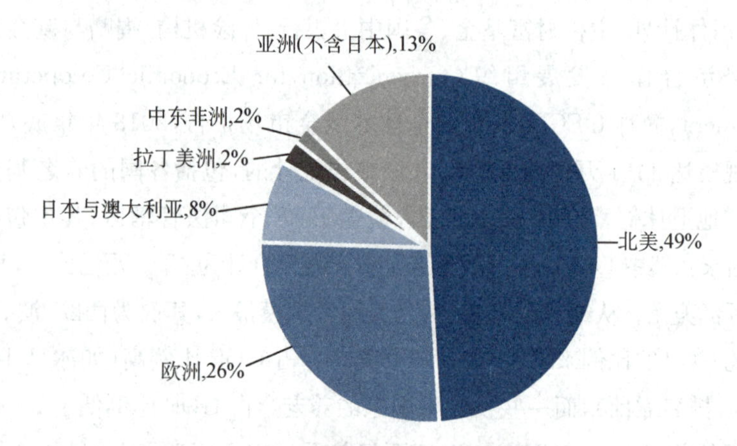


**图 2-7　全球资产管理规模区域分布**

资料来源：波士顿咨询公司、华宝证券研究创新部

全球资产管理增长规模也呈现出区域的变化。根据韦莱韬悦发布的《2019 年度全球资产管理 500 强报告》内容，北美、欧洲和日本等传统发达市场均出现不同程度的下滑。北美作为全球资产管理最发达的地区，其资产管理总规模占全球 500 强总量的比例虽高达 57%，但同比下降 4.9%；欧洲占比达 31%，同比下降 3.9%；日本占比 5%，同比有微幅下降。而唯一增长的地区就是亚洲和一些新兴市场地区，占比 7%但增长率却高达 17.9%。

因此，以美国为代表的北美地区、欧洲地区、日本和澳大利亚为代表的亚太发达国家地区，其资产管理规模全球占比最高。包括中国在内的众多发展中国家，发展势头较好，但是总规模占比依旧偏低，与全球经济发展不均衡现状相一致。

### （一）按照地区发展情况

2020年3月30日，由国家高端智库中国（深圳）综合开发研究院与英国智库Z/Yen集团联合研究的第27期全球金融中心指数报告（The Global Financial Centres Index 27，简称GFCI27）在伦敦和深圳同时发布。该指数主要从营商环境、人力资源、基础设施、发展水平、国际声誉等方面对全球主要金融中心进行评价和排名。

GFCI27内容显示，全球前十大金融中心排名依次为：纽约、伦敦、东京、上海、新加坡、香港、北京、旧金山、日内瓦、洛杉矶。在投资管理的单项指标中，纽约得分全球第一，随后是上海排名第二。另外，在银行模块中，纽约和上海位次保持一致。但在保险模块中，卢森堡位列全球第一，纽约第二，上海位列第十。GFCI 27期投资管理模块的排序如表2-4。

表2-4　全球金融中心排行

| 排名 | 银行业 | 投资管理 | 保险 | 专业服务 | 政府与规则 |
|---|---|---|---|---|---|
| 1 | 纽约 | 纽约 | 卢森堡 | 纽约 | 纽约 |
| 2 | 上海 | 上海 | 纽约 | 伦敦 | 伦敦 |
| 3 | 伦敦 | 新加坡 | 伦敦 | 香港 | 卢森堡 |
| 4 | 香港 | 伦敦 | 新加坡 | 迪拜 | 香港 |
| 5 | 东京 | 香港 | 苏黎世 | 新加坡 | 新加坡 |
| 6 | 新加坡 | 北京 | 日内瓦 | 上海 | 上海 |
| 7 | 北京 | 法兰克福 | 法兰克福 | 多伦多 | 东京 |
| 8 | 旧金山 | 多伦多 | 香港 | 日内瓦 | 苏黎世 |
| 9 | 日内瓦 | 旧金山 | 阿卜扎比 | 法兰克福 | 法兰克福 |
| 10 | 深圳 | 波士顿 | 上海 | 北京 | 洛杉矶 |
| 11 | 悉尼 | 迪拜 | 洛杉矶 | 苏黎世 | 特拉维夫 |
| 12 | 墨尔本 | 东京 | 多伦多 | 东京 | 北京 |

（续表）

| 排名 | 银行业 | 投资管理 | 保险 | 专业服务 | 政府与规则 |
|---|---|---|---|---|---|
| 13 | 法兰克福 | 卢森堡 | 芝加哥 | 特拉维夫 | 旧金山 |
| 14 | 巴黎 | 深圳 | 北京 | 悉尼 | 维尔纽斯 |
| 15 | 广州 | 苏黎世 | 迪拜 | 旧金山 | 日内瓦 |

资料来源：GFCI27、华宝证券研究创新部

1. 美国

根据波士顿咨询公司发布的《2019 年全球资产管理报告》（英国投资协会报告也引用了该数据），北美资产管理规模为 35.2 万亿美元，美国约为 33 万亿美元。国际投资基金协会的报告数据显示，截至 2020 年一季度末，国际投资基金协会监控的全球受监管开放式基金（不包括 FOF）规模 51.55 万亿美元。从产品注册地看，美国占比为 7%；从规模看，美国占比为 43%，为 22.52 万亿美元，全球第一。因此可以推算，美国资产管理规模中，私募为 10.48 万亿美元（33 万亿美元减去 22.52 万亿美元）。由于客户对隐私的高度关注，美国对私募之前曾要求达到10 亿美元的规模需要备案，但后续已经取消备案登记。美国私募主要包括家庭信托基金、校园基金、捐赠基金等。

根据美国投资公司协会发布的《2019 投资公司发展报告》，2018 年美国投资公司详细情况如下：共同基金 17.71 万亿美元，占比 82.76%；ETF 规模 3.37 万亿美元，占比 15.75%；封闭式基金 0.25 万亿美元；单位投资信托基金 0.07 万亿美元。共同基金、ETF 的份额中，美国均为全球最大。基金资产中 41%为国内股票型基金，22%为债券型基金、15%为世界股票型基金、14%为货币市场基金，7%为混合型基金以及其他基金。美国基金相关从业人员 17.8 万人，其中 39%从事基金投资管理相关工作，28%从事客户服务，24%从事市场与销售，10%从事基金行政。

美国是全球最大的资产管理国家，其总体管理产值规模高。主动基金仍为共同基金的主流，占长期投资基金净资产的 64%，但指数基金在基金总量中占比逐步提升至 36%，规模达 6.48 万亿美元，而 2008 年年底该比重仅为 18%。此外，独立管理机构仍占主流，头部市场集中度高。截至 2018 年年底，独立咨询机构占基金管理主体的 81%，独立投资咨询机构管理的资产规模占比为 70%。其资产管理行业呈现出倒金字塔格局，市场集中度较高。排名前 5 的机构管理规模占比从 2005 年的 35%提升至 2018 年的 51%，排名前 10 的机构管理规模

从46%提升至61%，排名前25的机构从67%提升至79%。

根据彭博社的数据，美国当前投资者中，超过80%的基金综合体由独立基金顾问进行服务销售，9%是非注册在美国基金顾问销售服务，银行和保险公司服务的比例为4%，证券公司占比约2%。

2. 英国

英国是全球领先的资产管理中心之一，根据英国基金业投资协会(Investment Association，简称IA)数据，英国的资产管理规模仅次于美国，是世界第二大资产管理规模国家。

截至2018年年底，英国管理的基金资产规模达9.1万亿英镑(11.8万亿美元)，管理规模占到整个欧洲基金资产规模的37%。其中协会会员管理规模为7.7万亿英镑。管理规模前5的机构，规模占比42%；管理规模前10的机构，规模占比57%。独立投资管理机构，管理规模占44%(2008年为21%)。其中海外客户资金占总规模的40%；养老金占总规模的45%；管理第三方资产占总规模的85%，其中养老金占第三方资产的71%，投向主要以权益类(36%)以及海外债券(49%)为主。

截至2017年年底，英国银行总资产为10.8万亿元，名列欧洲第一，全球第四，仅次于中国(39万亿美元)、美国(17万亿美元)以及日本(11万亿美元)，是全球最大的跨境银行业务中心。英国拥有8 000多家银行及分支机构，约有39.4万人直接从事银行工作。截至2018年第一季度，英国的跨境银行贷款余额占全球总额的18%。

在证券期货方面，截至2018年12月末，伦敦证券交易所集团共有2 479家上市公司，总市值为3.64万亿美元，其中有418家外资上市公司，全球排名第四，仅次于维也纳证券交易所(610家)，纽约-泛欧交易所集团(510家)和纳斯达克(436家)。英国是全球衍生品交易中心，多个国际领先的衍生品交易所集聚伦敦。其中包括全球最大的有色金属交易所——伦敦金属交易所(London Metal Exchange，简称LME)，欧洲最大的能源期货交易所——伦敦洲际交易所(Inter-continental Exchange，简称ICE)。伦敦还是国际咖啡组织、粮食和饲料贸易协会和国际糖业组织等全球知名大宗商品组织所在地。

英国曾经是全球最大的场外利率衍生品交易中心，在全球金融市场交易中，伦敦得益于独特的时区优势，为亚洲和美国在同一时期内提供最大的资金池业务(伦敦与纽约、东京、香港之间大致相隔8个时区)。另外，伦敦时间一直被作为国际商业标准时间，全球的金融交易可以仅通过伦敦市场，在一天内完成相关的各项工作接替。因此,伦敦是全球重要的外汇交易中心、黄金交易中心,全世界37%的国际货币交易和18%的跨国借贷都来自伦敦市场。根据国际清算银行(Bank for International Settlements,简称BIS)在2019年9月的数据,在全球外汇交易方面,保持在第一位的是英国,日均交易额是3.58万亿美元,伦敦更是在全球外汇交易总量中占比高达43.1%。此外,BIS的调查显示,美元保持全球货币主导地位,在所有交易货币中占比88%,欧元交易份额为32%。而英国的英镑是欧洲地区的排名第一,全世界交易排名第四位,交易份额占比全世界的13%。

3. 瑞士

根据瑞士基金与资产管理协会(The Swiss Funds & Asset Management Association,简称SFAMA)相关报告,截至2018年年底,9 824只基金获得批准销售,其中1 726只为瑞士法产品;8 098只为依据外国法成立的产品,其中依据卢森堡法律的有5 409只。7 266只为卢森堡和爱尔兰法律下的产品。2018年年底,基金规模1.04万亿瑞士法郎;资产管理规模2.21万亿瑞士法郎。

4. 新加坡

新加坡是亚洲的金融中心之一,根据新加坡金融管理局(Monetary Authority of Singapore,简称MAS)发布的《2019新加坡资产管理调查》(*2019 Singapore Asset Management Survey*),2019年新加坡资产管理规模与全球的下跌趋势相反,保持增长态势,规模为4万亿新元(约合2.9万亿美元)。2018年,新加坡资产管理规模为3.4万亿新元(约合2.5万亿美元)。截至2019年,新加坡拥有注册和许可的基金公司总数已达895家,在新交所上市的公司已达723家。

5. 日本

根据野村证券研究报告,截至2018年3月末,日本资产管理总规模为27.71万亿美元,考虑到日本的机构资产与个人的重复部分,野村证券报告认为,日本资产管理总规模约为20.09万亿美元。若以27.71万亿美元为计算标准,这其中,个人投资者16.78万亿美元,银行(证券投资)4.24万亿美元,保险3.38万亿美元,养老金3.31万亿美元;其中公募信托基金1.09万亿美元,海外投资者0.06万亿美元,私募投资信托基金0.88万亿美元。

**(二) 按照资产管理机构排名**

根据韦莱韬悦发布的数据,全球资产管理机构500强公司中,贝莱德、先锋领航和道富排名全球前三。其中，美国的贝莱德公司自2009年以来一直保持全球排名榜首的位置，2018年，该公司的资产管理总规模达5.98万亿美元；而先锋领航和道富也是连续第五年跻身前三位。在前20名当中，2018年资产管理总额超过1万亿美元的还包括富达投资、安联、摩根大通等15家机构，2018年全球共有18家机构资产管理规模超过1万亿美元大关（见表2-5）。

表2-5　全球资产管理规模排名前15名的机构（单位：万亿美元）

| 序号 | 公司 | 国家 | 资产管理规模 |
|---|---|---|---|
| 1 | 贝莱德（BlackRock） | 美国 | 5.98 |
| 2 | 先锋领航（Vanguard Asset Management） | 美国 | 4.86 |
| 3 | 道富（State Street Global Advisors） | 美国 | 2.51 |
| 4 | 富达投资（Fidelity Investments） | 美国 | 2.42 |
| 5 | 安联（Allianz Global Investors） | 德国 | 2.42 |
| 6 | 摩根大通（J. P. Morgan Chase） | 美国 | 1.98 |
| 7 | 纽约银行（BNY Mellon Investment） | 美国 | 1.72 |
| 8 | 东方汇理（Amundi） | 法国 | 1.71 |
| 9 | 资本集团（Capital Group） | 美国 | 1.67 |
| 10 | 安盛集团（AXA Group） | 法国 | 1.62 |
| 11 | 高盛集团（Goldman Sachs） | 美国 | 1.54 |
| 12 | 保德信（Prudential Financial） | 美国 | 1.37 |
| 13 | 德意志银行（Deutsche Bank） | 德国 | 1.30 |
| 14 | 英国法通保险公司（Legal&General） | 英国 | 1.28 |
| 15 | 瑞银（UBS） | 瑞士 | 1.22 |

资料来源：韦莱韬悦、华宝证券研究创新部

### （三）全球资产管理行业的有关机构

1. 国际相关组织

（1）经济合作与发展组织

经济合作与发展组织（Organization for Economic Cooperation and Development，简称OECD）的前身是1947年由美国和加拿大发起的，于1948年成立的欧洲经济合作组织（Organization for European Economic Cooperation），该组织成立的目的是帮助执行致力于第二次世界大战以后欧洲重建的马歇尔计划。后来其成员国逐渐扩展到非欧洲国家。1961 年，欧洲经济合作组织改名为经济合作与发展组织。经合组织的宗旨为：帮助各成员国的政府实现可持续性经济增长和就业，成员国生活水准上升，同时保持金融稳定，从而为世界经济发展做出贡献。其组建公约中提出：经合组织应致力于为其成员国及其他国家在经济发展过程中的稳固经济扩展提供帮助，并在多边性和非歧视性的基础上为世界贸易增长做出贡献。

(2) 世界银行

世界银行(World Bank，简称 WB)有 189 个成员国，员工来自 170 多个国家，在 130 多个地方设有办事处。世界银行集团是一个独特的全球性合作伙伴，所属 5 家机构共同致力于寻求在发展中国家减少贫困和建立共享繁荣的可持续之道。

2. 国际协会组织以及非营利组织

(1) 国际投资基金协会

国际投资基金协会(International Investment Funds Association，简称 IIFA)，IIFA 致力于保护投资人、促进投资基金的健康发展。根据其官网信息，共有美国投资公司协会等 40 个成员组织，中国基金业协会(Asset Management Association of China，简称 AMAC)也加入了该组织。美国投资公司协会的全球数据及来源均为 IIFA，IIFA 的官网每季度发布数据报告，每年召开年会。

(2) 世界经济论坛

世界经济论坛(World Economic Forum，简称 WEF)是一个致力于推动公私合作的国际组织。成立于 1971 年，是一个非营利性基金会，总部设在瑞士日内瓦，论坛汇聚政界、商界等社会各界重要领袖，共同制定全球、区域和行业议程。2020 年 7 月，世界经济论坛与奥纬咨询(Oliver Wyman)联合编制《中国资产管理行业进入发展拐点》报告。

(3) 国际金融中心世界联盟

国际金融中心世界联盟(World Alliance of International Financial Centers，简称 WAIFC)是成立于 2018 年 10 月 1 日的国际非营利组织，旨在通过联合开展项目(如金融中心数据库、金融科技发展、可持续金融等)，促进国际金融中心之间的合作与交流。目前，伦敦金融城、法兰克福金融合作协会、卢森堡金融推广署等 15 个政府部门或社会组织是其成员，新加坡金融管理局、东京金融城等是其候任成员，2020 年 1 月，香港正式加入国际金融中心世界联盟。

3. 主要国家和地区投资协会或监管部门

(1) 美国投资公司协会

美国投资公司协会(The Investment Company Institute,简称ICI),是美国投资公司的协会机构。1940年,协会参与起草了1940年《投资公司法》,并在证券交易委员会的协助下制定了基金业的行业规划和共同守则。美国投资公司协会成立于纽约,当时名称为国家投资公司委员会(National Committee of Investment Companies),在1941年更名为国家投资公司协会(National Association of Investment Companies),在1959年召开第一届成员大会。1961年,改成目前的名字,即美国投资公司协会。美国投资公司协会宗旨是使投资基金交易公正进行,保护投资者的利益,促进投资基金业的健康发展。

美国投资公司协会有40多人的研究团队,对全球资产管理发展进行研究,发布年度研究报告,受到全球资产管理机构的重视。美国投资公司协会与中国基金业协会合作,2019年首次发布了资产管理发展年度报告中文版,报告中对中国市场进行了专章分析。

(2) 欧洲投资管理协会

欧洲投资管理协会(European Federation of Investment Funds and Companies,简称EFAMA),成立于1974年,是欧洲资产管理行业数据发布的权威机构。代表欧洲28个国家或地区会员、59个公司会员、22个联谊会员。

(3) 英国投资协会

英国投资协会(Investment Association,简称IA),协会共有250个成员,共同管理客户资产超过了7.7万亿英镑,定期发布英国的年度投资管理报告,国内的中国保险资产管理业协会(Insurance Asset Management Association of China,简称IAMAC)与英国投资协会保持良好的合作关系。

(4) 美国投资顾问协会

美国投资顾问协会(The Investment Adviser Association,简称The IAA),协会成立于1938年,是美国资本市场中唯一代表投资顾问和市场交流的行业机构,现有4 000多个机构会员,是全球最有影响力的职业市场交流协会。

(5) 新加坡金融管理局

新加坡金融管理局(Monetary Authority of Singapore,简称MAS),20世纪90年代初,新加坡金融管理局着手积极促进资产管理行业发展,每年发布《新加坡资产管理调查报告》(*Singapore Asset Management Survey*)。目前,新加坡金融管理局与上海市地方金融监督管理局有着密切的合作。

4. 资产管理行业主流分析和排名研究报告

(1) 欧洲投资与养老金机构

欧洲投资与养老金机构(Investment & Pension of Europe,简称 IPE)是面向机构投资者和养老基金管理者的欧洲领先出版机构,成立于 1996 年 7 月。欧洲投资与养老金机构的姊妹出版物有《欧洲房地产报告》(*IPE Real Assets*)等,欧洲投资与养老金机构的年度会议和颁奖典礼是最重要且规模最大的欧洲养老基金聚会。欧洲投资与养老金机构每年发布的全球前 400 资产管理机构排名以及资产管理报告具有一定的全球权威性。

(2) 智库机构 Z/Yen 集团

智库机构 Z/Yen 集团:Z/Yen 集团每年发布的《全球金融中心指数报告》(*The Global Financial Centres Index*),被誉为最权威的全球金融中心排名指数指标。2007 年起,智库机构 Z/Yen 集团受伦敦金融城委托编制。2007 年 3 月,Z/Yen 集团发布了第一期全球金融中心指数。2016 年 7 月起,中国(深圳)综合开发研究院与 Z/Yen 共同开展金融中心合作研究、联合发布全球金融中心指数。该指数持续对全球主要金融中心进行竞争力评估和排名,其中包括资产管理中心的排名,于每年 3 月和 9 月分别更新一次,持续受到全球金融界的广泛关注。该指数为政策研究和投资决策提供了宝贵的参考依据。

此外,麦肯锡、波士顿咨询等全球著名的咨询机构,每年会发布年度资产管理行业或其子行业的报告。普华永道、德勤、安永等国际会计师事务所,基本每年也会发布与资产管理行业相关的调研数据与报告。

## 二、全球资产管理行业发展特点

### (一) 行业整体:业务发展成熟

海外发达国家资产管理行业,从参与主体的角度来看,银行、保险和基金是资产管理行业的主力,包括商业银行和投资银行在内的银行在很多国家是最主要的资产管理机构,如摩根、瑞银、德意志银行等。此外,经过多年发展,共同基金已经成为资产管理机构中最重要的力量。如贝莱德、道富、先锋领航等大部分经营共同基金,其规模已经超过大部分银行、保险等机构。众多机构参与,行业整体各业务发展成熟。

以贝莱德为例,贝莱德英文为 BlackRock,又称黑岩,是资产管理行业中突出的标杆。虽然仅有不足 30 年的发展历史,但其在全球资产管理行业和金融市场上的地位举足轻重。贝莱德在全球范围内管理的资产规模庞大,2018 年年底达到5.97万亿美元,到了2019年,贝莱德实现了有史以来最佳业绩,这家基金管理公司的业绩超过华尔街分析师预期,公司总资产增至7.43万亿美元,同比增长幅度近25%,这个数据已经远超日本的经济总量(2019年日本GDP为5.08万亿美元)。

除了直接管理的资产外(贝莱德是全球最大的被动指数管理基金管理者),贝莱德还拥有全球整合的资产管理和技术平台的独特性,为其自身更庞大的资产提供风险管理服务。2008年金融危机期间,无论是商业金融机构还是美国政府,都纷纷向贝莱德寻求咨询、估值以及风险管理技能方面的服务。在整合国际化业务时,贝莱德还向许多欧洲国家提供咨询服务,对政府和监管者具有很大的影响力。专业资产管理机构并不单单从事代理资产管理的业务,往往还附带从事咨询、资产托管、财务筹划乃至IT业务等一揽子业务,业务各具特色。近年来,贝莱德表示要绕过华尔街经纪商自建交易平台,陆续结盟MarketAxess、Tradweb等债券及固定收益产品交易平台,意在新的业务领域掘金,贝莱德每年也会将营收的10%左右用于科技投资。

总体来看,资产管理是金融行业专业分工发展的结果,在全球范围内发展很迅猛,并将继续保持增长势头。

### (二) 增长情况:发展中国家发展迅速

根据韦莱韬悦的数据,发展中国家资产管理行业发展迅速,如中国、印度、巴西等都实现较快增长。尤其是中国和印度的资产管理市场规模从2013年到2015年,实现了20%以上的增长。而传统的发达国家和地区发展速度虽然不及发展中国家高达20%以上,但也呈现出稳步的发展态势,如美国、英国、加拿大、丹麦、澳大利亚,用本币计算的资产管理规模5年增长率都在5%以上。

### (三) 格局定势:二八分化明显

根据安永《2019全球资产管理行业报告》,截至2019年6月,美国的前100家基金公司的资产管理规模已达到总市场的97%,而余下的500家公司则在剩下的3%市场份额中进行争夺。全球资产管理呈现出三个明显的“二八分化”特征。

第一个“二八分化”特征:全球资产管理区域发展不均衡。从区域分布来看,全球投资基金行业呈现鲜明的“二八分化”特征,北美和欧洲国家占据主导地位,资产规模占比高达80%以上;非洲和亚太地区新兴市场规模占比不足20%,新增资金增速也逐渐趋于平稳。

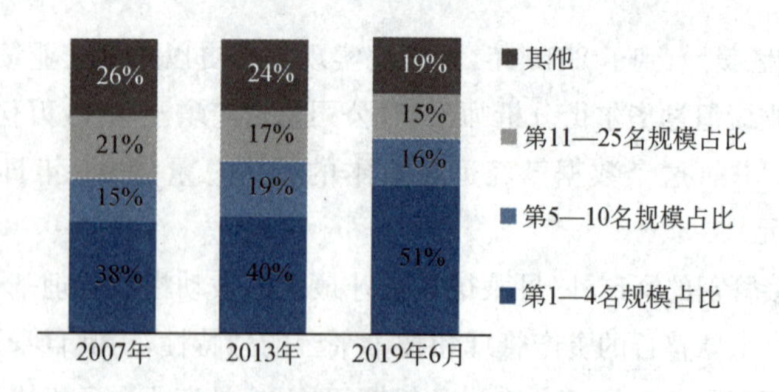


**图 2-8　全球资产管理规模以及增长率**

资料来源：安永会计师事务所、华宝证券研究创新部

第二个"二八分化"特征：金融机构头部集中效应明显。根据安永的报告，2019 年 6 月，在美国基金市场中，前 100 家的资产管理规模占到了市场总规模的 97%，而剩余的 500 家机构，尤其是中小型机构则要在 3%的市场份额中进行争夺。

第三个"二八分化"特征：头部绝对化效应。在美国，头部效应已经超过了"二八"定律。2007—2019 年这十几年的时间中，美国基金市场维持了"前者恒强"的局面。美国基金市场的前 4 家，市场份额由 2007 年的 38%上涨到 51%；前 5～10 名的份额由 2007 年的 15%上涨到 16%；其余的 11～25 名从开始的 21%下降至 15%，而尾部的大量机构，规模占比自 2007 年的 26%大幅度下降至 19%(见图 2-8)。

## 三、全球资产管理行业的发展趋势

### (一) 行业竞争日益激烈

近年来，资产管理行业竞争日益激烈，行业集中度不断提升，市场的资金也往往相信大机构，偏向大机构，小机构生存空间令人担忧。

上文已经提到，目前海外的大型机构，带有明显的二八特征。尤其是美国前五大机构，根据安永的数据显示，截至 2019 年 6 月，资金净流入 2 811 亿美金，占市场资金总流入的 84%。2016—2018 年，全球近半数(46%)的中小型资产管理公司产生净流出，比例远高于超大型及大型资产管理公司(37%)；美国市场超过 60%的资产管理公司产生净流出，其中小型资产管理公司资金流出比例高达 65%。

出现以上的情况，这与行业竞争密不可分。目前资产管理行业全球有上万家各种各样的机构，包括不同类型的商业银行、投资银行、保险机构以及独立的三方投资机构，全球资产管理规模虽然有明显的增长，但是，增长的幅度明显不及众多机构开拓市场的速度。此外，强者恒强，赢者通吃，大机构往往拥有齐全的部门，丰富的从业人员以及完善的制度，这也是资金选择大机构而忽视中小机构的一个重要的原因。

未来中小机构在资产管理行业的生存空间将进一步被压缩，只有具备一定特色（如精品型的资产管理机构主要依靠特定的投资策略，在市场获取客户信任），在某一细分领域成为龙头的机构，才有可能在激烈的竞争中脱颖而出。如何应对投资者的从众心理，小机构只有靠实力和业绩说话。

**（二）利润成为核心考核指标**

根据安永《2019 年全球资产管理行业报告》，2009—2014 年，全球资产管理行业利润率快速增长，其间复合年均增长率高达 17.02%。这主要源于行业的内生增长，包括持续的资金流入以及快速发展的被动产品。而这种增长在 2015 年出现拐点，2015—2018 年复合年均增长率仅为 6.85%。

我们认为，在遇到资本市场不确定性以及波动性增加的大环境下，未来，资产管理行业不再是以资产管理规模为考核的金融行业，而是以精细化管理为方向，以利润和成本为考核指标的行业。

一方面，全球资产管理行业在收入端日益趋同，海外众多机构在 2019 年开始采用低费率政策抢占被动基金市场份额，从而导致费率下降成为海外共同基金的一个大趋势，收费降低势必增加对机构生存的压力。

另一方面压力则来自成本端。目前，全球资产管理行业和其他金融行业一样，面临人力成本、技术成本、营销成本以及其他成本上涨的压力。在两个剪刀差存在的基础上，资产管理行业单纯比拼规模已经毫无意义，只有为客户盈利，开展多元化的经营，减少不必要的成本，使行业利润有所增加，才是资产管理行业健康发展的可持续之路。

**（三）费率价格战催生行业新业态**

根据安永《2019 年全球资产管理行业报告》，近五年来，业内大多数产品费率下降。2013 年至今，美国基金管理市场整体规模由 2013 年的 16.7 万亿美元增长至 2018 年的 21.4 万亿美元，增幅达 29%。但是，另一个有趣的现象是，美国基金管理机构的平均费率却并未随规模的提升而提升。2013—2018 年，美国基金管理市场平均费率从 59 bp 下降至 47 bp，降幅达 20%（见图 2-9）。

费率下降的主要原因有以下三点。

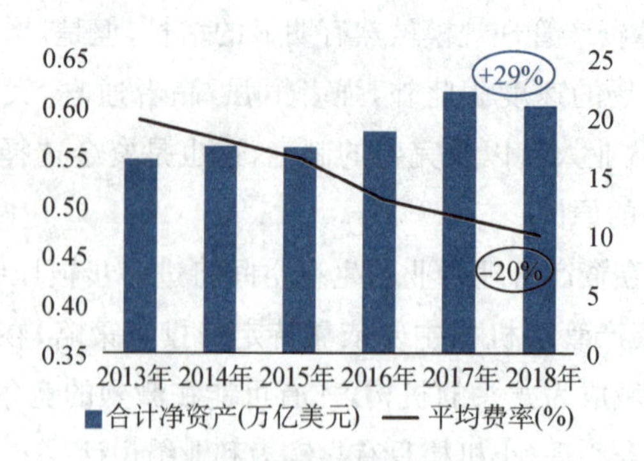


**图 2-9 美国基金市场平均费率**

资料来源:安永会计师事务所、华宝证券研究创新部

1. 被动基金规模增加导致费率下降

当前,投资者对于被动基金十分追捧,以 ETF 为首的指数基金受到了个人投资者和机构投资者的青睐。被动基金由于设置简单,且近两年收益持续走高,成为众多机构关注的热点。因为 ETF 没有规模上限的说法,因此,承载巨量资金规模的 ETF 就成为全球各金融机构争夺的焦点。根据万得的数据统计,美国 ETF 的费率大多落在 0～1%的区间内,其中债券类 ETF 的平均费率(0.1%～0.3%)最低,商品类 ETF 的平均费率(0.5%～0.75%)最高,股票类 ETF(0.2%～0.5%)居于中间。投资者购买投资美国股票的基金产品(ETF)仅需 0.02%的超低费率。

被动基金规模大增导致行业持续下调 ETF 费用。2019 年以来,中国部分指数基金公司打破了原有 ETF 产品“0.5%管理费+0.1%托管费”的费率结构,部分基金采用“年费率和托管费年费率分别为 0.15%和 0.05%”模式甚至更低。因此,指数规模基金增加,基金公司却持续降低费率是行业未来的一个明确趋势。

2. 量化投资借助计算机技术降低成本

20 世纪以来,计算机技术不断发展,人工智能以及数量计算得到发展,资产管理领域量化投资兴起,诸如詹姆斯·西蒙斯(James Simons) 成立的文艺复兴科技公司 (Renaissance Technologies)以基于模型的“算法交易”为核心,专注量化投资三十多年,并且多年连续收益为正。此外,借助计算机技术以及海外交易商推广的低佣金和零佣金交易政策,使基金管理的成本有所下降。主动型基金在近几年经历了被动基金以及量化计算机基金的双重打击。

3. 买方投顾模式收费模式更加灵活

20 世纪 80 年代开始,美国由卖方投顾模式开始逐渐向买方投顾模式转型,让渠道销售这一环节的费用得以大幅节省。尤其是 2017 年美国劳工部公布《新信托法案》(*The Department of Labor Fiduciary Rule*),其核心内容之一是要求投顾以"受托人"身份为投资者挑选基金,并将客户利益摆在首位;如果投顾选择继续按照交易的一定比例来收取佣金,需要和客户签订《最佳利益合同豁免》,披露收取的所有佣金来源并承诺履行受托责任。

因此,在大环境要求下,金融机构更加倾向使用买方投顾模式,这就使得资产管理机构需要靠业绩和为客户创造的利润来获得提成,这也是造成行业费率下降、利润降低的一个原因。

## (四) 独立资产管理机构取代银行和保险

根据韦莱韬悦的数据,2018 年资产管理规模前 20 的机构中,有一半为独立资产管理公司,有 7 家为银行系资产管理公司,3 家为保险系资产管理公司。数据表明,近十年来,在前 20 强中独立资产管理公司不断增加,银行系资产管理公司不断下降(见图 2-10)。

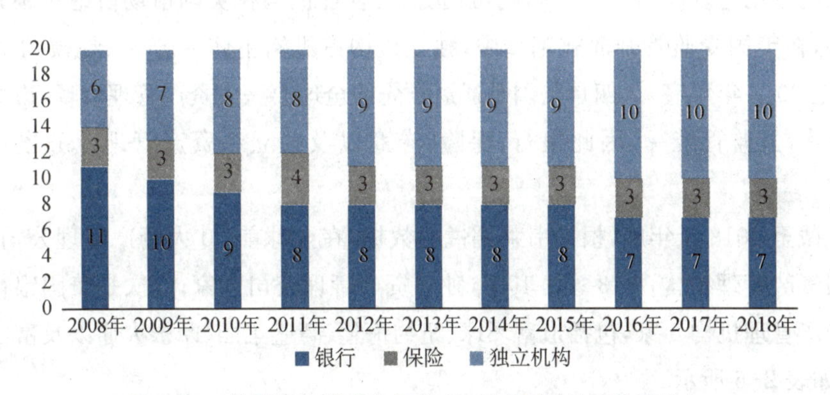


**图 2-10 美国资产管理市场前 20 名不同机构的数量分布**

资料来源:韦莱韬悦、华宝证券研究创新部

出现这样的趋势,一方面是因为监管政策,2008 年金融危机前,海外市场的投资银行具有规模效应,相比其他金融机构在交易业务(Trading)方面更具有优势。2008 年金融危机后,美国监管新规使投资银行的交易业务受到限制,导致国际投行减少了客户交易业务。而独立的资产管理公司如富达投资、道富和普信等,并没有受到美国监管新规的影响。客户逐步将资产从投行转而委托给资产管理公司,这些资产管理巨头因此获得了市场上大部分的资产净流入。另一方面，独立的资产管理公司在产品费率和金融科技应用等方面更具有创新力。

## 第三节　全球资产管理行业比较分析

### 一、主要国家的资产管理竞争格局与牌照功能

美国是较早允许银行等金融机构开展资产管理业务的国家，但需要设立独立的主体，并对集团内交叉销售有严格规定。在美国受监管开放式基金中，不同背景的资产管理机构受统一监管，牌照功能的差异较小，独立资产管理机构占主导，银行、保险、券商系均发展良好。究其原因有四点：一是美国对销售机构管理非常严格、对集团内交叉销售有严格规定。二是不同系统背景的机构，在激励机制、专业领域、风险偏好方面有一定的差异，如独立机构比较普遍的合伙人制与银行系机构的股权结构具有差异。三是市场上投资者的结构和投资偏好影响，数据显示美国资产管理市场中，相较其他区域，投资人偏权益类的占比较高，对机构的主动管理能力关注。因此，独立投资管理机构在美国市场占绝对领先的优势，在美国受监管开放式基金中，独立机构占机构主体的81%、规模的70%（截至2018年年底）。四是美国是遥遥领先的全球第一大资产管理市场，市场容量巨大，且监管统一，因此银行、保险、券商以及独立系资产管理业务也发展良好。

截至2018年年底，根据韦莱韬悦的数据，在全球前20大资产管理公司中，美国资产管理机构占13家。其中，独立资产管理公司6家；其次是美国银行系的资产管理机构5家，包括道富环球、纽约梅隆、高盛集团、摩根大通以及富国银行，如表2-6所示。

**表2-6　美国全球排名前20资产管理机构及类型**

| 排名 | 公司 | 类型 |
|---|---|---|
| 1 | 贝莱德（BlackRock） | 独立系 |
| 2 | 先锋领航（Vanguard Group） | 独立系 |
| 3 | 道富（State Street Global Advisors） | 银行系 |
| 4 | 富达投资（Fidelity Investments） | 独立系 |
| 6 | 摩根大通（J. P. Morgan Chase） | 银行系 |

（续表）

| 排名 | 公司 | 类型 |
|---|---|---|
| 7 | 纽约梅隆(BNY Mellon Investment) | 银行系 |
| 9 | 资本集团(Capital Group) | 独立系 |
| 11 | 高盛集团(Goldman Sachs) | 银行系 |
| 12 | 保德信(Prudential Financial) | 保险系 |
| 17 | 北方信托(Northern Trust Asset Mgmt) | 信托系 |
| 18 | 威灵顿管理公司(Wellington Mgmt) | 独立性 |
| 19 | 富国银行(Wells Fargo) | 银行系 |
| 20 | 普信集团(T. Rowe Price) | 独立系 |

资料来源：韦莱韬悦、华宝证券研究创新部

除了公募外，美国的私募也有一定的发展前景。由于美国客户对隐私的高度关注，美国对私募之前曾要求达到10亿美元的规模需要美国证券交易监督委员会备案，但后续取消了备案登记。

英国在资产管理行业的监管、市场、机构等方面情况类似美国，其资产管理机构进入韦莱韬悦前50的排名如表2-7所示。

**表2-7 英国资产管理机构排名**

| 排名 | 公司 | 性质 |
|---|---|---|
| 14 | 英国法通保险公司(Legal & General) | 保险系 |
| 25 | 汇丰银行(HSBC Holdings) | 银行系 |
| 27 | 保诚(M&G Prudential) | 银行系 |
| 37 | 标准人寿阿伯丁(Standard Life Aberdeen) | 保险系 |

资料来源：韦莱韬悦、华宝证券研究创新部

欧洲资产管理机构受统一监管，主体间差异较小，机构投资者占比大。一是其金融机构长期混业经营，其银行和保险体系的资产管理业务发展时间长，专业化程度高，市场领先程度高，如德国银行是全能银行，既可以从事商业银行业务，也可以从事投资银行业务。二是监管对集团体系内的交叉销售限制较少。三是投资者较为保守的风险偏好，银行和保险在资产管理市场占有领先的优势。例如，保险系的安联保险集团(Allianz Group)，在韦莱韬悦的排名中位列全球第5，欧洲第1；银行系的东方汇理(Amundi)排名全球第8，欧洲第2；保险系法国安盛集团(AXA Group)位列全球第10,欧洲第3。

在日本,由于历史原因,银行和券商的资产管理机构业务范围差异明显,如1998年之前银行不得对个人销售公募,2001年之前年金业务只能由银行和保险系机构经营。因此资产管理牌照间的功能差异较大,其中三井住友信托银行(Sumitomo Mitsui Trust Bank)位列日本第1,全球第28位。欧洲大陆和日本资产管理机构进入韦莱韬悦前30排名情况如表2-8所示。

**表2-8 欧洲大陆与日本资产管理机构排名以及类型**

| 排名 | 公司 | 国家 | 类型 |
| --- | --- | --- | --- |
| 5 | 安联(Allianz Global Investors) | 德国(Germany) | 保险系 |
| 8 | 东方汇理(Amundi) | 法国(France) | 银行系 |
| 10 | 安盛集团(AXA Group) | 法国(France) | 保险系 |
| 13 | 德意志银行(Deutsche Bank) | 德国(Germany) | 银行系 |
| 15 | 瑞银(UBS) | 瑞士(Switzerland) | 银行系 |
| 16 | 法国巴黎银行(BNP PARIBAS) | 法国(France) | 银行系 |
| 21 | 纳蒂西斯投资(Natixis Investment Managers) | 法国(France) | 银行系 |
| 23 | 全球保险集团(Aegon Group) | 荷兰(Netherland) | 保险系 |
| 27 | 三井住友信托银行(Sumitomo Mitsui Trust Bank) | 日本(Japan) | 银行系 |

资料来源:韦莱韬悦、华宝证券研究创新部

## 二、关于零售客户渠道的差异

根据波士顿咨询公司的报告显示,美国的零售客户主要掌握在第三方渠道。其原因有三:第一,美国极其严格的销售适当性管理和对集团内交叉销售的严格规定,银行保险券商及其附属渠道销售自身产品优势不显著。第二,嘉信理财(Charles Schwab)等第三方机构重视开放产品平台建设。第三,家庭养老金投资占比高,重视机构的主动管理能力。美国的第三方渠道主要包括独立经纪商、独立财务顾问、注册投资顾问、代理分销平台。

在欧洲,主要零售客户掌握在银行、保险或其附属机构,形成原因:第一,监管对潜在利益冲突合规性要求略低于美国,集团体系内的交叉销售限制较少,银行系资产管理普遍与母行签署明确的排他协议。第二,银行保险及其附属机构长期的历史沉淀。欧洲银行系保险系资产管理机构在全球排名靠前,独立机构则基本没有，反映了这一情况。

在日本，券商系在零售客户渠道方面占主导地位，银行系其次；在机构客户方面银行系居首，保险系和国外资产管理机构占有主导地位。综合看来，银行系、保险系、券商系以99%的绝对优势垄断渠道，资产管理机构直销占1%，而在美国占主导地位的第三方渠道，在日本几乎为零，如表2-9所示。

**表2-9　日本资产管理机构资产管理规模(万亿日元)及类型**

| 零售客户 | AUM | 类型 | 机构客户 | AUM | 类型 |
|---|---|---|---|---|---|
| 野村资产管理 | 24.5 | 券商系 | 第一生命人寿和瑞穗银行合并 | 25.8 | 保险系<br>银行系 |
| 大和资产管理 | 14.0 | 券商系 | 三井住友信托银行 | 23.2 | 银行系 |
| 日兴资产管理 | 11.3 | 券商系 | 三菱日联信托银行 | 18.7 | 银行系 |
| 三菱日联资产管理 | 9.8 | 银行系 | 日本贝莱德 | 16.1 | 外资系 |
| 第一生命人寿和瑞穗银行合并 | 8.5 | 保险系<br>银行系 | 理索纳银行 | 11.1 | 银行系 |
| 日本富达 | 3.6 | 外资系 | 日本道富 | 10.4 | 外资系 |

资料来源：波士顿咨询公司、华宝证券研究创新部

在中国，以公募基金的保有量为观察指标，2018年年底，原有商业银行代销、基金管理公司直销、证券公司代销三分天下的格局，逐步形成以基金管理公司网络或柜台直销(68.7%)为主，商业银行(22.8%)、证券公司(4.3%)、独立基金销售机构(3.4%)等渠道为辅的多元化销售体系。但需要注意的是，独立基金销售机构的份额从2017年开始逐渐扩大，在渠道端已经和证券公司相差无几(见图2-11)。

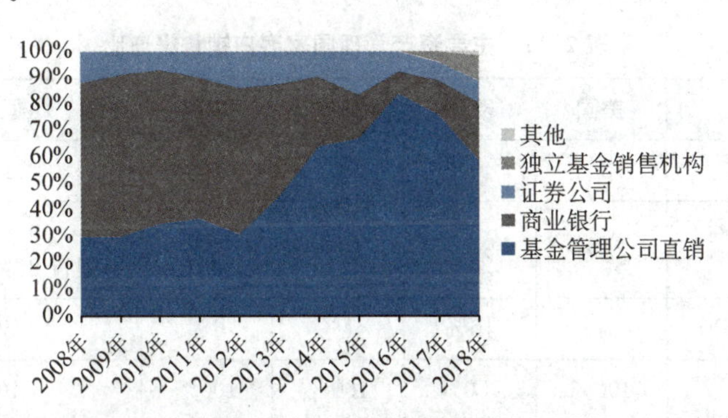


**图2-11　中国基金保有量情况**

资料来源：中国基金业协会、华宝证券研究创新部

截至2019年年底，我国（除港澳台地区外）资产管理业规模为111.56万亿元，商业银行理财产品为23.4万亿元，信托公司信托规模为21.60万亿元，保险资产为18.52万亿元，公开募集证券投资基金（公募基金）为14.8万亿元，私募投资基金为13.74万亿元，其余的基金专户、基金子公司、券商资管以及保险资管合计约19.5万亿元。其中渠道分布情况，本书分析测算如表2-10所示。

**表2-10　中国零售渠道销售**

| 产品 | 渠道 |
| --- | --- |
| 银行理财产品 | 银行直销（网点、网络） |
| 保险产品 | 保险直销、银行代销（占比不详）（网点、网络） |
| 信托产品 | 机构客户：约占70%，机构客户主要是银行、保险委托外<br>零售：银行（网点）代销比例高，信托直销其次 |
| 非公募资产管理计划 | 机构客户：约占80%，机构客户主要是银行、保险委托外 |
| 私募投资基金 | 银行（网点）代销比例高，其次是券商代销，直销比例低 |
| 合计 | 以上产品，银行、保险、券商及其附属渠道，占比高于90% |

资料来源：华宝证券研究创新部

其中，信托产品属于私募产品，和中基协备案的私募投资基金一样，均有合格投资人及签约合规要求，因此限于网点现场销售，不进行网络销售。另外，根据监管规定，中国的信托机构暂时无分支机构。

综上，中国零售客户的销售渠道，类似日本，银行保险券商及其附属渠道占有90%以上的优势。主要资产管理国家客户销售渠道的横向比较如表2-11所示。

**表2-11　主要资产管理国家客户销售渠道比**

| 类型 | 美国 | 欧洲 | 日本 | 中国 | 中国(公募) |
| --- | --- | --- | --- | --- | --- |
| 第三方渠道 | 73% | 40% | 0 | 1% | 10% |
| 银行保险券商及其附属渠道 | 24% | 50% | 99% | 93% | 40%，其中：<br>银行22%、券商8% |
| 自营直销渠道 | 3% | 10% | 1% | 6% | 50% |
| 合计 | 100% | 100% | 100% | 100% | 100% |

资料来源：波士顿咨询公司、华宝证券研究创新部

注：美国为2016年数据，欧洲为2015年数据，日本为2017年数据。

### 三、关于客户主体对比

美国作为全球最大资产管理市场，具有历史悠久、完善多样的客户群体，一是共同基金17.71万亿美元中，个人和家庭占共同基金的89%（15.76万亿美元），共同基金个人投资者比例大，银行保险机构无优势；二是私募规模大，占资产管理规模约二分之一，则以机构为主，主要包括主权基金、保险、校园基金会、家族信托。

根据英国和欧洲的资产管理行业研究报告，英国资产管理规模以机构客户为主，机构客户包括主权基金、保险、养老金、基金会等，银行和保险占据优势。英国11.8万亿美元的资产管理规模中，管理第三方机构资产占总规模的85%，其中养老金占第三方资产的71%。

日本公募规模1.09万亿美元，占资产管理总规模20.09万亿美元的5%，占比较小。零售客户与机构（银行）保险养老金，占比最大，两者规模差不多，其中养老金规模相对较大，为3.3万亿美元（其中70%委托外部管理）。

在中国，根据2018年中国基金业协会的数据，在公募基金13.03万亿元中，以个人投资者为主，2018年个人持有公募基金的49.2%。其次是银行及其资产管理计划为27.8%、保险及其产品持有6.1%。而机构专户方面，截至2018年年底，全国社保理事会管理的养老金资产总额2.9万亿元，其中基金管理公司管理1.16万亿元，加海外养老金资产，管理养老金合计1.68万亿元；国内企业年金规模为1.48万亿元，基金管理公司管理0.52万亿元。发达国家养老金存量巨大，如美国的退休金市场资产总计27.1万亿美元、日本3.3万亿美元；我国与之相比，养老金存量占GDP比例还不高，尚有很大的增长空间。

## 第四节　未来全球资产管理行业的发展之道

根据全球资产管理行业的发展特征与趋势，以及全球资产管理行业发展的不同特征，展望未来，全球资产管理行业未来有以下三种发展路径：一是专业精品发展模式——专业聚焦的小资产管理机构，关注业绩；二是全面巨头发展模式——做大规模，全球领先；三是金融科技赋能发展模式——量化计算机模型，高频低费率。

## 一、专业精品发展模式

与一些传统的金融服务业务相比较，资产管理行业发展周期较短，专业要求较高。因此，未来资产管理机构可以立足于小而精资产管理机构业务发展模式，以提高自身业绩、增强机构的竞争力为最终目标。采用小而精的业务发展模式，资产管理机构要将自身特色展现出来，需要做到以下三点。

一是专业人才战略。未来全球资产管理行业是人才的竞争，因此，资产管理机构需要关注引进的重点资产管理人才。一方面是复合型的人才，诸如了解宏观、策略、模型以及交易的综合人才；另一方面是对资产管理的人才用多种方式进行考核，除了当下的业绩指标外，资产管理行业由于带有较强的周期性以及波动性。因此，对于资产管理人才应当用长期性、稳定性指标予以考核。

二是定制具有针对性的营销方案。个性化的营销能够迎合投资者的需求，以此带动公司业绩的增长。资产管理人必须清楚地告知客户收益的来源、风险情况，针对不同财富阶层、年龄阶层的客户提出针对性的营销方案，像国际知名的大型跨国企业谷歌(Google)、脸书(Facebook)、亚马逊(Amazon)等公司均提出对客户进行个性化营销，结果使其均在各自行业范围内保持较高的竞争力。只有真正做好客户需要匹配，才能有效地维护投资者利益，提高公司业绩。

三是充分利用大数据分析技术。随着物联网、大数据、云计算等新一代信息科技的发展，未来将会对各行各业造成广泛的影响。其中，大数据分析技术对资产管理行业而言，显得更加重要，机构可以对数据进行挖掘、分析，促进业务市场的优化，让机构可以降低管理成本、时间分配，从而合理进行资源配置，做出有利于行业发展的决策。除此之外，还需要增加数据技术人员的岗位，设立相关风控部门，协调整个资产管理机构运作流程。

对于小型资产管理机构而言，要打造小而精模式就有三大关键要素缺一不可。以桥水基金为例。桥水基金的资产管理规模在千亿美元左右，相比规模庞大的贝莱德、先锋等共同基金巨头，并不出众。但从成立以来，桥水已为客户赚取了数百亿美元的利润。桥水的成功秘诀就在于以下三条。

① 匹配用户的需求。从简单层面的角度看，所有用户都只有一个需求——获得收益。但是从一个更深的角度看，对客户的需求要综合了解，如客户的预期收益、风险偏好，所能承受的最大回撤等。因为只有做好匹配，才能真正使用户获得收益。桥水的成功恰恰反映了这种用户需求的匹配。桥水背后的客户主要是全球各大主权基金，桥水通过其大类资产配置策略，将长跑中的 Alpha(非系

统性风险，投资组合的超额收益，表现管理者的能力）和 Beta（市场风险收益，也称为系统性风险，股票市场的系统性风险或收益）剥离，甚至开发出了适合任何市场状态的全天候产品。这促成桥水的收益中绝大多数来自 Alpha，甚至高于巴菲特 20%的年收益率。

② 有针对性的优化销售模式。许多客户购买资产管理产品，无论是公募基金还是私募基金，都是追涨杀跌，最后没有赚到钱。这个现象不仅仅发生在新兴市场，来自成熟市场的美国同样如此。资产管理人必须让客户知道其策略到底是什么，收益来源是什么，这个收益来源有什么风险，未来超额收益的因子是否会发生变化。桥水有一整套完善的销售方法，无论是公司内部管理流程、企业文化，还是投资决策流程，都是一套科学和系统的决策机制，能够在任何时候对业绩做出解释。

③ 强调品牌管理。资产管理行业最大的销售能力来自品牌。最好的资产管理公司，是能向其客户销售信仰的公司，这种信仰其实就像所有品牌消费一样。在美国，每个家庭都需要买一些基金来避税。很多时候投资者对于基金经理、投资决策和方法并不是很了解，最终的投资决定还是取决于资产管理机构的品牌影响力。桥水对其品牌的塑造一直处于资产管理行业的前列，其创始人达里奥就非常善于营销包装，通过营销自己来扩大自己的信息源、资源和影响力，反过来增加投资方面的能力。比如，达里奥通过传记的方式成功地将自己投资大师的形象进一步偶像化，这极大地提高了桥水的知名度和市场信赖度。不仅桥水如此，其他成功的资产管理机构如贝莱德、领航等也十分擅长用各种传奇故事来包装自己。

## 二、全面巨头发展模式

根据韦莱韬悦的数据，排名前 500 位的全球资产管理公司的资产管理总额 2018 年年底为 91.5 万亿美元，行业当中的巨头，尤其是排名前 10 的机构，已经较为稳定，但是资产管理行业排名并非一成不变，随着技术的升级以及专业人才的增加，未来，会有更多的中小机构成长为全面巨头。

对于一些以规模著称的资产管理公司来说，通过全面的资产管理产品可以获得巨大的业务优势。全球前 20 资产管理公司中，贝莱德集团、先锋集团、道富环球投资管理公司等管理资产规模巨大，其可以为全球的机构投资者提供专业的信托、托管业务。巨头模式要取得成功，少不了以下三个要素。一是巨大的品牌效应、良好的客户口碑、卓越的营销推广方案。二是全面完整的理财产品、为不同规模的客户主体提供定制化的资产管理方案。三是一套完整的风险控制体系，赢得客户的真正信赖。

依旧以行业巨头贝莱德为例，1988 年，贝莱德由拉里·芬克和苏珊·瓦格纳等 8 人创立。贝莱德前身是黑石的金融资产管理部(名为"黑石财务管理")，而黑石集团(Black Stone)是全球最大私募股权基金，当时贝莱德的主要业务，仅局限在固定资产投资以及帮助黑石集团从事风险资产的管理业务。

1992 年，由于与股东黑石集团的名字会产生混淆，贝莱德决定由"黑石财务管理"改名为贝莱德(BlackRock)。当年，公司资产管理规模为 170 亿美元，但是独立出来后，贝莱德资产管理规模却增加到了 1994 年的 530 亿美元。1995 年，由于经营理念问题，贝莱德的股东黑石将其持有的股份以 2.4 亿美元出售给 PNC 金融服务集团，PNC 金融服务集团将自身的股权、投资业务以及网点全部资源投入到贝莱德身上，贝莱德的业务变得更加多元化，从封闭型基金、信托拓展到开放型基金，包括股票基金。借助股东的资源，1999 年贝莱德以每股 14 美元的价格在纽约证券交易所公开上市，资产管理规模为 1 650 亿美元。上市之后，贝莱德开启巨头并购发展之路。

2004 年下半年开始，贝莱德开始疯狂地收购，当年，贝莱德以 3.25 亿美元现金和价值 5 000 万美元的股票，收购美国大都会人寿保险公司(MetLife)的子公司 SSRM 控股公司(SSRM Holdings，Inc.)，此次收购使贝莱德管理的资产从 3 140 亿美元增至 3 250 亿美元；2006 年，贝莱德收购了美林投资(MLIM)，不仅使公司管理资产规模再次翻番，机构客户占到了 70%以上，而且弥补了公司在权益产品方面的短板，贝莱德与美林投资合并后最终更名为贝莱德集团；2007 年，贝莱德收购奎洛斯资本管理公司(Quellos Capital Management)的基金业务，权益业务再次扩张；2008 年全球次贷金融危机爆发，美国政府开始寻求贝莱德在资产管理业务方面的帮助；2009 年，贝莱德收购 R3 资本管理公司(R3 Capital Management)。随后不久，巴克莱银行以 135 亿美元的价格将旗下的 iShares 在内的全球投资者部门出售给了贝莱德，当年，贝莱德成为全球资产管理规模最大的资产管理机构。

随后的 2012 年和 2013 年，贝莱德全球化扩张加速，收购了加拿大以及亚太地区的资产管理机构，贝莱德的全球规划战略意图明确，通过不断的收购扩展业务版图，2016 年，中国放开了外资私募管理人的申请，众多海外机构申请外商独资(Wholly Owned Foreign Enterprise，简称 WOFE)私募证券基金管理机构，贝莱德就是其中之一。

因此，通过巨头贝莱德发展之路可以分析得出，若要采用全面巨头发展模式，需要公司在战略上和规划上拥有极强的定力。贝莱德的创始人芬克，就是一位具有高度国际视野的领导人，他通过一系列资本运作、并购、全球化战略，带领贝莱德在被动投资领域逆势扩张，跻身全球资产管理机构前列。

### 三、金融科技赋能发展模式

随着智能金融的蓬勃发展，投资者对在智能科技方面的投资需求逐年增强，近年来各大金融机构均有自己的手机端金融平台，大众普及度较高。随着 90 后新生代主力军财富的累积，人们对智能金融、互联网金融的接受程度会越来越高，市场需求也会逐渐扩大。

金融科技的革新正在推动着资产管理行业的数字化浪潮，那些越早认识到科技的重要性并着手数字化布局的资产管理公司就越能在未来的竞争中占据先机。在欧美，一些先知先觉的资产管理公司已经通过收购或投资金融科技企业开始数字化转型。如道富（State Street）在 2018 年斥资 26 亿美元收购全球资产管理平台提供商查尔斯河开发机构（Charles River Development，简称 CRD）。CRD 是一家荣获大奖的创新化技术系统和服务提供商，服务于全球 30 多个国家的机构投资者、共同基金、银行、对冲基金、财富管理、保险和养老金行业内的 315 家以上的投资公司。通过此举，道富（State Street）致力于打造全流程技术平台，为机构客户提供端到端的解决方案，并以此提升收入和降低运营成本。

从全球来看，排名前 5 名的运用金融科技智能投顾平台的机构，如先锋领航（Vanguard）、嘉信理财（Charles Schwab）、贝塔曼（Betterment）、沃尔方特（Wealthfront）、私人资本（Personal Capital）的资产管理业务规模上升较快，金融科技的发展是顺应全球化发展进程的一个不可逆转的趋势。资产管理业务未来应该强调金融科技的应用，借助科技赋能资产管理行业发展，加快资产管理平台的建设。可以通过金融科技发展出来的智能投顾平台，借用自身的门槛费用低、资产配置优化操作等满足多数投资者的理财需求，提高管理效率，还可以通过计算机高科技程度进行一些避税操作以此降低资产管理的服务成本。例如，谷歌可以利用大数据收集消费者的数据，从而提高整个市场洞察力，更加精准地预测整个市场的行情变化。

# 第三章
# 中国资产管理行业基本情况

## 第一节　中国资产管理整体发展情况

### 一、整体发展介绍

与美国和欧洲相比，我国真正意义上的资产管理业务起步较晚。虽然有信托等业务的早期铺垫，但资管业界普遍认为1998年，我国发行了首批公募证券投资基金，可视为中国资产管理业务的开端。2003年以前，我国只有公募基金和信托公司等少数机构提供资产管理服务。2003年起，保险资产管理公司相继成立，保险资金进入专业化投资管理阶段。2004年，光大银行发行首只人民币理财产品。2005年，广发证券发行首个集合资产管理计划。信托公司资产管理业务自2007年开始迅速发展，尤其是2008年以来银行理财为主要资金来源的银信合作使信托资产管理业务规模大幅扩张，并于2012年首次超过保险业资产管理规模，成为中国资产管理行业的第二大支柱。2012年之后，随着政策鼓励和监管放松，中国资产管理行业进入高速发展阶段。

中国资产管理行业的发展格局变迁与经济环境、宏观政策环境以及监管环境息息相关。回顾过去几年大资产管理行业的发展，在2012年开始的金融创新发展的大背景下，"大资产管理"时代开启，资产管理行业迎来了2012—2016年的五年黄金发展时代，年均复合增长率高达44%。随着2016年年底开启的金融去杠杆和金融严监管，增速开始显著放缓，2017年的增速仅为8.5%，略低于名义GDP增速。到了2018年，规模则出现负增长。

回顾资管新规落地之后的资产管理行业的整改历程，困难依旧很多，中美贸易摩擦等外部环境的变化更是加剧了整改的难度。部分实体企业面临较大的流动性压力，社会融资总额(社融数据)出现下滑，信用风险事件增加；资本市场波动性加大，上市公司再融资途径压缩，大股东股票质押爆仓；一些企业的经营甚至受到了影响。随着形势的变化,国家监管部门及时调整政策力度,2018 年 7 月 20 日中国人民银行发布资管新规的补充,包括随后发布的各资产管理子行业的配套细则,在坚持底线的情况下最大程度上给予放松。尤其在整改要求方面,一是延长了过渡期,二是给予资产管理机构更多的灵活性。

2020 年 7 月 31 日,资管新规过渡期的延长和“个案处理”的政策安排并不意味着监管要求的弱化,恰恰说明资产管理行业坚持了资管新规治理金融乱象、规范健康发展的初心和底线,不涉及资管业务监管标准的变动和调整,并不意味着资管业务改革方向出现变化。

事实上,无论是从我国经济金融实际的发展情况来看,还是从监管层的决心来看,发展规范和健康的资产管理行业大方向是确定的,不会因为整改过程中面临的困难而半途而废,只是更加注重整改的节奏和力度的平衡,避免整改过程中带来新的风险。

### (一) 整体数据情况

截至 2019 年年底,我国资产管理规模合计约 111.56 万亿元,较 2018 年的 110.9 万亿元基本持平。从各个子行业增长情况来看,银行理财账面余额 23.4 万亿元;保险资产规模达 18.52 万亿元,增速为 12.9%,较 2018 年的 10.0%增速在加快;信托公司资产规模为 21.6 万亿元,较 2018 年的 22.7 万亿元下降约 4.8%;私募基金管理规模 13.74 万亿元,同比增速 7.5%,与 2018 年的 14.5%相比,增速继续下滑;公募基金管理规模约 14.8 万亿元,同比增长 13.8%,与 2018 年的 12.30%相比发展加速。

通过整体数据情况进一步分析各子行业的资产管理规模的变化,发现大资产管理行业快速扩张的五年间,以资金池为主的银行理财和以通道业务为主的券商资产管理和基金子公司的扩张速度较快,在金融去杠杆期间,银行理财规模停止扩张,而券商资产管理和基金子公司的规模则出现明显压缩。2013—2016 年,银行理财规模年复合增长率为 41.56%,券商资产管理的年复合增长率为 50.18%,基金子公司的年复合增长率则高达 121.21%,由于通道业务被分流,信托规模的年复合增长率为 22.83%。2017—2018 年,银行理财的规模增速明显放缓,2017 年的增速仅为 1.7%, 2018 年下半年监管边际上有所放松,全年增速为 8.3%;而券商资产管理和基金子公司的规模则持续压缩,可以看出,我国资产管理行业的发展与具有“影子银行”特征的表外理财的发展息息相关,如表 3-1 所示。

**表 3-1 资产管理行业各类产品规模及其变化情况(单位:万亿元)**

| 行业 | 2014 年 | 2015 年 | 2016 年 | 2017 年 | 2018 年 | 2019 年 | 备注 |
|---|---|---|---|---|---|---|---|
| 公募基金 | 4.54 | 8.40 | 9.16 | 11.60 | 13.00 | 14.80 | |
| 基金公司专户 | 2.15 | 4.03 | 6.38 | 6.43 | 6.00 | 4.34 | |
| 基金子公司专户 | 3.74 | 8.57 | 10.5 | 7.31 | 5.30 | 4.19 | |
| 私募基金 | 2.13 | 5.07 | 10.24 | 11.1 | 12.78 | 13.74 | |
| 券商资产管理 | 7.95 | 11.89 | 17.58 | 16.88 | 13.4 | 10.83 | |
| 期货资产管理 | 0.01 | 0.10 | 0.27 | 0.24 | 0.12 | 0.14 | |
| 保险资产管理 | 9.33 | 11.18 | 13.39 | 14.92 | 15.56 | 18.52 | |
| 信托公司 | 13.04 | 14.69 | 17.46 | 21.91 | 22.70 | 21.60 | |
| 银行理财 | 10.09 | 17.43 | 23.10 | 22.17 | 22.04 | 23.40 | 涵盖银行理财子公司 |
| 总规模 | 52.98 | 81.36 | 108.08 | 112.56 | 110.9 | 111.56 | |

资料来源:证券业协会、基金业协会、银行业理财登记托管中心、华宝证券研究创新部

经过 20 多年的发展,目前中国资产管理行业已成为金融体系的重要组成部分。虽然近两年受资管新规影响,非公募资产管理计划、银行理财及信托等有一定下降或趋于平稳趋势,但公募基金、私募基金、保险资产管理业务规模逐年上升,均在 2019 年达到峰值,分别为 14.08 万亿元、13.74 万亿元和 18.52 万亿元,同比增长了 13.8%、7.5%和 12.9%,如图 3-1 所示。

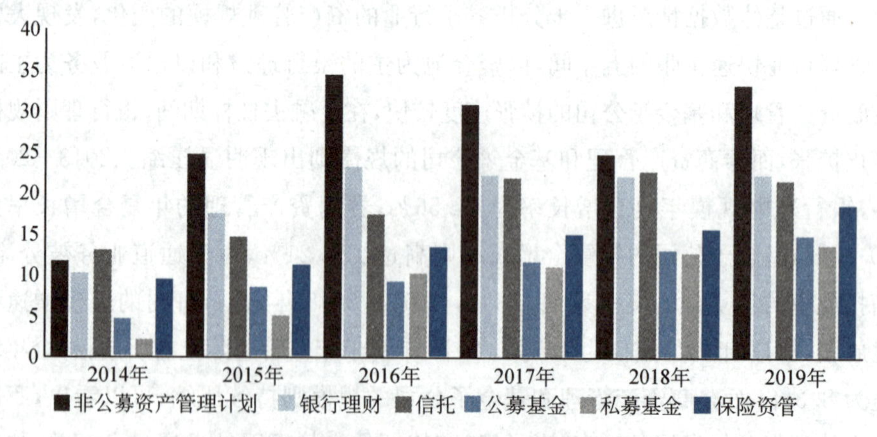


**图 3-1 2014—2019 年资产管理行业规模概况(单位:万亿元)**

资料来源:华宝证券研究创新部

2019 年行业规模虽不及 2017 年资产管理规模的顶峰 112.56 万亿元，但目前行业总规模已经趋于稳定。2014—2017 年，中国的资产管理行业呈现逐年增长趋势。但随着 2017 年年底资产管理新规征求意见稿发布，资管业务逐步规范化，整体上业务总规模波动不大。未来，我们认为，公募、保险资产管理会呈现出增长的大趋势，尤其是公募基金，份额和规模会持续创新高，银行理财的总规模在 22 万亿元基础上维持小范围增加，基金公司专户、基金子公司专户、券商资产管理、期货资产管理以及私募基金等 5 类传统意义上的非公募资产管理计划，在更多监管政策出台后，会有较为清晰的发展未来，诸如券商资产管理已经开始了公募化的全面改造。总体上，行业整体向前发展的趋势短时期不会改变，预计 2020 年，行业资产管理总规模约在 120 万亿元左右，到 2030 年，国内资产管理规模有望达到 180 万亿元，如图 3-2 所示。

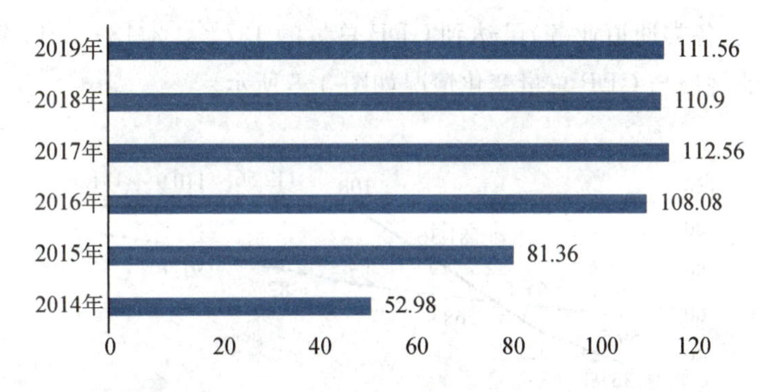


**图 3-2　资产管理业务总规模(万亿元)**

资料来源:华宝证券研究创新部

## (二) 资产管理行业发展定位与监管

截至 2019 年年底，我国(除港澳台地区外)资产管理业总规模约 111.56 万亿元。其中，银行理财 21.53 万亿元、保险资产管理 18.52 万亿元、信托公司信托规模 21.60 万亿元、公开募集证券投资基金(公募基金)14.77 万亿元、非公募资产管理计划 33.24 万亿元、私募投资基金 14.08 万亿元。另外，中国银保监会监管的资产管理规模(银行、保险、信托合并)61.65 万亿元，占比约 56%，中国证监会监管的资产规模(基金管理公司及其子公司、证券公司、期货公司等)48.35 万亿元，占比约 44%，如图 3-3 和图 3-4 所示。

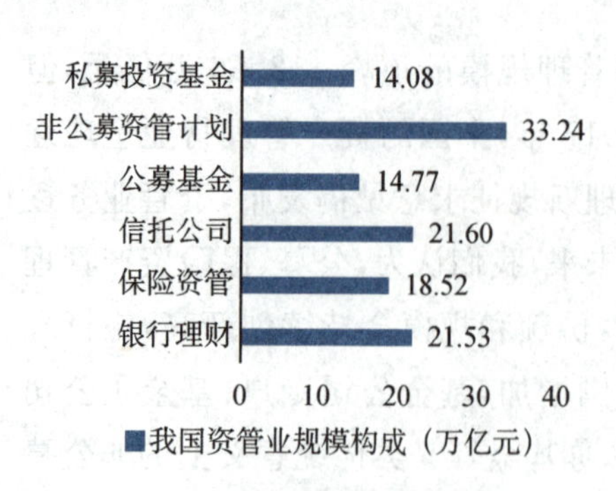


**图 3-3　我国资产管理业规模构成**

资料来源：华宝证券研究创新部

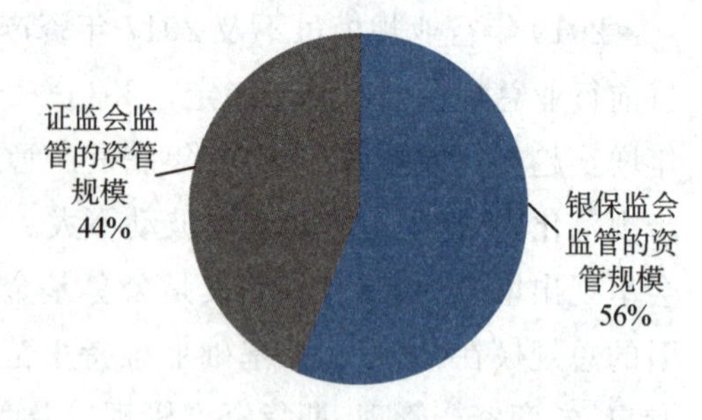


**图 3-4　中国银保监会和证监会监管的资产管理规模占比**

资料来源：华宝证券研究创新部

2013—2014 年，中国 GDP 总量高于资产管理行业规模，但差距逐步缩小；到 2015 年，中国资产管理行业规模已超过 GDP 总量；到 2017 年，中国资产管理行业规模（含各类通道业务）已达到 GDP 总量的 137%。2013—2019 年中国资产管理行业规模与 GDP 总量变化情况如图 3-5 所示。

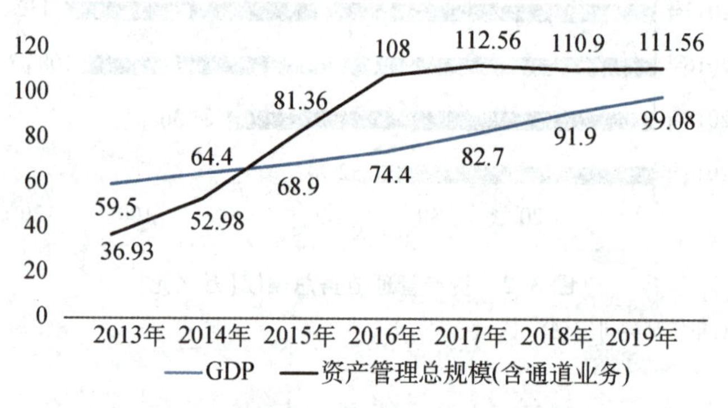


**图 3-5　资产管理业务总规模和 GDP 情况（万亿元）**

资料来源：中国证券业协会；国家统计局官网，华宝证券研究创新部

从监管协调机制来看，在 2017 年 7 月召开第五次全国金融工作会议之前，主要采用由人民银行总行牵头，会同原银监会、证监会、原保监会，以金融监管协调部际联席会议制度的形式，建立货币政策与监管政策之间的协调机制。为进一步加强金融监管协调，全国金融工作会议提出设立国务院金融稳定发展委员会并于 2017 年 11 月正式成立，其办公室设在中国人民银行，成为更高层面的金融稳定协调机构，如图 3-6 所示。

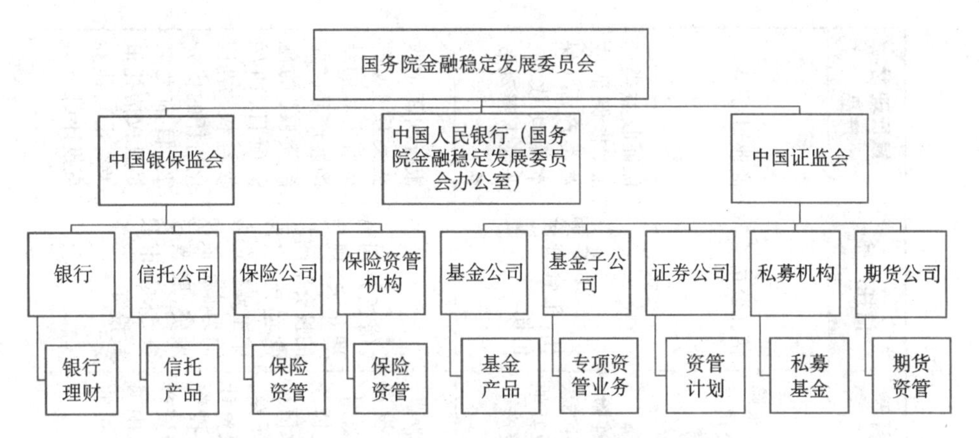


**图 3-6　国务院金融稳定发展委员会组织框架**

资料来源：华宝证券研究创新部

### （三）资产管理子行业比较

资产管理各子行业的市场主体、产品类型、投资范围、发行对象、投资者限制以及相关监管要求等对比情况如表 3-2 所示。

## 二、政策相关情况

资产管理业务在满足居民财富管理需求、增强金融机构盈利能力、优化社会融资结构、支持实体经济等方面发挥了积极作用。但早期我国资产管理业务的监管规则和标准尚不完善，一些产品多层嵌套，底层资产不清晰，资金池模式蕴含流动性风险，部分产品成为信贷出表的渠道。为完善监管政策、提高监管有效性，在充分立足各行业金融机构资产管理业务开展情况和监管实践的基础上，2017 年 11 月 17 日，人民银行、原银监会、原保监会、证监会、外汇局出台《关于规范金融机构资产管理业务的指导意见（征求意见稿）》（即资管新规），2018 年 4 月 27 日资管新规正式落地，资产管理产品按照“新老划断”的原则设置整改过渡期，过渡期截止日为 2020 年年底。2018 年资产管理新规贯彻执行，配套政策陆续落地，各资产管理机构整改业务开始推进，以存量风险清理为主。2019 年，监管政策进一步巩固与补充，资产管理机构重点逐步转向新业务、新产品与新合作。2020 年 7 月，人民银行总行在官网发布了《优化资管新规过渡期安排 引导资管业务平稳转型》，为平稳推动资管新规实施和资管业务规范转型，经国务院同意，人民银行总行会同国家发改委、财政部、银保监会、证监会、外汇局等部门审慎研究决定，资管新规过渡期延长至 2021 年年底，如表 3-3 所示。

表 3-2　资产管理各子行业比较

| 项目 | 公募基金 | 基金子公司专户 | 私募基金 | 券商资产管理产品 | 保险资产管理产品 | 信托产品 | 银行理财产品 |
| --- | --- | --- | --- | --- | --- | --- | --- |
| 市场主体 | 基金公司、证券公司、证券公司资产管理子公司、保险资产管理公司 | 基金子公司 | 私募机构 | 证券公司、证券资产管理公司 | 保险公司、保险资产管理公司 | 信托公司 | 商业银行 |
| 产品类型 | 混合型基金、股票型基金、货币基金、债券基金、基金的基金 | 特定资产管理业务(单一专项)、为特定的多个客户办理特定资产管理业务(对多专项) | 私募证券投资基金、私募股权投资基金、私募创业投资基金、其他基金 | 集合资产管理业务、定向资产管理业务、专项资产管理计划 | 万能险、投连险、管理企业年金、养老保障及其他委托管理资产 | 单一资金信托、集合资金信托 | 保证收益类产品、非保证收益类产品(保本浮动收益、非保本浮动收益) |
| 投资范围 | 现金、银行存款、股票、债券、证券投资基金、央行票据、非金融企业债务融资工具、资产支持证券、商品期货及其他金融衍生品 | 现金、银行存款、股票、债券、证券投资基金、央行票据、非金融企业债务融资工具、资产支持证券、商品期货及其他金融衍生品;未通过证券交易所转让的股权、债权及其他财产权利 | 买卖股票、股权、债券、期货、期权、基金份额及投资合同约定的其他投资标的 | 股票、债券、股指期货、商品期货等证券期货交易所交易的投资品种;央行票据、短期融资券、中期票据、利率远期、利率互换等银行间市场交易的投资品种;证券公司专项资产管理计划、商业银行理财计划、集合资金信托计划等金融监管部门批准或备案发行的金融产品 | 银行存款、股票、债券、证券投资基金、央行票据、非金融企业债务融资工具及信贷资产支持证券、基础设施投资计划、不动产投资计划和项目资产支持计划及中国银保监会认可的其他资产 | 《信托公司管理办法》规定的投资范围非常宽泛,实践中主要投资方向为非标债权融资、股票投资、未上市股权投资 | 银行间固定收益类债券、挂钩衍生品的结构性产品、“非标债权”的融资项目、两融收益权、结构化信托的优先级(目前尤其是股权信托最为突出)、债券直投计划 |

（续表）

| 项目 | 公募基金 | 基金子公司专户 | 私募基金 | 券商资产管理产品 | 保险资产管理产品 | 信托产品 | 银行理财产品 |
|---|---|---|---|---|---|---|---|
| 净资本约束 | 较弱 | 较弱 | 较弱 | 较弱 | 较强 | 较强 | 较强 |
| 是否占用资本金 | 计提风险准备金 | 无资本要求 | 无资本要求 | 占用资本金 | 无资本要求 | 占用资本金 | 保本理财占用资本金 |
| 发行对象 | 公开向社会公众发售 | 非公开向合格投资者发行 | 非公开向合格投资者发行 | 非公开向合格投资者发行 | 非公开向合格投资者发行 | 非公开向合格投资者发行 | 公开向合格投资者发行 |
| 投资者人数 | 超过200人 | 单笔委托金额低于300万元的人数不超过200人 | 契约型基金，不超过200人；有限合伙型基金、有限责任公司型基金均为50人以下；股份有限公司型基金为2人以上200人以下 | 集合业务合格投资者不超过200人 | 定向产品投资者1个；集合产品不超过200人 | 单一信托1人；集合信托合格自然人投资者限50人，合格机构投资者不受限制 | 不限 |
| 投资门槛 | 一般1 000元 | 单一客户特定资产管理业务，初始金额不低于3 000万元；多个客户特定资产管理业务，单个投资者不低于100万元 | 投资于单只私募基金的金额不低于100万元 | 100万元 | 向单一投资人发行的定向产品，投资人初始认购资金不得低于3 000万元；向多个投资人发行的集合产品，单一投资人初始认购资金不得低于100万元 | 认购金额不少于100万元 | 1万元 |

（续表）

| 项目 | 公募基金 | 基金子公司专户 | 私募基金 | 券商资产管理产品 | 保险资产管理产品 | 信托产品 | 银行理财产品 |
|---|---|---|---|---|---|---|---|
| 对收益性的要求 | 较高 | 高 | 高 | 高 | 一般 | 较高 | 较低 |
| 对流动性的要求 | 高 | 低 | 低 | 低 | 低 | 低 | 高 |
| 监管部门 | 中国证监会 | 中国证监会 | 中国证监会 | 中国证监会 | 中国银保监会 | 中国银保监会 | 中国银保监会 |
| 监管要求 | 中国证券投资基金业协会备案 | 中国证券投资基金业协会备案 | 中国证券投资基金业协会备案 | 中国证券业协会备案 | 中国保险资产管理业协会注册 | 中国银保监会备案 | 事前向中国银保监会报告 |
| 风控措施 | 严格 | 常规措施 | 常规措施 | 常规措施 | 较为严格 | 较为严格 | 较为严格 |

资料来源：华宝证券研究创新部

表 3-3 2018 年以来我国资产管理行业重要政策、新闻汇总

| 时间 | 监管层 | 监管领域 | 文件 |
| --- | --- | --- | --- |
| 2018 年 4 月 27 日 | 人民银行、银保监会、证监会、外汇局 | 资产管理行业 | 《关于规范金融机构资产管理业务的指导意见》 |
| 2018 年 7 月 20 日 | 人民银行 | 资产管理行业 | 《关于进一步明确规范金融机构资产管理业务指导意见有关事项的通知》 |
| 2018 年 7 月 20 日 | 银保监会 | 银行理财 | 《商业银行理财业务监督管理办法(征求意见稿)》 |
| 2018 年 7 月 20 日 | 证监会 | 券商资产管理 | 《证券期货经营机构私募资产管理业务管理办法(征求意见稿)》 |
| 2018 年 8 月 17 日 | 银保监会 | 信托 | 《信托部关于加强规范资产管理业务过渡期内信托监管工作的通知》 |
| 2018 年 9 月 28 日 | 银保监会 | 银行理财 | 《商业银行理财业务监督管理办法》 |
| 2018 年 10 月 22 日 | 证监会 | 券商资产管理 | 《证券期货经营机构私募资产管理业务管理办法》<br>《证券期货经营机构私募资产管理计划运作管理规定》 |
| 2018 年 12 月 2 日 | 银保监会 | 银行理财 | 《商业银行理财子公司管理办法》 |
| 2019 年 2 月 26 日 | 银保监会 | 信托 | 《信托公司资金信托管理办法(征求意见稿)》 |
| 2019 年 8 月 7 日 | 银行业协会 | 银行理财 | 《商业银行理财产品估值指引(征求意见稿)》 |
| 2019 年 9 月 20 日 | 银保监会 | 银行理财 | 《商业银行理财子公司净资本管理办法(试行)(征求意见稿)》 |
| 2019 年 10 月 12 日 | 人民银行 | 资产管理行业 | 《标准化债权类资产认定规则(征求意见稿)》 |
| 2019 年 10 月 18 日 | 银保监会 | 银行理财 | 《关于进一步规范商业银行结构性存款业务的通知》 |
| 2019 年 10 月 19 日 | 发改委、人民银行等 | 资产管理行业 | 《关于进一步明确规范金融机构资产管理产品投资创业投资基金和政府出资产业投资基金有关事项的通知》 |
| 2019 年 10 月 24 日 | 证监会 | 资产管理行业 | 《关于做好公开募集证券投资基金投资顾问业务试点工作的通知》 |

（续表）

| 时间 | 监管层 | 监管领域 | 文件 |
| --- | --- | --- | --- |
| 2019年11月22日 | 银保监会 | 保险资产管理 | 《保险资产管理产品管理暂行办法（征求意见稿）》 |
| 2019年11月29日 | 银保监会 | 银行理财 | 《商业银行理财子公司净资本管理办法（试行）》 |
| 2019年12月27日 | 人民银行、银保监会 | 银行理财 | 《关于规范现金管理类理财产品管理有关事项的通知（征求意见稿）》 |
| 2020年3月25日 | 银保监会 | 保险资产管理 | 《保险资产管理产品管理暂行办法》 |
| 2020年5月8日 | 银保监会 | 信托 | 《信托公司资金信托管理暂行办法（征求意见稿）》 |
| 2020年7月31日 | 人民银行、发改委、财政部、银保监会、证监会、外汇局 | 资产管理行业 | 《优化资管新规过渡期安排 引导资管业务平稳转型》 |

资料来源：人民银行、银保监会、证监会、发改委、证券业协会、华宝证券研究创新部

## 第二节　中国资产管理行业细分发展情况

目前，我国可作为资产管理受托人的机构包括6+1大类：一是银行及银行理财子公司，二是保险及保险资产管理公司，三是信托公司，四是公募基金管理公司，五是券商资产管理，六是中基协备案的私募管理机构，附加类为合格境内有限合伙人（Qualified Domestic Limited Partner，简称QDLP）与合格境外有限合伙人（Qualified Foreign Limited Partner 简称QFLP）、国家主权基金以及资产管理金融科技。

前5类的资产管理机构，共同特点是持有中国银保监会或中国证监会发放的金融经营许可证，由中国银保监会或中国证监会监督管理；第六类机构为根据《证券投资基金法》在中基协备案的“非公募基金管理人”，根据中基协备案要求，“非公募基金管理人”又分为股权类（含创投）、证券类、其他类。附加类的QDLP与QFLP，正在向获得私募和/或公募资格转化，部分已经取得第六类和/或第四类资产管理机构资格。国家主权基金由于较为特殊，此次仅简单介绍。另外，资产管理金融科技方兴未艾，我们单列一节加以说明（见表3-4）。

表 3-4　资产管理机构及其业务

| 机构类型 | 资产管理业务 |
| --- | --- |
| 中国银保监会发牌机构 | |
| 商业银行及商业银行理财子公司 | 根据资管新规以及延长过渡期要求，管理截至 2021 年的理财产品，后续不再发展资产管理业务。根据资管新规新要求设立。可以从事：公募证券投资基金（获得资格的）；非保本银行理财产品、私人银行 |
| 保险公司及保险资产管理公司 | 存量产品逐渐规范，新产品应符合《资产管理信托要求》，可以从事：公募证券投资基金（获得资格的）；保险公司万能险、投连险、管理企业年金、养老保障产品及其他委托管理资产 |
| 信托公司 | 存量产品逐渐规范，新产品应符合《资产管理信托要求》，可以从事：公募证券投资基金（获得资格的）；单一资金信托、集合资金信托、财产权信托、家族信托 |
| 中国证监会发牌机构 | |
| 公募基金管理公司 | 公募证券投资基金、证券资产管理专户（普通专户和全国社保专户、企业年金专户） |
| 证券公司（或称券商）及其子公司、期货及其子公司；基金管理公司子公司 | 存量产品逐渐规范，新产品应符合资管新规要求，可以从事：公募证券投资基金（获得资格的）；定向资产管理计划、专项资产管理计划。存量产品逐渐规范，新产品应符合《资产管理信托要求》，可以从事：非公募（特定客户）证券资产管理计划、私募股权、创投类基金等 |
| 中基协备案登记机构 | |
| 私募管理机构 | 不适用资管新规，办法另行制定；目前要求分类备案登记：私募证券投资基金、私募股权投资基金、创业投资基金、其他私募投资基金 |

资料来源：华宝证券研究创新部

## 一、银行理财

### （一）商业银行理财综述

1. 商业银行理财总规模

截至 2019 年 12 月末，我国商业银行理财产品总规模为 23.4 万亿元（2016 年开始为非保本理财产品），占比资产行业总规模约 20.98%。自 2014 年来，资产管理业务规模呈现一定波动性，但总体上趋于平稳，占整体业务比例相较 2015 年、2016 年有一定下降趋势，现维持在 19%水平左右波动，未来预期银行理财资产管理业务将趋于平稳，如图 3-7 所示。

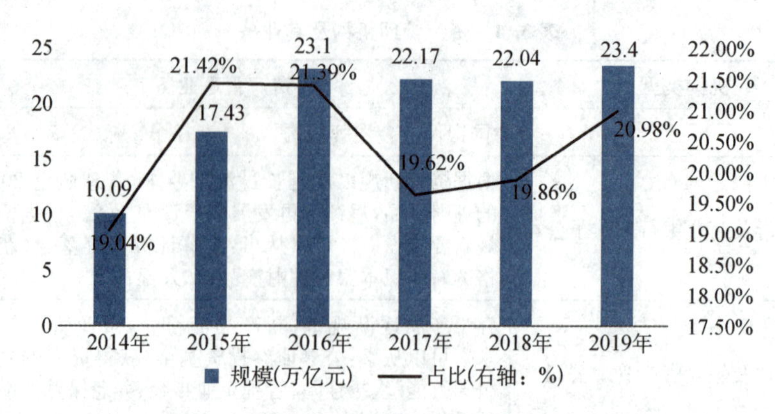


**图 3-7　商业银行理财产品资产管理业务规模**

资料来源：银行业理财登记托管中心、华宝证券研究创新部

截至 2019 年 12 月，非保本理财产品 4.73 万只，存续余额 23.40 万亿元。其特点有：一是理财产品存续余额总体保持平稳；二是净值型产品存续与发行规模持续增长，净值型产品存续余额 10.13 万亿元，同比增加 4.12 万亿元，增长 68.61%；三是现金管理类产品受到欢迎，2019 年 12 月，存续净值型产品中此类产品规模达到 4.16 万亿，占净值型产品规模的 41%；四是固定收益类理财产品存续余额最多，固定收益类仍是绝对主体，2019 年年底规模为 18.27 万亿元，占比小幅提升至 78%，混合类占比 21%，而权益类占比仍然很低，规模仅约 800 亿元，商品及衍生品类理财产品占比较少；五是理财子公司的成立，2019 年 6 月 3 日，中国首家理财子公司(深圳建行理财子公司)正式开业运营。理财子公司在 2019 年正式落地，开启了银行理财市场的新时代，对促进资产管理行业健康发展具有重要意义。数据显示，截至 2019 年 12 月，已有 12 家银行理财子公司开业，其中 6 家正式以理财子公司名义发行产品，分别是工银理财、农银理财、中银理财、建信理财、交银理财和招银理财，均为净值型产品。

2019 年，银行理财产品存续余额整体呈现稳步上升态势。截至 2019 年年底，存续非保本理财产品 4.73 万只，存续余额 23.40 万亿元，规模较 2018 年 4 月增加 5.50%。央行资管新规发布后，银行理财产品余额总体保持平稳，未出现较大波动。其中，大型国有银行非保本理财产品存续余额 8.53 万亿元，市场占比 36.46%；股份制银行非保本理财产品存续余额 9.72 万亿元，市场占比 41.52%；城商行存续余额为 4.03 万亿元，市场占比 17.20%；农村中小银行存续余额为 1.02 万亿元，市场占比 4.36%，如图 3-8 和图 3-9 所示。

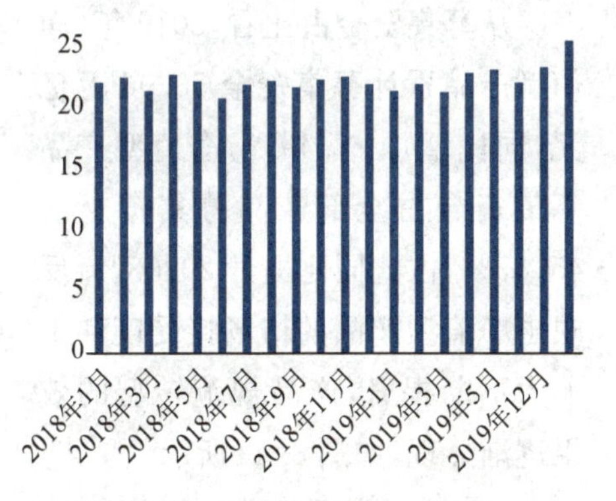


图 3-8　非保本理财规模
（单位：万亿元）

资料来源：银行业理财登记托管中心、华宝证券研究创新部

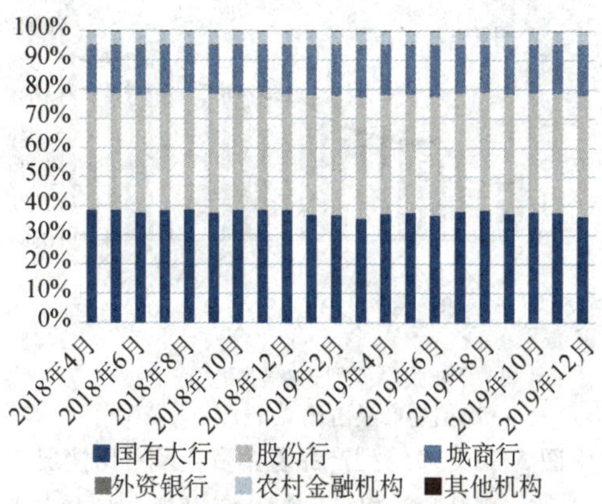


图 3-9　大型国有银行和股份制银行合计占比近 80%

资料来源：银行业理财登记托管中心、华宝证券研究创新部

2. 银行理财发展特点

(1) 净值化转型趋势明显

银行理财净值化转型力度明显，净值型产品存续余额及占比持续快速增长，预期收益型产品明显减少，如图 3-10 所示。截至 2019 年年底，预期收益型产品存续余额 13.27 万亿元，同比减少 17.13%，净值型理财产品存续余额 10.13 万亿元，同比增加 68.61%。净值型产品占全部理财产品存续余额的 43.27%，同比上升 16.01%；其中，开放式净值型产品占全部净值型产品比例为 81.13%。现金管理类理财产品存续余额 4.16 万亿元，占净值型理财产品存续余额的 41.04%，同比上升 1.93%。

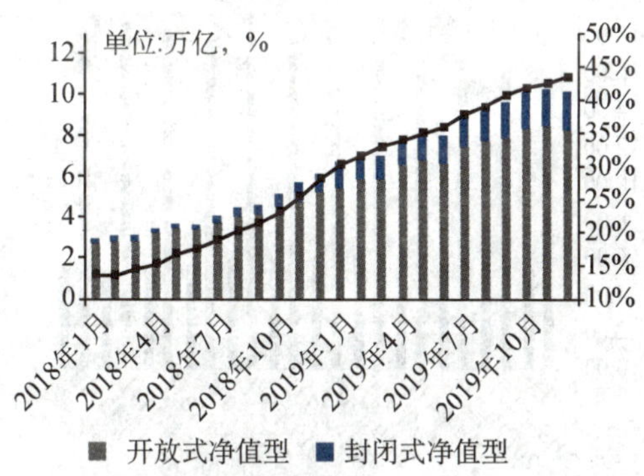


图 3-10　非保本净值型理财产品占比情况

资料来源：银行业理财登记托管中心、华宝证券研究创新部

分机构类型看，股份制银行和城商行的净值型产品占比相对较高，分别达到 56.45%和 45.69%；农村中小银行净值型产品占比 28.94%，相对较低。若合并计算转到理财子公司的产品，大型国有银行净值型产品占比为 34.71%，低于股份制银行和城商行。

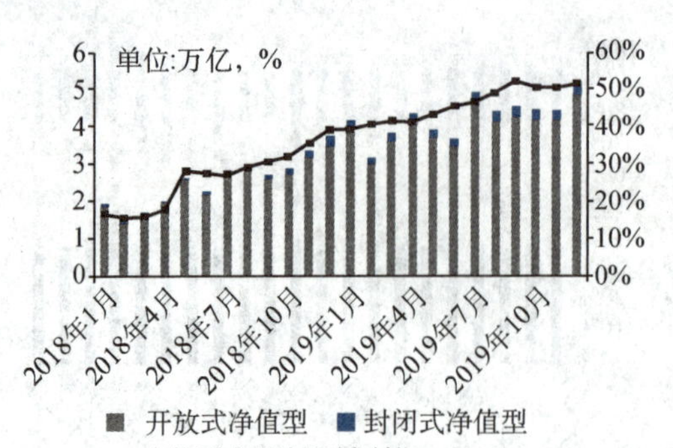


**图 3-11　净值型产品募集资金及占比情况**

资料来源:银行业理财登记托管中心、华宝证券研究创新部

从募集资金占比看,2019 年,净值型产品累计募集资金 50.96 万亿元,同比增加 67.49%,净值型产品募集资金占全部产品募集资金的 45.67%,占比同比提升 20.03%,反映出净值型产品的市场接受度和影响力不断提升,产品规范转型的效果逐渐显现,如图 3-11 所示。

(2) 产品以固收类产品为主

2019 年年底,固定收益类理财产品存续余额为 18.27 万亿元,占全部理财产品存续余额的 78.06%;混合类理财产品存续余额为 5.05 万亿元,占比为 21.59%;权益类理财产品占比为 0.34%,商品及金融衍生品类理财产品占比较少,如图 3-12 和图 3-13 所示。

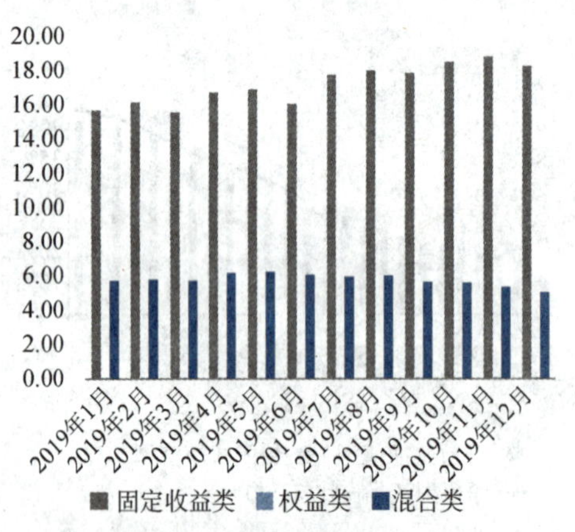


**图 3-12　不同投资性质非保本理财产品存续余额情况(单位:万亿元)**

资料来源:银行业理财登记托管中心、华宝证券研究创新部

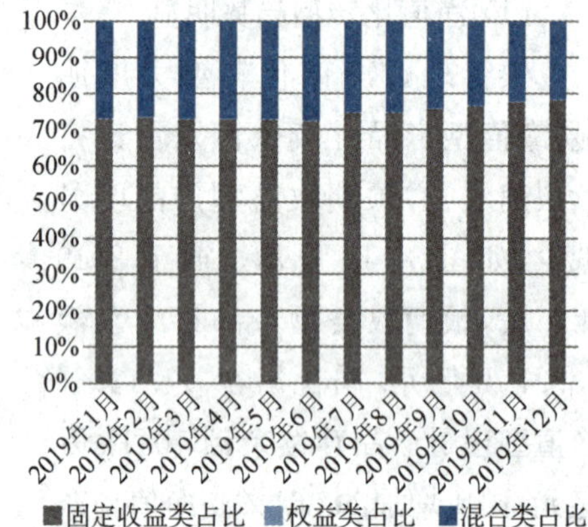


**图 3-13　固定收益类产品占比情况**

资料来源:银行业理财登记托管中心、华宝证券研究创新部

(3) 产品平均期限增加,产品收益率下行

2019 年,新发行封闭式理财产品加权平均期限为 186 天,同比增加约 25 天。新发行 3 个月(含)以下封闭式产品累计募集资金 2.43 万亿元,同比减少 2.78 万亿元,降幅 53.36%;占全部新发行封闭式理财产品募集资金的 17.45%,同比下降 11.65 个百分点。从长期限产品的募集情况来看,2019 年,期限在 1 年以上的封闭式产品累计募集资金 0.97 万亿元,同比增加 0.47 万亿

元，增幅 93.93%；占全部新发行封闭式理财产品募集资金的 6.96%，同比上升 4.18 个百分点，如图 3-14 所示。

长期限产品发行量的增加和短期限产品发行量的减少，意味着资管新规以来，在监管部门和银行业金融机构持续的投资者教育下，投资者对长期限银行理财产品接受度越来越高。与此同时，随着银行理财产品期限的增加，银行理财产品的流动性风险进一步下降。

2019 年，封闭式产品按募集金额加权平均兑付客户年化收益率为 4.44%，同比下降约 53 个基点。2018 年以来，随着市场利率的下降，新发封闭式理财产品的预期收益率也同步下行。由于封闭式产品的期限大多集中在 3～6 个月，产品兑付客户年化收益率延后半年左右，2018 年下半年起逐步下行，总体与市场利率走势相符，如图 3-15 所示。

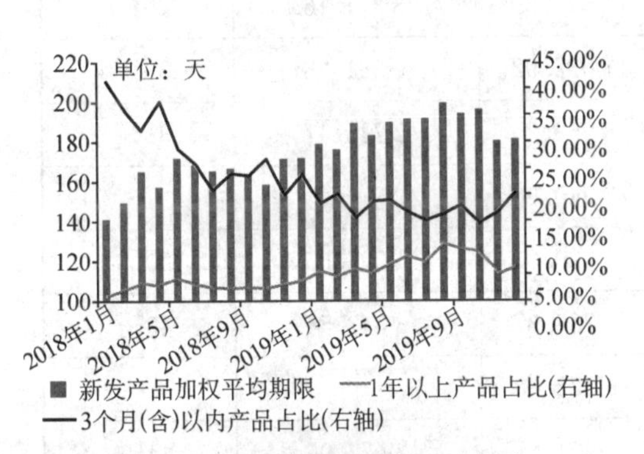


**图 3-14　新发行封闭式理财产品平均期限增加**

资料来源：银行业理财登记托管中心，华宝证券研究创新部

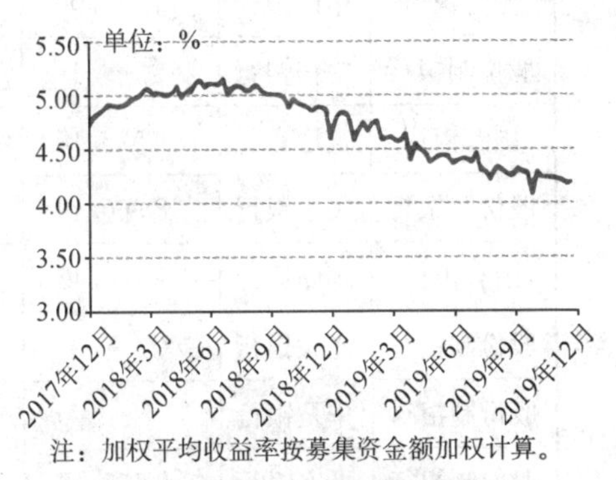


注：加权平均收益率按募集资金额加权计算。

**图 3-15　封闭式产品加权平均兑付收益下降**

资料来源：银行业理财登记托管中心，华宝证券研究创新部

(4) 银行理财非保本理财规模和净值化程度差异较大

我们将国有银行、股份制银行和其他上市的城农商行纳入关注范围，截至 2019 年，非保本理财规模在 20 万亿以上的银行有 2 家，分别是排名第一的工商银行和排名第二的招商银行；非保本理财规模在 10 万亿以上的银行有 6 家，为建设银行、农业银行、兴业银行、浦发银行、中国银行和中信银行，如表 3-5 所示。

分机构类型观察上述银行的净值化程度与平均净值化率比较结果：

根据公开披露数据，截至 2019 年年底，6 家国有商业银行中，农行的净值化程度为 45%超过平均值 34.71%，中行、建行、交行、邮储银行的净值化率均低于平均数值，工行未披露其净值型产品规模。

表 3-5　2019 年 39 家上市银行理财业务规模情况(按非保本理财规模排序)

| 银行类型 | 银行名称 | 全部理财规模(亿元) | 非保本理财规模(亿元) | 净值型理财产品规模(亿元) | 净值型产品占非保本理财产品比例 |
| --- | --- | --- | --- | --- | --- |
| 国有银行 | 工商银行 | — | 26 420.57 | — | 0% |
| 股份制银行 | 招商银行 | 21 900.00 | 21 387.54 | 6 851.96(符合新规新产品) | 32% |
| 国有银行 | 建设银行 | 20 618.97 | 18 850.50 | 4 785.33 | 25% |
| 国有银行 | 农业银行 | 20 293.90 | 17 265.54 | 7 819.38 | 45% |
| 股份制银行 | 兴业银行 | 13 372.33 | 13 292.33 | 7 483.58 | 56% |
| 股份制银行 | 浦发银行 | 14 470.50 | 12 981.65 | — | — |
| 国有银行 | 中国银行 | 14 277.00 | 11 573.69 | 3 371.16 | 29% |
| 股份制银行 | 中信银行 | — | 11 032.92 | 6 561.28 | 59% |
| 国有银行 | 交通银行 | 9 525.15 | 8 959.20 | 2 745.47 | 31% |
| 股份制银行 | 民生银行 | 8 960.49 | 8 940.98 | — | — |
| 国有银行 | 邮储银行 | 9 253.42 | 8 099.00 | 1 596.65 | 20% |
| 股份制银行 | 光大银行 | — | 7 788.37 | 3 343.54 | 43% |
| 股份制银行 | 华夏银行 | — | 6 522.08 | — | — |
| 股份制银行 | 平安银行 | 6 577.16 | 5 904.99 | 2 572.06 | 44% |
| 股份制银行 | 渤海银行 | — | 3 427.20 | — | — |
| 股份制银行 | 浙商银行 | 3 304.80 | 3 304.80 | — | — |
| 城商行 | 江苏银行 | 3 729.00 | 3 286.00 | >1 864 | >50% |
| 城商行 | 北京银行 | 3 400.91 | 3 104.76 | 2 304.49 | 74% |
| 城商行 | 上海银行 | 3 294.51 | 3 048.25 | 1 907.31 | 63% |
| 城商行 | 南京银行 | 2 814.19 | 2 680.00 | 1 412.40 | 53% |
| 股份制银行 | 广发银行 | — | 2 595.49 | — | — |
| 城商行 | 杭州银行 | 2 313.54 | 2 311.20 | 1 747.68 | 76% |
| 农商行 | 渝农商行 | — | 1 321.52 | — | — |
| 股份制银行 | 恒丰银行 | — | 1 308.70 | — | — |

（续表）

| 银行类型 | 银行名称 | 全部理财规模(亿元) | 非保本理财规模(亿元) | 净值型理财产品规模（亿元） | 净值型产品占非保本理财产品比例 |
|---|---|---|---|---|---|
| 城商行 | 青岛银行 | 1 009.69 | 1 009.69 | 745.12 | 74% |
| 城商行 | 贵阳银行 | 772.89 | 772.89 | 625.53 | 81% |
| 城商行 | 长沙银行 | 500.25 | 500.25 | 106.45 | 21% |
| 城商行 | 郑州银行 | 469.97 | 374.67 | 206.34 | 55% |
| 城商行 | 成都银行 | — | 294.56 | 76.61 | 26% |
| 农商行 | 常熟银行 | 294.00 | 289.00 | 135.96 | 47% |
| 农商行 | 无锡银行 | — | 138.78 | — | — |
| 农商行 | 江阴银行 | 132.97 | 117.01 | — | — |
| 农商行 | 紫金银行 | 119.59 | 105.57 | — | — |
| 城商行 | 宁波银行 | 2 675.85 | — | — | — |
| 农商行 | 张家港行 | 195.12 | — | — | — |
| 农商行 | 青农商行 | 282.66 | — | — | — |
| 城商行 | 苏州银行 | — | — | 311.00 | — |
| 城商行 | 西安银行 | 123.83 | — | — | — |
| 农商行 | 苏农银行 | 177.67 | — | — | — |

资料来源：上市银行2019年年报，华宝证券研究创新部

全国性股份制银行中，中信银行净值化率59%，超过平均值56.45%，需要说明的是，招行仅披露其符合新规的新产品规模，其净值型产品规模占比实际应该在80%以上，净值化转型程度较为领先。

城商行中，北京银行、上海银行、南京银行、杭州银行、青岛银行、贵阳银行、郑州银行的净值化率都在平均值45.69%以上，表现出落实资管新规的积极成效，产品净值化转型效果明显。

### （二）理财子公司发展概况

#### 1. 产品类型：以固收类为主，积极探索权益类产品

截至2019年12月，已有12家银行理财子公司开业，其中6家正式以理财子公司名义发行产品，分别是工银理财、农银理财、中银理财、建信理财、交银理

财和招银理财。2019 年共计发行 442 只非保本浮动收益型产品,其中 70%为固定收益类产品,21%为混合类产品,8%为权益类产品,固定收益类产品占绝对比重。

整体来看,6 家已发行产品的理财子公司均发行了固定收益类产品,除招银理财外,其余 5 家银行理财子公司发行了混合类产品,2019 年仅有工银理财一家理财子公司发行了权益类产品。

从发行数量看,工银理财一骑绝尘,自 2019 年 5 月开业以来,至 2019 年年底共发行 310 只产品,其中固收类产品 203 只,混合类产品 73 只,权益类产品 34 只。其中,工银理财所发行权益类产品主要为"工银理财·博股通利"私募股权专项产品系列,个人起购金额较高,为 100 万元。

在开业仪式中,工银理财、农银理财、中银理财、中邮理财对外发布了详细的理财子公司产品条线,整体来看,理财子公司的产品种类更加丰富、投资范围更广泛、策略更加多元。目前,理财子公司产品仍以固收类为主,积极探索权益类产品,如表 3-6 所示。

**表 3-6　6 家理财子公司已发产品类型情况**

| | 工银理财 | 中银理财 | 交银理财 | 建信理财 | 农银理财 | 招银理财 | 总计 | 发行数量占比 |
|---|---|---|---|---|---|---|---|---|
| 固定收益类 | 203 | 35 | 35 | 32 | 5 | 1 | 311 | 70.68% |
| 混合类 | 73 | 13 | 4 | 4 | 1 | | 95 | 21.59% |
| 权益类 | 34 | | | | | | 34 | 7.73% |
| 总计 | 310 | 48 | 39 | 36 | 6 | 1 | 440 | 100% |

资料来源:普益标准、华宝证券研究创新部

目前已开业理财子公司在 2020 年仍以固定收益类产品发行为主,但会尝试探索混合型产品的发行运作,考虑到银行理财产品主要受众风险偏好较低,权益类产品的发行进度可能较慢。产品策略以"固定收益+"为主,量化对冲等绝对收益策略备受关注。期权、可转债等具备绝对收益属性的资产,以及股票等收益增强型标的,都是理财子发行产品时考虑的对象。

与此同时,真净值型产品在管理运作上与资金池预期收益型老理财产品的不同,现金管理类产品新规下对投资资产、久期等的严格限制,都可能会带来理财产品收益率的逐步下行。如何在这样的背景下保持银行理财产品的相对优势以及对客户的吸引力,是 2020 年所有理财子公司都在持续深入探索的课题。

2. 发行期限:产品期限明显延长

理财子公司产品整体投资期限明显延长,按产品数量计算的平均期限达到 758 天,大幅长于净值型产品整体的 301 天。固定收益类和混合类的理财子产品期限主要集中在 1~3 年,该区间内共有固收类产品 132 只、混合类产品 54 只,股权类产品期限更多为 3 年以上(见图 3-16)。

但需要注意的是,因为理财子公司仍处于起步阶段,多数理财子公司开业后暂未发行产品,因此 2019 年发行各类产品占比均较高的工银理财产品的权重影响较大,产品期限更多反映的是工银理财产品的期限情况,理财子公司产品期限的整体情况有待各理财子公司发行数量迈入正轨后,进一步观测特征和变化情况(见图 3-17)。

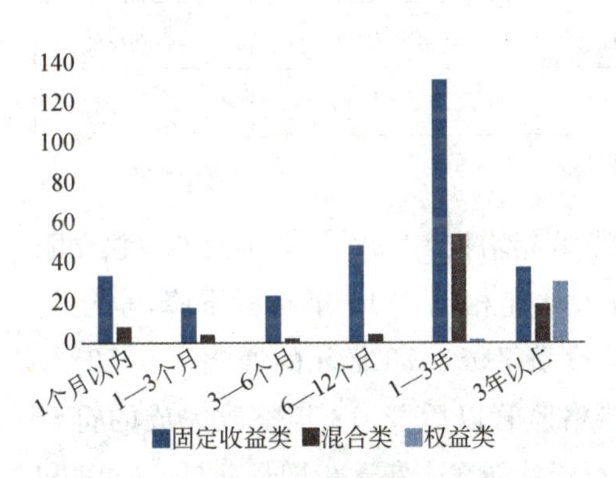


**图 3-16 不同产品类型的理财子产品发行期限情况**

资料来源:普益标准、华宝证券研究创新部

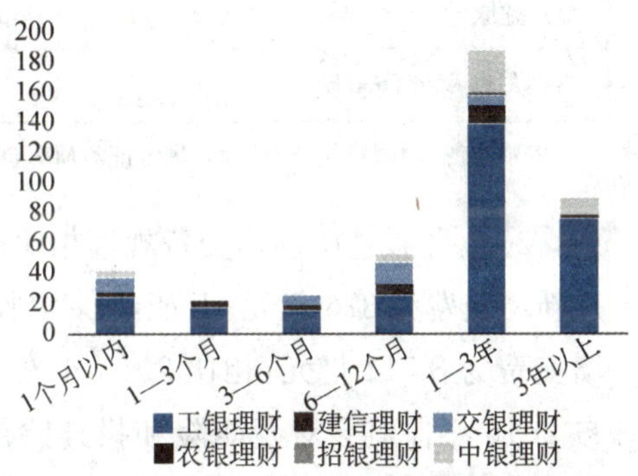


**图 3-17 不同银行理财子产品期限情况**

资料来源:普益标准、华宝证券研究创新部

## 二、保险资产管理

### (一) 保险行业资产管理

1. 保费收入增速提高,健康险占比逐年提升

2019 年保险行业原保费收入为 42 645 亿元,同比增长 12.17%,相比 2018 年 3.93%的增速,有了明显提升。分险种来看,人身险保费收入增速为 13.76%,较 2018 年人身险保费收入增速 1.87%有了大幅提升。主要由于占比最大的寿险业务保费收入 2019 年的增速达 9.80%,相比 2018 年全年 3.41%的降幅有了较大改善,但寿险保费在整个人身险保费中的占比至 2019 年年底为

73.41%,占比持续下降。同时,健康险保费收入仍保持较高增速,2019 年增速为 29.70%,且健康险占整个人身险保费的比重从 2018 年的 20%提升至 2019 年年底的 22.80%,占比在持续增加。此外,财产险保费收入增速为 8.16%,较 2018 年 9.51%的收入增速略有下降(见表 3-7)。

**表 3-7 2019 年保费收入情况**

| 类型 | 原保费收入(亿元) | 增速 | 占比 |
|---|---|---|---|
| 原保费总收入 | 42 645 | 12.17% | |
| 1.财产险 | 11 649 | 8.16% | |
| 2.人身险 | 30 995 | 13.76% | |
| (1) 寿险 | 22 754 | 9.80% | 73.41% |
| (2) 健康险 | 7 066 | 29.70% | 22.80% |
| (3) 人身意外伤害险 | 1 175 | 9.25% | 3.79% |

资料来源:中国银保监会网站,华宝证券研究创新部

2019 年投连险新增交费规模相比 2018 年增长 12.96%,全年投连险独立账户新增交费为 376 亿元;万能险保费收入增速相比 2018 年有所下降,全年新增交费为 8 711 亿元,相比 2018 年新增交费 7 953.73 亿元的增幅为 9.52%。自 2016 年保监会对万能险和投连险严格监管以后,2018 年整改完成的符合监管要求的万能险产品重新上线,保户投资款新增交费逐步增长(见图 3-18 和图 3-19)。

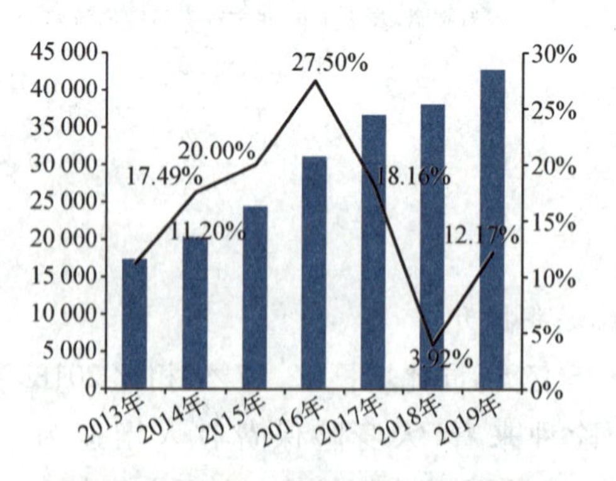


**图 3-18 2013—2019 年保费收入(亿元)及同比增速(%)**

资料来源:中国银保监会网站,华宝证券研究创新部

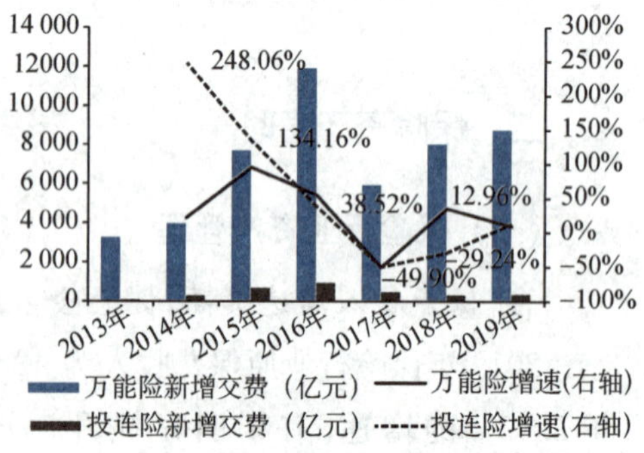


**图 3-19 2013—2019 年投连险及万能险规模变动情况**

资料来源:中国银保监会网站,华宝证券研究创新部

2. 资产配置结构变化不大,债券投资仍是配置主力

根据中国银保监会公布的数据,2019 年保险资金运用余额为 185 270.58 亿元,较年初增长 12.91%。其中,银行存款 25 227.42 亿元,占比 13.62%,比 2018 年降 1.23 个百分点;债券 64 032.00 亿元,占比 34.56%,比 2018 年微增 0.2 个百分点;股票和证券投资基金 24 365.23 亿元,占比 13.15%,比 2018 年增加 1.44 个百分点,其中股票投资占比 8.06%,证券投资基金投资占比 5.09%;包含另类投资在内的其他类资产 71 646.35 亿元,占比 38.67%,且其中保险资产管理公司产品投资 7 979.27 亿元,占比为 4.31%,长期股权投资 1.97 万亿元、占比 10.65%(见图 3-20)。

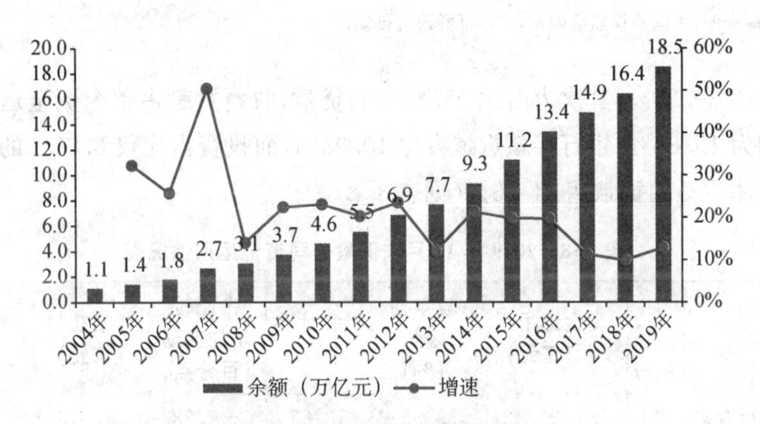


**图 3-20　2004—2019 年保险资金余额**

资料来源:中国银保监会网站,华宝证券研究创新部

2019 年保险资金运用余额相比 2018 年同期:债券投资占比仍保持较高比例,相比 2018 年同期微增 0.2%,仍是保险资金运用中占比最高的资产;股票和证券投资基金类资产占比提升 1.43 个百分点;银行存款类资产相比 2018 年同期降低了 1.23%,一定程度上反映了保险资金配置结构的优化;虽然包含非标资产投资在内的其他类资产的占比变化不大,但实际上保险公司合意的非标资产在不断减少,保险负债端的刚性成本与资产端收益率持续下滑存在矛盾(见图 3-21)。

3. 保险资金运用收益略升,权益低占比高贡献

2019 年保险资金运用收益累计实现收益 8 824.13 亿元,同比增加 29.08%;投资收益率 4.94%,较 2018 年上升 0.61 个百分点。从收益结构上看,配置占比 34.56%的债券投资仍为保险资金运用收益的第一大贡献资产,收

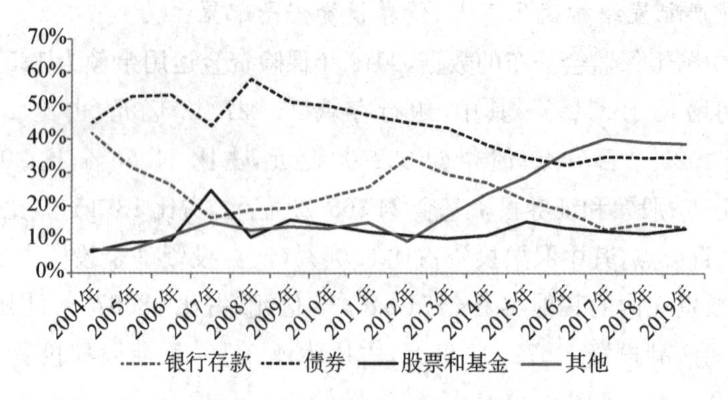


**图 3-21 2004—2019 年保险资金资产配置趋势**

资料来源：中国银保监会网站，华宝证券研究创新部

益贡献达 30.25%；其次为占比 15.87%的贷款，收益贡献占整个资金运用收益的比例为 15.81%，银行存款贡献占比 10.08%，而投资占比仅 8.06%的股票投资对整体收益的贡献达 14.86%(见表 3-8)。

**表 3-8 2019 年 12 月末保险公司资金运用情况表**

| | 资金运用余额(亿元) | 较年初增长(%) | 占比(%) | 占比较年初变动(百分点) | 收益(亿元) | 收益率(%) |
|---|---|---|---|---|---|---|
| 一、银行存款 | 25 227.42 | 3.55 | 13.62 | −1.23 | 986.13 | 3.68 |
| 二、债券 | 64 032 | 13.57 | 34.56 | 0.2 | 2 613.39 | 4.35 |
| 1. 国债 | 20 672.01 | 47.37 | 11.16 | 2.61 | 675.36 | 3.97 |
| 2. 金融债 | 20 658.19 | 2.19 | 11.15 | −1.17 | 941.97 | 4.59 |
| 3. 企业债 | 21 462.84 | 2.15 | 11.58 | −1.22 | 994.88 | 4.64 |
| 三、证券投资基金 | 9 423.29 | 8.93 | 5.09 | −0.19 | 551.49 | 6.08 |
| 四、买入返售金融资产 | 2 047.28 | −34.12 | 1.11 | −0.79 | 52.58 | 2.5 |
| 五、股票 | 14 941.94 | 41.37 | 8.06 | 1.62 | 1 202.72 | 9.16 |
| 六、长期股权投资 | 19 738.65 | 15.58 | 10.65 | 0.25 | 1 084.28 | 5.51 |
| 七、投资性房地产 | 1 894.27 | 5.66 | 1.02 | −0.07 | 51.26 | 2.77 |
| 八、保险资产管理公司产品 | 7 979.27 | 6.47 | 4.31 | −0.26 | 299.59 | 3.67 |
| 九、金融衍生工具 | 4.61 | —— | 0 | 0 | 29.25 | 1 523.57 |

(续表)

| | 资金运用余额(亿元) | 较年初增长(%) | 占比(%) | 占比较年初变动(百分点) | 收益(亿元) | 收益率(%) |
|---|---|---|---|---|---|---|
| 十、贷款 | 29 397.46 | 13.78 | 15.87 | 0.12 | 1 385.25 | 4.95 |
| 十一、拆借资金 | 0.68 | 0 | 0 | 0 | 0.23 | 3.11 |
| 十二、其他投资 | 10 583.71 | 20.34 | 5.71 | 0.35 | 567.96 | 5.81 |
| 合计 | 185 270.58 | 12.92 | 100 | — | 8 824.13 | 4.94 |

资料来源:中国保险统计年报(2019 年 12 月),华宝证券研究创新部

2019 年权益市场走牛行情下,以股票和证券投资基金为代表的权益资产配置部分为保险资金运用创造了较高的收益贡献,但权益资产配置在保险资金运用中的占比还较为有限,2019 年证券投资基金投资收益 551.49 亿元、股票投资收益为 1 202.72 亿元。2019 年保险资金债券投资收益为 2 613.39 亿元,与 2018 年的投资占比和投资收益基本保持持平。此外,组合类保险资产管理产品实现收益 299.59 亿元,同比上升 5.01%(见图 3-22 和图 3-23)。

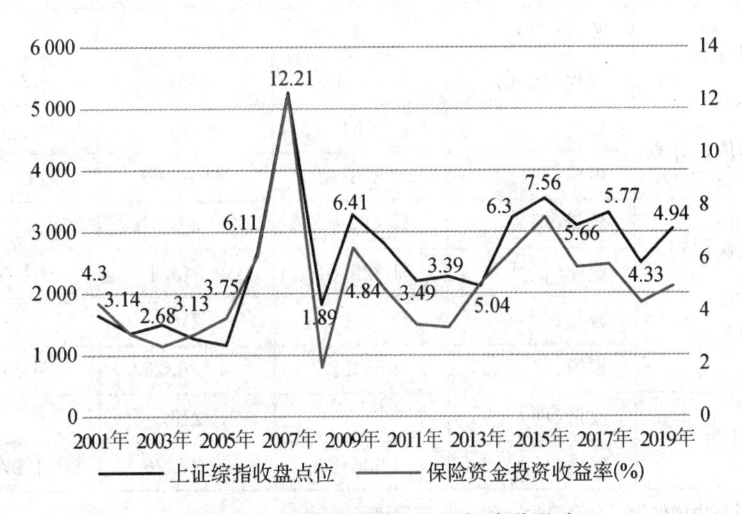


**图 3-22 历年保险资金运用投资收益率**

资料来源:中国银保监会网站,华宝证券研究创新部

4. 另类投资稳健发行,积极对接实体经济

在保险公司资金运用中,另类投资也始终是资产配置的重要方向,也是保险资金对接实体经济、支持经济发展的重要投资工具(见表 3-9)。保险产品中占比最大的寿险类产品的期限通常在 15 年以上,分红险的期限一般也在 10 年以

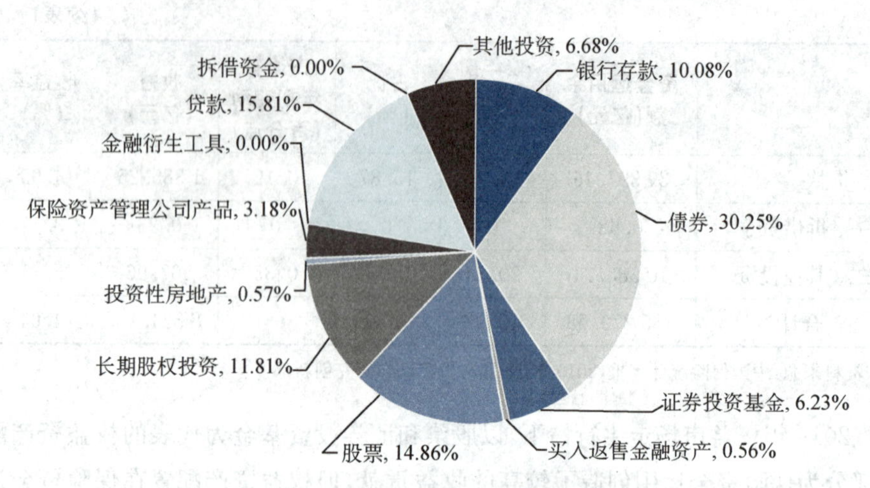


**图 3-23　2019 年保险资金运用收益分解**

资料来源：中国银保监会网站，华宝证券研究创新部

**表 3-9　债权计划及股权计划注册情况**

| 类型 | | 2019 年 | 2018 年 | 增幅 |
| --- | --- | --- | --- | --- |
| 股权投资计划 | 数量(项) | 4 | 3 | |
| | 规模(亿元) | 52.4 | 361 | −85.48% |
| 基础设施债权计划 | 数量(项) | 154 | 121 | |
| | 规模(亿元) | 3 358.44 | 2 940.86 | 14.20% |
| 不动产债权计划 | 数量(项) | 97 | 89 | |
| | 规模(亿元) | 1 225.81 | 1 245.4 | −1.57% |
| 债权计划合计 | 数量(项) | 251 | 210 | |
| | 规模(亿元) | 4 584.25 | 4 186.26 | 9.51% |
| 合计数 | 数量(项) | 255 | 213 | |
| | 规模(亿元) | 4 636.65 | 4 547.26 | 1.97% |

资料来源：中国保险资产管理业协会，华宝证券研究创新部

上，规模大、期限长、来源稳定的特征使保险资金具备满足国家大型基础设施和重大项目建设对长期资金需求的天然优势。据中国保险资产管理业协会数据，截至 2019 年 12 月底，累计发起设立各类债权、股权投资计划 1 311 只，合计备案(注册)规模 29 938.04 亿元；累计注册保险私募基金 22 只，合计规模 1 863.10 亿元。2019 年全年，29 家保险资产管理机构注册债权投资计划和股权投资计划

共255只,合计注册规模4 636.65亿元。其中,基础设施债权投资计划154只,注册规模3 358.44亿元;不动产债权投资计划97只,注册规模1 225.81亿元;股权投资计划4只,注册规模52.40亿元。同期,5家保险私募基金管理机构共注册5只保险私募基金,合计注册规模1 050.00亿元。

2019年保险资产管理机构注册的债权投资计划、股权投资计划规模相比2018年微增,增幅为1.97%。具体来看,保险资产管理机构注册的股权投资计划规模连续下降,一方面与2018年保监会发布《关于保险资金设立股权投资计划有关事项的通知》中明确不得借由股权投资计划开展明股实债和通道有关业务,另一方面是由于保险资产管理机构更青睐于通过成立有限合伙企业或设立私募投资基金的形式进行股权投资。2019年基础设施债权计划的注册数量和注册规模相比2018年同期仍取得14.20%的增幅,而不动产债权计划的注册规模微降,体现出保险资金支持基础设施建设、支持实体经济的发展态势。

### (二) 保险资产管理公司资产管理

#### 1. 整体情况

截至2019年12月,全国有综合性保险资产管理公司25家,2019年全市场有1家保险资产管理公司获批筹备,即招商信诺资产管理有限公司(2019年12月18日)。2018年中国银保监会批准筹备的3家保险资产管理有限公司已于2019年内获批开业:工银安盛资产管理(2019年4月28日)、康联资产管理(2019年5月16日)、中信保诚资产管理(2019年12月16日)。

截至2019年年底,我国(除港澳台地区外)资产管理业规模为110万亿元,其中保险资产18.52万亿元,占比16.84%。中国保险资产管理业协会发布《2018—2019保险资产管理业调研报告》,披露了221家保险机构资金运用的最新调研数据。报告显示,2018年年底221家保险资产管理机构基本设立了投资管理职能的内设部门,管理资产规模达到15.56万亿元,占保险总资产的84.89%。

2014—2019年,我国保险业(包括保险公司万能险、投连险、管理企业年金、养老保障产品及其他委托管理资产)的资产管理业务规模近三年呈现上升态势,截至2019年年底,业务规模达到18.52万亿元,占比16.84%(见图3-24)。

资产运用方面,整体来看,保险资产管理业投资模式包括委托投资和自主投资,其中委托投资占比76%,自主投资占比24%。在委托投资中委托关联方保险资产管理占比达到72%,委托外部管理人占比4%。在自主投资中,保险资金的投资模式包括直投购买保险资产管理产品,投资公募基金、信托、私募股权基

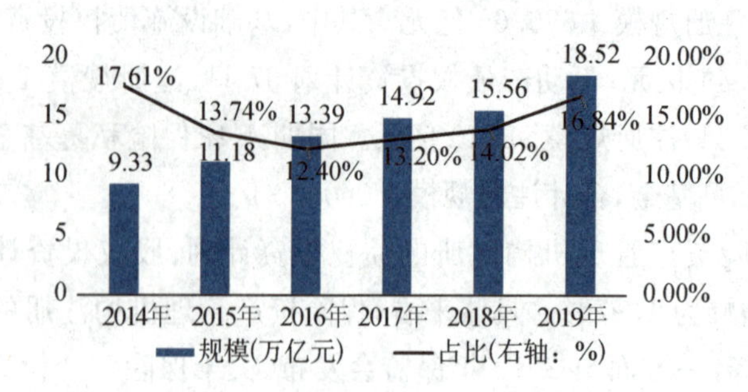


**图 3-24 保险业资产管理业务规模**

资料来源：华宝证券研究创新部

金或者投资其他资产。资金来源方面，截至 2018 年年底，行业管理系统内保险资金占比 77.14%，管理第三方保险资金占比 6.39%，管理银行资金占比 3.53%，管理养老金及企业年金占比 6.60%，管理其他资金占比 6.34%。增速上，保险行业管理的银行资金同比下降 39.58%，管理的养老金及企业年金同比增长 32%，管理的其他资金同比增长 67.88%。

2. 保险资产管理公司旗下的资产管理产品

根据中国银保监会网站数据，截至 2019 年年底，保险资产管理产品余额为 2.76 万亿元，其中保险资产管理机构发行的组合类保险资产管理产品的规模为 1.37 万亿元。

我们对中国人保、中国太保、中国人寿、中国太平、泰康保险、中国平安、华泰保险 2019 年集团公司及其下属子公司公开披露的资金运用信息进行了梳理，上述机构 2019 年投资保险资产管理产品 294 笔、投资金额总计 298.56 亿元，所投资产品的类型丰富，如股票策略类、现金管理类、固定收益类、指数增强类、FOF/管理人中的管理人 MOM(Manager of Managers，简称 MOM)类，其中泰康保险体系内公司投资泰康资产发行的各类资产管理产品较为踊跃。

3. 保险资产管理产品分类情况

2019 年 11 月 22 日，中国银保监会发布《保险资产管理产品管理暂行办法(征求意见稿)》(以下简称《保险资产管理暂行办法(征)》)，在《保险资产管理暂行办法(征)》中明确将保险资产管理产品定位为私募产品，产品类型包括债权投资计划、股权投资计划、组合类保险资产管理产品以及其他符合中国银保监会规定的保险资产管理产品。按照投资性质的不同，保险资产管理产品分为固定收益类产品、权益类产品、商品及金融衍生品类产品和混合类产品，与 2018 年 4 月《关于规范金融机构资产管理业务的指导意见》中的分类一致(见表 3-10)。

表 3-10　保险资产管理产品按投资性质不同的分类

| 产品类型 | 投资比例 |
| --- | --- |
| 固定收益类产品 | 投资于债权类资产的比例不低于 80% |
| 权益类产品 | 投资于权益类资产的比例不低于 80% |
| 商品及金融衍生品类产品 | 投资于商品及金融衍生品的比例不低于 80% |
| 混合类产品 | 投资于债权类资产、权益类资产、商品及金融衍生品类资产且任一资产的投资比例未达到 80% |

资料来源:华宝证券研究创新部

我们结合大智慧数据终端和万得,汇总了 412 只保险资产管理产品数据,在资产管理新规对资产管理产品的四个分类基础上,为更清晰揭示保险资产管理产品产品线情况,我们综合投资范围和策略类别进行分布情况统计,如图 3-25 所示。

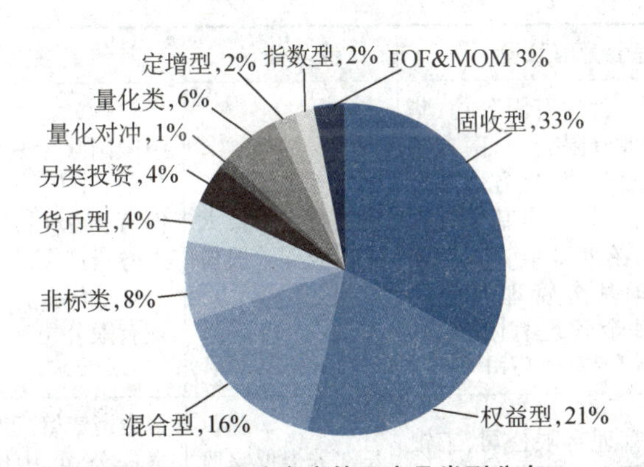


图 3-25　保险资产管理产品类型分布

资料来源:万得、大智慧数据终端、华宝证券研究创新部
注:由于保险资产管理产品数据披露信息不完整,统计结果可能与真实情况存在偏差

固定收益类产品在保险资产管理产品中占比最大,按照投资范围可以分成三类,纯债类(含可转债类)、债券增强类、非标类;权益类产品中,保险资产管理公司开发了明确主题类产品(如港股主题产品)、明确投资风格类、绝对收益策略产品、量化策略产品、指数型产品等保险资产管理产品;混合类产品由于所投资产类别丰富,采用的策略也更加丰富。值得一提的是,除了传统的投资类别,保险资产管理产品的产品线丰富。程度不断提升,量化对冲策略,定增策略,FOF/MOM 策略也成为保险资产管理产品的特色。

### （三）企业年金的基金投资人

根据人力资源社会保障部社会保险基金监管局发布的《全国企业年金基金业务数据摘要——2019年三季度》报告，当前市场上企业年金受托人13家、账户管理人18家、托管人10家、投资管理人22家，其中保险机构所持有的企业年金基金管理业务牌照及管理情况如表3-11所示。国寿养老在受托管理资产规模、管理的企业账户数量上遥遥领先，而泰康资产、平安养老作为投资管理人所管理的组合资产规模均超过了2 000亿元，分别为2 668.07亿元、2 220.97亿元。

企业年金的基金投资人情况如下：截至2018年年底，已经有长江养老保险股份有限公司、平安养老保险股份有限公司、太平养老保险股份有限公司、新华养老保险股份有限公司、中国人民养老保险有限责任公司、中国人寿养老保险股份有限公司6家保险公司作为企业年金的基金投资管理人（见表3-11）。

表3-11　企业年金基金投资管理人

| 时间 | 基金管理公司 | 保险公司 | 其他金融机构 | 备注 |
|---|---|---|---|---|
| 2005年 | 海富通基金管理有限公司、华夏基金管理有限公司、南方基金管理有限公司、易方达基金管理有限公司、嘉实基金管理有限公司、招商基金管理有限公司、富国基金管理有限公司、博时基金管理有限公司、银华基金管理有限公司 | 平安养老保险股份有限公司、太平养老保险股份有限公司 | 中国国际金融有限公司、中信证券股份有限公司、中国人寿资产管理有限公司、华泰资产管理有限公司 | 第一批 |
| 2007年 | 国泰基金管理有限公司、工银瑞信基金管理有限公司、广发基金管理有限公司 | 长江养老保险股份有限公司 | 泰康资产管理有限责任公司、中国人保资产管理股份有限公司 | 第二批 |
| 2008年 | 海富通基金管理有限公司、华夏基金管理有限公司、南方基金管理有限公司、易方达基金管理有限公司、嘉实基金管理有限公司、招商基金管理有限公司、富国基金管理有限公司、博时基金管理有限公司、银华基金管理有限公司 | 平安养老保险股份有限公司、太平养老保险股份有限公司 | 中国国际金融有限公司、中信证券股份有限公司、中国人寿资产管理有限公司、华泰资产管理有限公司 | 延续 |
| 2016年 | 工银瑞信基金管理有限公司、国泰基金管理有限公司 | 中国人寿养老保险股份有限公司、长江养老保险股份有限公司 | 泰康资产管理有限公司、中国人保资产管理有限公司 | 第二批企业年金基金管理机构资格延续 |

（续表）

| 时间 | 基金管理公司 | 保险公司 | 其他金融机构 | 备注 |
|---|---|---|---|---|
| 2018 年 | 博时基金管理有限公司、富国基金管理有限公司、国泰基金管理有限公司、工银瑞信基金管理有限公司、海富通基金管理有限公司、华夏基金管理有限公司、嘉实基金管理有限公司、建信养老金管理有限责任公司、南方基金管理有限公司、易方达基金管理有限公司、银华基金管理有限公司、招商基金管理有限公司 | 长江养老保险股份有限公司、平安养老保险股份有限公司、太平养老保险股份有限公司、新华养老保险股份有限公司、中国人民养老保险有限责任公司、中国人寿养老保险股份有限公司 | 华泰资产管理有限公司、泰康资产管理有限责任公司、中国国际金融股份有限公司、中国人保资产管理股份有限公司、中信证券股份有限公司 | 最新 |

资料来源：华宝证券研究创新部

综上所述，保险资产管理行业当前正呈现五个发展趋势：加强专业人才队伍建设；加强职能建设，提升资产负债管理和资产配置能力；加强受托管理第三方资金业务是保险资产管理机构的发展趋势；产品创设能力、养老金管理能力是保险资产管理机构的发展重点；加大外部委托力度是较多保险公司投资管理模式的选择方向。

## 三、信托

### （一）资产规模的变化

根据中国信托业协会发布的数据显示，截至 2019 年年底，全国 68 家信托公司管理的信托资产规模为 21.6 万亿元，较 2018 年年底下降 1.1 万亿元，其中集合资金信托规模为 9.92 万亿元，占比为 45.93%，同比上升 5.82 个百分点；单一资金信托规模为 8.01 万亿元，占比为 37.10%，同比下降 6.23 个百分点；管理财产信托为 3.67 万亿元，占比为 16.98%，同比下降 0.43 个百分点（见图 3-26 和图 3-27）。在当前化解金融风险攻坚战向纵深持续推进的背景下，信托资产规模继续保持压降的态势，但是下降幅度较前一年明显收窄，整体上进入了波动相对较小的平稳下行阶段。

从信托资产规模的季度增速变化来看，2019 年四个季度，信托资产同比增长速度分别为−12%、−7.15%、−4.94%和−4.83%，季度同比数据持续处于负值区间，不过从趋势上看，季度同比数据在 2018 年四季度创阶段性低点后，连续四个季度降幅收窄；季度环比来看，2019 年四个季度环比增速分别为－0.71％、－0.02％、－2.39％和－1.78％，信托资产规模连续四个季度缩水。

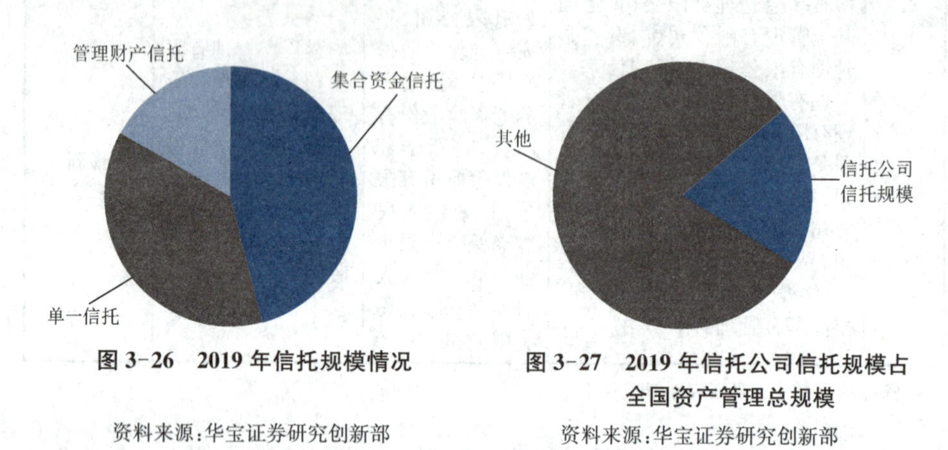


**图 3-26　2019 年信托规模情况**

资料来源：华宝证券研究创新部

**图 3-27　2019 年信托公司信托规模占全国资产管理总规模**

资料来源：华宝证券研究创新部

从纳入资产管理新规的资金信托的情况来看，截至 2019 年年底，资金信托规模为 17.94 万亿元，较 2018 年年底下降 1.01 万亿元，同比增速－5.35％。

从 2018 年一季度开始，信托资产规模连续 8 个季度下滑。究其原因，一方面与监管的收紧有关，倒逼信托公司主要压缩通道业务规模，持续向回归信托本源、服务实体经济、强化主动管理能力的方向转变；另一方面，也与宏观经济增速持续下台阶有关，信用风险抬升，信托公司获取合适资产的难度加大。到了 2019 年，这两个因素依然存在，不过政策带来的影响在边际上有所改善。在经济下行压力增大的背景下，宏观政策逐步转向“稳增长、稳杠杆”“宽货币＋宽信用”的政策组合使经济增速预期好转，融资需求有所回暖。同时，央行关于资产管理业务的通知允许银行自主制定整改计划，有助于稳定银信合作中的银行表内和表外的资金规模，避免银信合作规模过快下降。银行理财可投非标的明确规定将消除监管不确定性，非标资金端的改善有望带来银信融资类业务降幅趋缓。部分存量信托产品具有资金池特征，资产管理新规过渡期内允许资金池类信托产品滚动发行对接新资产，有利于减缓信托规模的下降。这些积极因素推动下，使信托规模压降的速度在 2019 年上半年有所放缓。不过在 2019 年下半年，对于通道业务和房地产信托的监管加码，通道业务和房地产信托业务均受到比较大的影响，信托规模压降的速度重新加快（见图 3-28）。

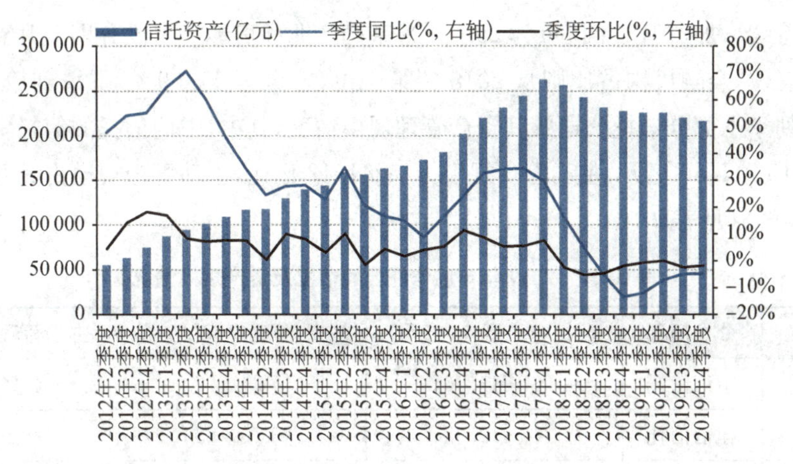


**图 3-28　信托资产规模变化情况**

资料来源:中国信托业协会、华宝证券研究创新部

## (二) 信托业务结构的变化

1. 信托资产的资金来源结构不断优化

从信托资产的资金来源来看,结构不断优化,集合信托规模止跌回升,规模占比出现大幅提升,而单一资金信托的规模和占比则继续保持下降的趋势,可以看出信托行业正在逐步降低对于机构客户的依赖,信托业务资金来源结构进一步优化。同时,集合信托规模占比的提升,也提高了信托负债端的稳定性,有利于在资产端主动管理能力的提升。具体来看:

2019 年以来,在监管政策的引导下,信托业持续缩减传统银信通道类业务,此类业务被归结为单一资金信托,因此单一资金信托占比进一步下降。2019 年年底,单一资金信托规模达到 8.01 万亿元,较年初下滑 18 253 亿元,规模占比由年初的 43.33%下降到 37.1%。

与此同时,为适应监管政策变化,信托公司业务开展逐步转型,普遍加强财富渠道建设,增强主动管理能力,集合资金信托占比稳定上升。2019 年年底,存量集合资金信托规模 9.92 万亿元,规模较年初增加 8 121 亿元,规模占比由年初的 40.12%提升到 45.93%。

截至 2019 年年底,资金信托为 17.94 万亿元,同比 2018 年年底的 18.95 万亿元,总规模下降 5.3%。从资金信托余额在五大领域的占比来看,分别为工商企业(30.6%)、基础产业(15.72%)、房地产业(15.07%)、金融机构(13.96%)、证券市场(10.92%)。与 2018 年相比,工商企业继续在资金配置中占据首位,且

比重持续增加(2018 年比重为 29.9%),基础产业和房地产占比分别上升到第二和第三位,金融机构占比则从 2018 年第二位(比重为 15.99%)下滑到第四位。以下列举了部分信托公司及其资产管理规模情况,其中,中信信托的信托资产规模为 15 741.56 亿元,主动管理规模为 7 241.12 亿元,主动管理规模占其管理规模的 46%(见表 3-12)。

**表 3-12　2019 年年底信托公司情况及资产规模情况**

| 排名 | 公司简称 | 信托资产规模(亿元) | 主动管理规模(亿元) | 主动管理占比 |
|---|---|---|---|---|
| 1 | 中信信托 | 15 741.56 | 7 241.12 | 46% |
| 2 | 建信信托 | 13 912.32 | 3 199.83 | 23% |
| 3 | 华润信托 | 9 548.86 | 3 342.10 | 35% |
| 4 | 五矿信托 | 8 849.76 | 6 460.32 | 73% |
| 5 | 中融信托 | 7 654.42 | 5 817.36 | 76% |
| 6 | 交银信托 | 7 618.50 | 1 980.81 | 26% |
| 7 | 光大信托 | 7 506.17 | 4 428.64 | 59% |
| 8 | 华能信托 | 7 250.47 | 2 465.16 | 34% |
| 9 | 上海信托 | 6 926.52 | 2 008.69 | 29% |
| 10 | 中航信托 | 6 657.92 | 4 660.54 | 70% |
| 11 | 渤海信托 | 5 966.03 | 2 446.07 | 41% |
| 12 | 兴业信托 | 5 632.91 | 1 295.57 | 23% |
| 13 | 华宝信托 | 4 892.29 | 1 027.38 | 21% |

资料来源:华宝证券研究创新部

此外,由于财产管理类信托受政策影响较大,在相关监管细则具体出台之前,信托公司对于此类业务也处于尝试、观望、调整阶段,因此相关业务占比呈现小幅波动态势。2019 年年底,管理财产信托规模为 3.67 万亿元,较年初下滑 918 亿元,规模占比由年初的 16.55%小幅回升到 16.98%,波动较小(见图 3-29)。

2. 信托的功能结构变化

从信托的功能结构上看,2019 年信托业务结构变化较为明显,融资类信托规模和占比均有明显提升,事务管理类信托规模和占比则出现显著下降,投资类信托基本保持稳定。具体来看,截至 2019 年年底,融资类信托存量规模 5.83 万亿元,较年初增加 14 848 亿元,存量规模占比 26.99%,较年初上升 7.84%;投资

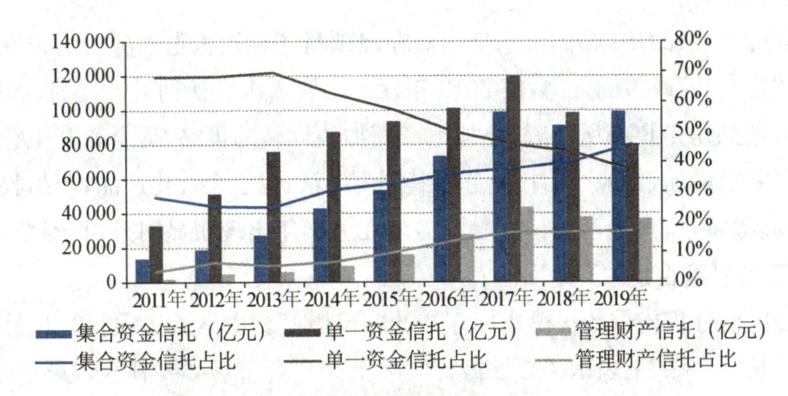


**图 3-29 信托资金来源结构变化(2011—2019 年)**

资料来源:中国信托业协会、华宝证券研究创新部

类信托存量规模 5.12 万亿元,较年初增加 163 亿元,存量规模占比 23.71%,较年初上升 1.22%;事务管理类信托存量规模 10.65 万亿元,规模占比 49.30%,较年初大幅下滑 9.06%(见图 3-30)。

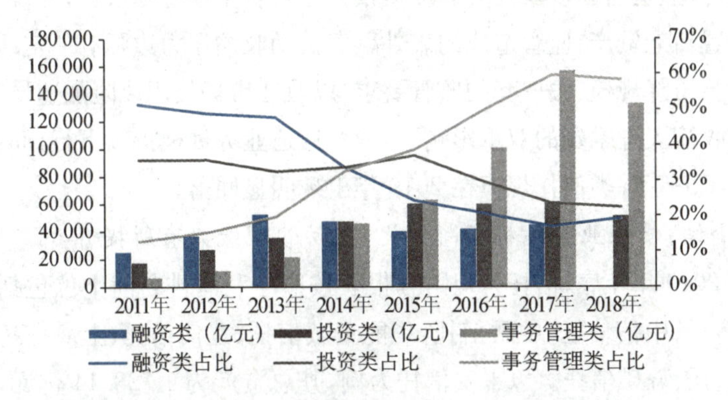


**图 3-30 信托公司功能结构变化(2011—2019 年)**

资料来源:中国信托业协会、华宝证券研究创新部

融资类信托规模的回升主要和"逆周期"调节政策的加码以及与非标相关的监管进一步明确有关。2018 年,"去杠杆"叠加中美贸易摩擦,国内经济下行压力不断增大,2018 年 10 月份的中央政治局会议明显发出政策转向信号,时隔两年多再次强调"经济下行压力有所加大",并强调维持 6 个"稳",政策由侧重于"去杠杆"转向"稳增长"。从 2018 年四季度开始,"宽货币"和"宽信用"成为货币政策主基调,为了解决好民营企业和小微企业融资难、融资贵问题,各部委出台了一系列措施。同时,财政政策也开始发力,对基建投资的支持力度加大,2018 年 10 月 31 日,国务院办公厅出台《关于保持基础设施领域补短板力度的指导意

见》(国办发〔2018〕101号),要求加大对在建项目和补短板重大项目的金融支持力度。“稳增长”政策的发力,使2019年社会融资需求有所回升。同时,2019年上半年,商品房销售有所回暖,叠加地产商加快周转的策略,房企新开工意愿增强,融资需求增加,房地产信托业务因其制度灵活、提供个性化产品、产品收益率相对较高等特点,房地产的信托融资需求在上半年出现明显回升,直到2019年5月份政策明显收紧才开始回落。

此外,监管机构重新正视非标存在的“合理性”。中国人民银行行长易纲在“新浪·长安讲坛”上表示,“影子银行实际上是金融市场必要补充,‘影子银行’不是完全负面的词语。只要依法合规经营,便能成为金融市场的有效部分”。2018年9月份发布的《商业银行理财业务监督管理办法》(国务院2018年第6号)和2018年12月份发布的《商业银行理财子公司管理办法》(中国银保监会令2018年第7号)均明确了公募理财和私募理财均可以直接投资非标。监管要求的明晰,使之前被限制的非标融资业务在2019年有所恢复。

不过,虽然资管新规及配套制度对银行理财资金端边际放松,允许老产品滚动发行配置新老资产,监管造成的表外融资被动收缩压力边际有一定缓解,但在过渡期稳步压降规模、去嵌套的监管要求,以及在市场信用风险加速暴露环境中银行主动收缩表外融资的双重影响下,信托通道业务规模持续下行,而主要为通道业务的事务管理类信托规模在2019年出现明显回落。

3. 小结:信托业务结构不断优化,主动管理能力有所提升

截至2019年年底,信托公司财务报表按照净利润排名前十位包括:平安信托、重庆信托、中信信托、中融信托、华能贵诚信托、建信信托、上海信托、兴业信托、光大信托、五矿信托。以平安信托为例,其总资产为1 728.14亿元,其中,信托资产运用合计4 426亿元,信托收入58.25亿元,信托费用59.25亿元,净利润为73.52亿元,排名信托行业首位(见表3-13)。

**表3-13 信托公司2019年财务报表数据Top10(单位:亿元)**

| 排名 | 公司名称 | 总资产 | 营业收入 | 实收资本 | 投资收益 | 信托资产运用合计 | 信托收入 | 信托费用 | 净利润 | |
|---|---|---|---|---|---|---|---|---|---|---|
| | | | | | | | | | 数值 | 排名 |
| 1 | 平安信托 | 1 728.14 | 187.05 | 130.00 | 23.41 | 4 426.08 | 405.98 | 59.25 | 73.52 | 1 |
| 2 | 重庆信托 | 2 344.85 | 78.79 | 150.00 | 20.60 | 2 124.96 | 138.37 | 21.79 | 55.99 | 2 |
| 3 | 中信信托 | 424.03 | 71.83 | 112.76 | 13.29 | 15 741.56 | 1 104.21 | 322.24 | 47.67 | 3 |
| 4 | 中融信托 | 276.16 | 53.59 | 120.00 | 4.72 | 7 654.52 | 601.20 | 97.30 | 22.08 | 4 |

（续表）

| 排名 | 公司名称 | 总资产 | 营业收入 | 实收资本 | 投资收益 | 信托资产运用合计 | 信托收入 | 信托费用 | 净利润 | |
|---|---|---|---|---|---|---|---|---|---|---|
| | | | | | | | | | 数值 | 排名 |
| 5 | 华能贵诚信托 | 244.60 | 50.69 | 61.95 | 17.03 | 7 250.47 | 536.93 | 79.39 | 42.11 | 5 |
| 6 | 建信信托 | 315.86 | 49.77 | 24.67 | 9.80 | 13 912.32 | 792.96 | 62.57 | 29.47 | 6 |
| 7 | 上海信托 | 238.87 | 45.87 | 50.00 | 5.95 | 6 926.52 | 414.69 | 48.47 | 26.41 | 7 |
| 8 | 兴业信托 | 421.45 | 44.61 | 100.00 | 6.21 | 5 632.91 | 419.21 | 40.23 | 21.88 | 8 |
| 9 | 光大兴隆 | 139.55 | 41.85 | 64.18 | 4.46 | 7 506.17 | 518.86 | 58.28 | 27.82 | 9 |
| 10 | 五矿信托 | 182.26 | 41.57 | 60.00 | 8.48 | 8 849.76 | 483.88 | 99.90 | 28.01 | 10 |

资料来源：万得，华宝证券研究创新部

根据对行业的分析，信托公司的集合信托一般为信托公司主动管理，单一信托和财产信托，基本由银行理财资金委托构成，所以推算信托行业有效主动管理的规模为 9.11 万亿元，来自银行规模约 9 万亿元。

从上述两个角度来分析信托产品的结构我们可以发现，“资管新规”落地后，通道与多层嵌套业务不断清理与压缩，信托公司主动管理能力增强，信托业务结构优化。这带动了信托报酬率从 2018 年四季度开始连续 3 个季度的回升，2019 年二季度平均年化综合报酬率为 0.54%，相对于 2018 年三季度的阶段性低点提高 0.23 个百分点。不过由于 2019 年下半年监管部门加大了风险排查的力度和频率，之前被隐匿的风险得到了更加充分的暴露，使信托报酬率在下半年出现了回落（见图 3-31）。

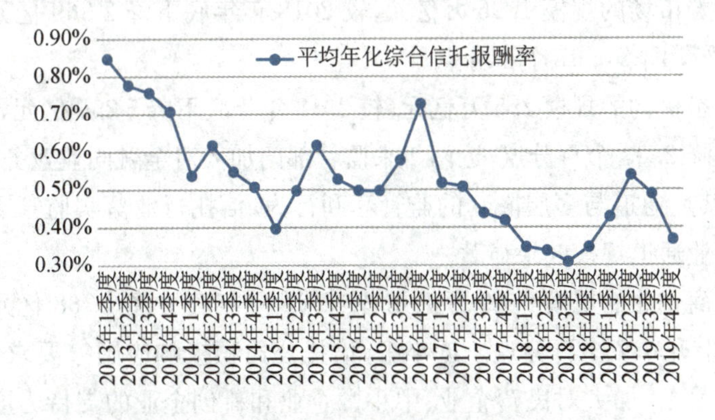


**图 3-31　信托平均年化综合信托报酬率变化情况**

资料来源：中国信托业协会、华宝证券研究创新部

当前存量信托规模中单一资金信托和事务管理类信托的规模占比均处于较高位置，反映出信托的通道类业务的占比仍较高，面临较大的整改和压降压力，同时信托报酬率也处于低位，信托行业当前的主动管理仍有较大的提升空间。

**（三）信托资金投向分布**

从信托资金投向来看，中国信托业协会的数据显示，2019 年投向金融机构、证券市场和工商企业的规模有明显的缩水，而投向房地产和基础产业的资金规模则有小幅回升。而从占比变化来看，投向金融机构和证券市场的占比均有所回落，投向基础产业、房地产和工商企业的占比则有所回升。

2019 年年底，投向基础产业的信托规模为 2.82 万亿元，较 2018 年年底增加 565 亿元，规模占比为 15.72%，上升 1.13 个百分点。2018 年第 4 季度《国务院办公厅关于保持基础设施领域补短板力度的指导意见》（国办发〔2018〕101 号）出台，提示地方政府化解隐性债务风险，防范出现系统性金融风险，增强了金融机构对平台公司融资的信心，信政合作业务迎来政策“拐点”。随着中美贸易摩擦的持久化，面对国内外风险挑战明显增多的复杂局面，作为国家逆周期调节的重要手段，2019 年政策一直推进基建投资的回升，基础产业融资需求有所回升。

投向房地产的信托规模为 2.70 万亿元，较 2018 年年底增加 165 亿元，规模占比为 15.07%，上升 0.89 个百分点。2019 年下半年地产融资收紧之前，“宽信用”的政策基调下，房地产面临的融资环境比较友好。同时地产销售阶段性的好转叠加房企执行“高周转”的战略，加速推盘，加速开工，融资需求明显回升，带动了 2019 年上半年房地产信托融资的大幅回升。到了下半年，由于地产融资收紧，房地产信托的发行也受到了一定的影响。

投向证券市场的规模 1.96 万亿元，较 2018 年年底下降 2 369 亿元，规模占比为 10.92%，下降 0.67 个百分点。

投向金融机构的规模 2.5 万亿元，较 2018 年年底下降 5 254 亿元，规模占比 13.96%，下降 2.03 个百分点；近两年来监管部门加大对金融同业业务的整治力度，限制或禁止通道与多层嵌套的监管套利行为，信托行业落实监管要求，主动压降金融同业通道规模效果显著。

投向工商企业的规模 5.49 万亿元，较 2018 年年底下降 1 768 亿元，规模占比 30.6%，上升 0.7 个百分点。近年来，信托公司积极响应国家要求金融服务实体经济的号召，加大对民营企业、中小微企业和科创企业的支持力度，尤其是战略新兴领域。不过由于工商企业的行业各异、业务模式各不相同，一些高新企业还具有高成长、高技术性的特点，比较考验信托公司的主动管理管理能力和对于风险的识别及控制能力。加上最近一两年工商企业领域信托违约率高于其他投向的信托，工商企业领域的信托规模也在收缩，不过由于存量规模较大，依然是投向规模最大的领域(见图3-32和图3-33)。

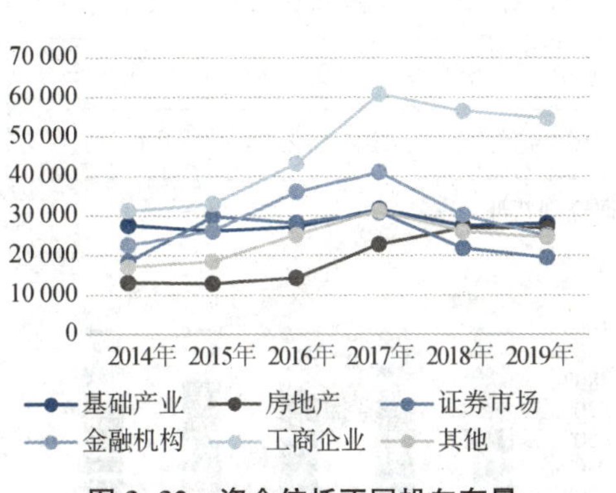


图3-32 资金信托不同投向存量规模变化(亿元)

资料来源：中国信托业协会、华宝证券研究创新部

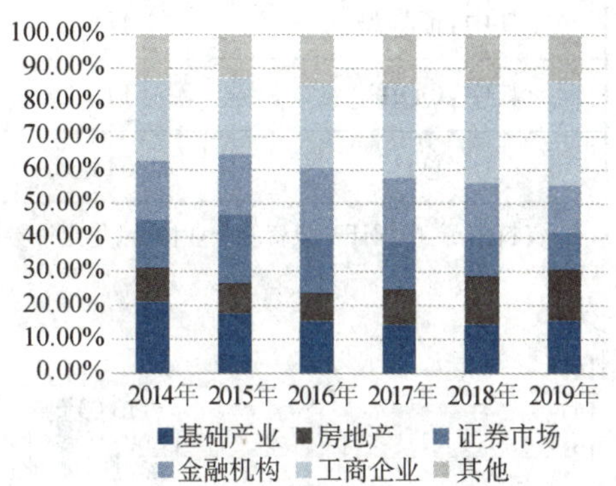


图3-33 资金信托投向分布

资料来源：中国信托业协会、华宝证券研究创新部

## 四、公募基金

### (一) 公募基金市场格局变化

根据中国证券投资基金业协会数据，2019年，全市场公募基金规模14.77万亿元，相对于2018年新增13.29%(1.73万亿元)，全市场基金份额13.69万亿份，相对于2018年新增6.18%(0.80万亿元)，规模增速比上年略提升一个百分点左右，但份额增速明显降低，为过去6年来首次低于10%，主要原因在于货币基金规模和份额最近6年首次减少(见表3-14、图3-34和图3-35)。

表3-14 2019年12月公募基金市场数据

| 类型 | 数量(只) | 份额(亿份) | 规模(亿元) | 规模占比 |
|---|---|---|---|---|
| 封闭式 | 861 | 15 214.30 | 16 024.48 | 10.85% |
| 开放式 | 5 683 | 121 723.12 | 131 648.03 | 89.15% |
| 其中：股票型 | 1 135 | 9 346.83 | 12 992.62 | 8.80% |
| 其中：混合型 | 2 593 | 14 784.25 | 18 893.19 | 12.79% |

（续表）

| 类型 | 数量(只) | 份额(亿份) | 规模(亿元) | 规模占比 |
|---|---|---|---|---|
| 其中:货币型 | 335 | 71 110.11 | 71 170.56 | 48.19% |
| 其中:债券型 | 1 471 | 25 687.88 | 27 660.56 | 18.73% |
| 其中:QDII | 149 | 794.05 | 930.83 | 0.63% |
| 总计 | 6 544 | 136 937.42 | 147 672.51 | 100.00% |

资料来源:中国证券投资基金业协会、华宝证券研究创新部

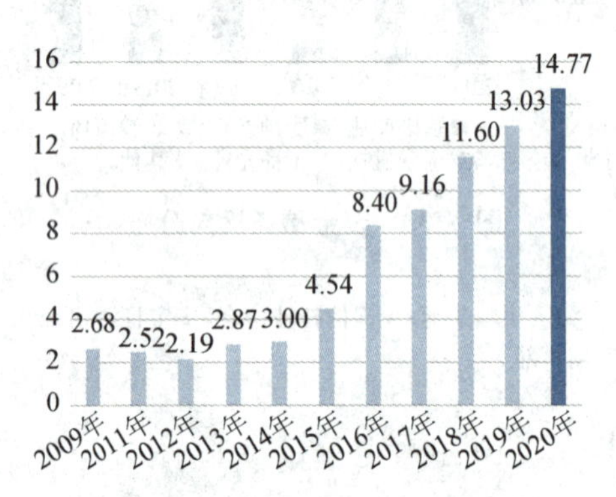


**图 3-34 历年公募基金总规模**
**(单位:万亿元)**

资料来源:万得,华宝证券研究创新部

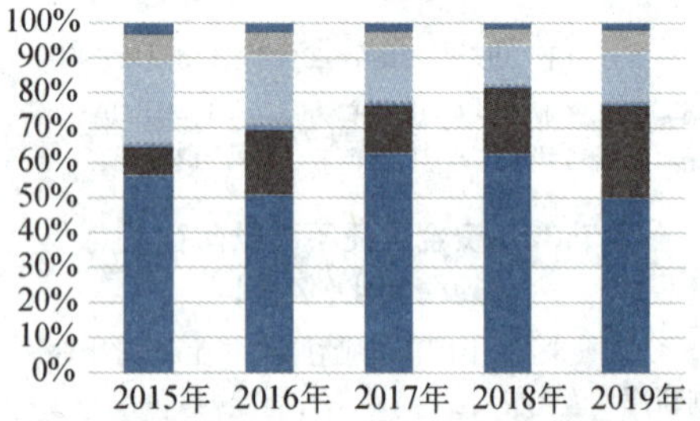


**图 3-35 过去五年各类公募基金规模占比**

资料来源:万得,华宝证券研究创新部

注:将万得一级分类项下的“股票型基金”拆分成了“普通股票型基金”和“指数股票型基金”

从近五年的基金公司规模分布上看,去除货币基金与短期理财基金,规模前20位基金公司的总规模超过全市场总规模的60%。2015—2019年规模在前20位的基金公司总规模为24 086.72亿元、30 138.34亿元、28 114.45亿元、29 676.88亿元、43 751.96亿元,分别占公募基金总规模的63.77%、64.94%、63.62%、61.96%、60.01%。规模后30位的基金公司规模终于凭借2019年市场的好转实现了规模的增长,但占比并未有效提升,最近五年来规模分别为410.35亿元、286.40亿元、195.98亿元、160.54亿元、252.38亿元,占比分别为1.09%、0.62%、0.44%、0.34%、0.35%。从规模集中度看,公募基金行业依然维持强者恒强的态势,大型基金公司凭借其在销售、产品和人员配置上的优势占据行业主流(见图3-36)。

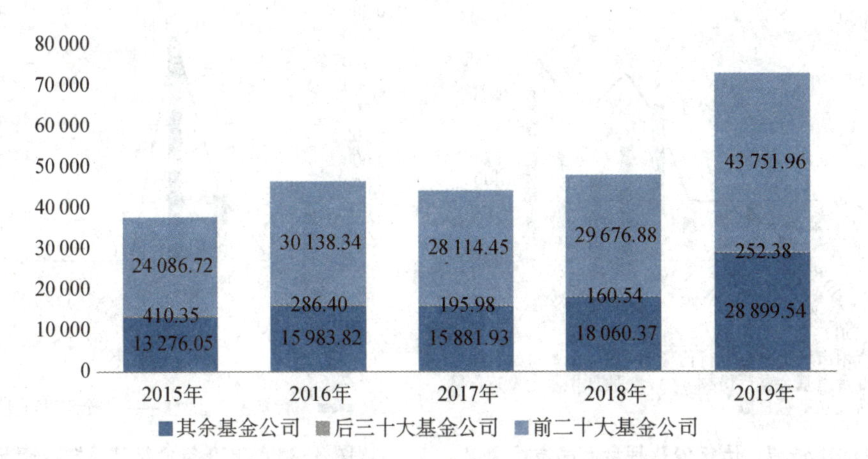


**图 3-36 基金公司规模分布(单位:亿元)**

资料来源:万得、华宝证券研究创新部

## (二) 公募基金产品发行情况

1. 2019 年基金产品发行情况

2019 年发行 14 370.35 亿份,债券型基金占比 63.06%。2019 年全年发行产品 14 370.35 亿份,其中发行规模从大到小排序为债券型基金、混合型基金、指数股票型基金、普通股票型基金、货币市场型基金、国际(QDII)基金和另类投资基金,上述产品全年分别发行的份额和占总发行规模的比例为:9 061.50 亿份(63.06%)、2 752.81 亿份(19.16%)、2 016.73 亿份(14.03%)、397.69 亿份(2.77%)、75.44 亿份(0.52%)、55.55 亿份(0.39%)和 10.61 亿份(0.07%),其中:债券型基金中主要为中长期纯债型基金(包括:摊余成本法债基)和被动指数型债基,混合型基金中则主要是偏股混合型和偏债混合型基金,指数股票型基金则主要是 ETF(见图 3-37 和图 3-38)。

2. 产品类型不断丰富,多类产品重新放开

2019 年,公募基金多类产品重新放开,包括商品期货 ETF、市值法货币、浮动管理费基金和量化对冲产品,随着资产管理新规的逐渐推进,公募基金行业产品类型得到再次丰富,必定为行业发展带来新的机遇。

首批商品期货 ETF 产品面市,资产配置工具再添利器。2019 年 8 月,我国境内首批商品期货 ETF 产品——华夏饲料豆粕期货 ETF、建信易盛郑商所能源化工期货 ETF、大成有色金属期货 ETF 获证监会准予注册的批复。大成和华夏两家公司拿到批复后,于 9 月初开始产品的发行,建信则将发行时间定在

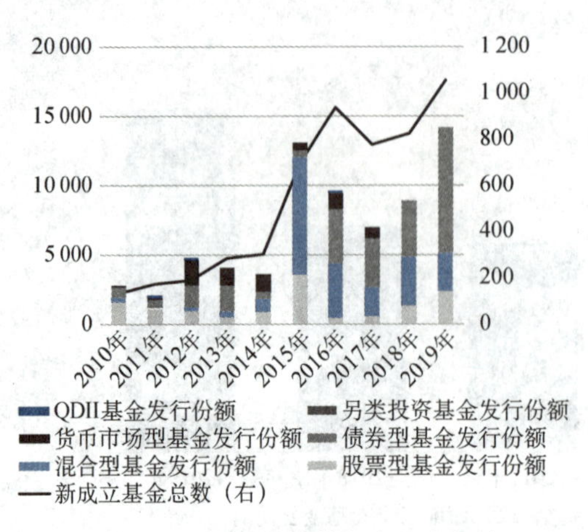


**图 3-37 历年公募基金产品发行情况（单位：亿份，只）**

资料来源：万得、华宝证券研究创新部

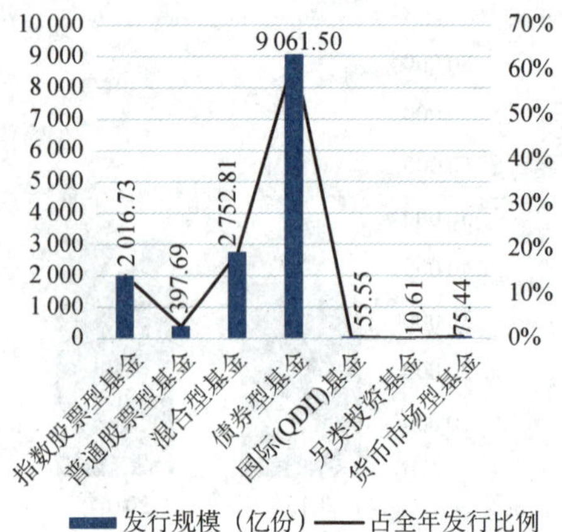


**图 3-38 2019 年全年产品发行情况**

资料来源：万得、华宝证券研究创新部

11 月。商品期货 ETF 与股票、债券等金融资产相关性低，有利于投资者优化资产配置、分散投资风险；另外，引入商品期货 ETF 投资，有助于改善商品期货市场投资者结构、稳定合约价格，推动商品期货市场健康发展。虽然三只产品成立规模不大，但依靠先发优势，后续有望不断吸引配置资金关注。

向国际靠拢再进一步，市值法货币终于诞生。2016 年年底由于货币基金被机构巨额赎回而引发市场连锁反应令监管层下令开始整改，自此货币基金无法加入公募基金排名，但由于 2017 年货币基金规模不降反升，管理层发布《货币市场基金监督管理办法》（中国证券监督管理委员会令第 120 号），要求货币基金规模不得超过风险准备金的 200 倍，自 2018 年 1 月以后货币基金暂停新发，且同年很快便放开市值法货币基金申报。时隔一年多，2019 年 7 月，国内第一批市值法货币正式批复，6 家基金公司拿到监管批复函，分别是：中银、华安、华宝、汇添富、鹏华、嘉实，其中嘉实融享为国内成立时间最早的市值法货币。规模方面，6 家基金公司首发合并募集 75.44 亿元，中银瑞福浮动净值型 A 首发规模超过 50 亿，其余 5 家公司首发规模均超过 10 亿，截至 2019 年年底，市值法货币基金存量规模 36.74 亿元，为防止不可测的负偏离引发金融风险，市值法货币基金只面向机构投资者，与传统采用摊余成本法核算并运用影子定价法估值的基金产品存在明显差异，其发行规模也不受基金公司风险准备金 200 倍的限制。

浮动管理费基金再批复，基金公司和投资者利益实现捆绑。国内第一只浮动管理费基金发行于 2013 年，但在 2016 年后，由于市场异动以及业内出现基金随意提取业绩报酬等因素的影响，浮动管理费基金的审批放缓。2017 年 6 月《公开募集证券投资基金收取浮动管理费指引(初稿)》发布，将浮动管理费基金分为两类："支点式"上下浮动管理费基金和"业绩报酬"浮动管理费基金。2019 年 11 月，监管机构审慎选择 6 家权益投资上具有竞争力的基金公司，并选择投资经验丰富的资深投资经理发行定位于具有绝对收益特征的浮动管理费权益基金，并采用针对每个投资人固定投资期的运作模式，引导投资者长期投资。富国基金、兴全基金、中欧基金、国泰基金、华泰柏瑞基金和华安基金拿到浮动管理费基金批复函，此次发行的浮动管理费基金采取了"业绩报酬"模式，同时基金产品每个工作日开放，最短持有期限内基金份额持有人不可办理赎回及转换转出业务。

量化对冲产品终再来，绝对收益型产品再迎生力军。2019 年 12 月，公募行业的量化对冲产品在停滞三年后正式重新开闸，截至 2019 年年底，首批获得批文的基金公司为：华夏、富国、景顺长城、海富通、德邦、申万菱信这 6 家基金公司，对应的产品分别为：华夏安泰对冲策略 3 个月、富国量化对冲策略三个月、景顺长城量化对冲策略三个月、海富通安益对冲策略、德邦量化对冲策略、申万菱信量化对冲策略。量化对冲基金最大的优势在于可采用对冲策略控制股票底仓波动风险，是获得绝对收益的有效工具。各类型开放式基金新设立数量如表 3-15 所示。

**表 3-15　各类型开放式基金新设立数量(单位：只)**

| 年份 | 债券基金 | 混合基金 | 股票基金 | 货币基金 | QDII 基金 | 其他基金 | 总计 |
|---|---|---|---|---|---|---|---|
| 2014 | 78 | 109 | 87 | 85 | 7 | — | 366 |
| 2015 | 75 | 385 | 307 | 54 | 11 | — | 840 |
| 2016 | 408 | 579 | 96 | 67 | 26 | 3 | 1 179 |
| 2017 | 299 | 457 | 129 | 72 | — | — | 975 |
| 2018 | 352 | 340 | 135 | — | 11 | — | 838 |
| 2019 | 299 | 218 | 208 | — | 13 | — | 738 |

资料来源：中国证券投资基金业协会，华宝证券研究创新部

## (三) 公募基金产品收益情况

受益于权益市场良好行情，含权类产品业绩领先其他产品。2019 年全年，沪深 300 指数上涨 36.07%，创业板指上涨 43.79%，万得全 A 上涨 33.02%，火热的行情也给含权类产品带来了优秀的全年收益。主动权益基金中，小盘类基金(高仓位)跑赢大盘类基金(高仓位)超过 8 个点。固收类产品中，可转债型基

金明显跑赢其他固收类产品，主要原因是其较高的转债仓位，分级A(活跃类)整体跑赢纯债类产品，短债型产品跑赢货币ETF 1.5个百分点。FOF类产品中，偏股类FOF和平衡类FOF全年收益超过10%。指数增强方面，500增强超额收益领先于300增强。全市场16只量化对冲产品中，年度收益率中位数为7.30%，其中部分产品打新收益影响较大(见表3-16)。

表3-16　2019年各类基金品种表现

| 类别 | 2019年收益率中位数(%) | 样本数 |
| --- | --- | --- |
| 大盘类基金(高仓位) | 44.56 | 686 |
| 小盘类基金(高仓位) | 52.93 | 122 |
| 纯债类 | 4.10 | 1 094 |
| 可投转债类 | 5.41 | 259 |
| 可投股票类 | 8.25 | 290 |
| 可转债型 | 26.31 | 34 |
| 短债型 | 3.77 | 124 |
| FOF-偏债类 | 9.63 | 12 |
| FOF-平衡类 | 10.27 | 3 |
| FOF-偏股类 | 12.62 | 9 |
| 指数增强-300 | 3.71 | 33 |
| 指数增强-500 | 7.37 | 24 |
| 量化对冲 | 7.30 | 16 |
| 货币ETF | 2.27 | 33 |
| 分级A(活跃类) | 6.24 | 11 |

资料来源：万得、华宝证券研究创新部
注意：这里指数增强产品的收益率指的是“超额收益”，即超越跟踪指数收益的部分。

## 五、私募基金

### (一) 规模：私募资产配置产品起步，私募证券基金规模稳中有升

截至2019年年底，中国证券投资基金业协会已登记私募基金管理人24 471家，去年同期为24 448家。存续已备案私募基金81 739只，管理基金规模13.74万亿元(运作中产品)，较上年同期的12.78万亿元增加7.52%。私募基金管理人员工总人数17.65万人，上年同期为24.57万人。从管理人家数、管理产品数

量看，私募基金行业发展较为平稳。

截至2019年年底，按正在运行的私募基金产品规模划分，管理规模在20～50亿元的私募基金管理人有726家，上年同期为671家；管理规模在50～100亿元的有290家，上年同期为274家；管理规模大于100亿元的有262家，上年同期为234家。私募基金行业中的“头部基金”俱乐部继续壮大。

私募投资基金的行业特点：竞争激烈，机构背景、募资渠道、项目储备、投资经验有重要影响。规模前10家的管理人的规模占总规模6.8%，规模前340家的规模占总规模的50%，规模前3 222家(即13%的管理人)的管理人规模占总规模的90%。总规模前90%的管理人中，国有控股管理人占20%，规模占比30%。

从表3-17可了解到，私募证券投资基金在2014—2019年，基金数量有了快速提升，从2014年的3 741只上升到2019年的41 392只，其他例如私募股权投资基金、创业投资基金、其他私募投资基金等均有一定扩张趋势。而实缴资本规模在2018年也达到峰值，合计127 064亿元。截至2019年年底，私募基金8.17万只，规模14.08万亿元，其中，私募证券投资基金资产规模25 610亿元；私募股权(创投)管理人14 882家，基金数量为28 477只，资产规模为88 713亿元；创投基金规模12 088亿元；其他类私募管理人727家，规模1.44万亿元。

**表3-17　私募投资基金概况**

| 年份 | 内容 | 私募证券投资基金 | 私募股权投资基金 | 创业投资基金 | 其他私募投资基金 | 合计 |
|---|---|---|---|---|---|---|
| 2014 | 基金数量(只) | 3 741 | 2 679 | 692 | 402 | 7 514 |
| | 认缴规模(亿元) | 4 772 | 12 411 | 1 397 | 1 926 | 20 506 |
| | 实缴资本规模(亿元) | — | 8 150.3 | 1 054.8 | — | — |
| 2015 | 基金数量(只) | 10 025 | 6 471 | 1 448 | 1 530 | 19 474 |
| | 实缴规模(亿元) | 9 530.36 | 17 979.02 | 2 369.83 | 4 879.57 | 34 758.79 |
| | 管有该类私募投资基金的管理人数量(家) | 3 539 | 3 124 | 904 | 454 | — |
| 2016 | 基金数量(只) | 25 578，其中顾问管理基金3 930只 | 14 073 | 2 206 | 4 153 | 46 010 |
| | 实缴规模(亿元) | 25 496.32，其中顾问管理基金9 154.74亿元 | 37 602.75 | 3 612.37 | 15 752.72 | 82 464 |

（续表）

| 年份 | 内容 | 私募证券投资基金 | 私募股权投资基金 | 创业投资基金 | 其他私募投资基金 | 合计 |
|---|---|---|---|---|---|---|
| 2017 | 基金数量(只) | 34 097 | 26 199 | | — | 66 418 |
| | 基金规模(亿元) | 2.57 万 | 6.90 万 | | — | 11.50 万 |
| 2018 | 基金数量(只) | 35 675,其中顾问管理基金 3 178 只 | 27 175 | 6 508 | 5 271 | 74 629 |
| | 资产净值规模(亿元) | 21 385 | 78 014 | 9 095 | 18 570 | 127 064 |
| | 管有该类私募投资基金的管理人数量(家) | 8 831 | 13 053 | | — | — |
| 2019 | 基金数量(只) | 41 392 | 28 477 | 7 978 | 3 858 | 81 710 |
| | 资产规模(亿元) | 25 610 | 88 713 | 12 088 | 14 412 | 140 830 |

资料来源:华宝证券研究创新部

单就私募证券投资基金而言,截至 2019 年 12 月底,基金业协会已备案私募证券投资基金管理人 8 857 家,已备案私募证券投资基金 41 399 只,管理基金规模 24 503 亿元,较上年同期的 22 391 亿元增加 9.43%。平均而言,每家私募证券投资基金管理人管理产品 4.67 只,管理规模 2.77 亿元。

截至 2019 年 12 月底,共有 5 家私募资产配置类管理人备案,已备案私募资产配置基金 5 只,管理规模 5.36 亿元。

2019 年私募证券行业稳扎稳打,继续朝规范化、多元化方向发展。在经历了 2017 年、2018 年连续两年的规模收缩后,2019 年私募证券投资基金管理规模重新迎来了小幅上升,这也得益于市场行情的推动以及各类策略产品业绩的不俗表现。同时值得一提的是,虽然整体规模有所回升,单基金小型化的趋势依旧延续(见图 3-39 和图 3-40)。

### (二) 策略:私募基金的发行和清盘

从新发基金数量来看,2019 年私募基金新发总量较 2018 年有一定回升,且不同于 2017 年、2018 年全年分月发行量的收缩走势,2019 年经历 1—4 月的较大起伏后,5 月起发行量持续较为平稳直至年底。分月来看,1 月新发基金数量延续了 2018 年年底发行量的弱势,处于较低水平,随后的 2 月更是在春节假期的影响下降至全年低谷。而得益于年初以来股票市场的强劲势头,市场资金活跃,私募纷纷开始布局新产品,3 月、4 月的新发基金数量大幅攀升,4 月份达到全年顶峰,数量接近 2 月低谷值的 5 倍。4 月下旬起市场出现回调,而后受多空因素交织影响,股票市场宽幅震荡,新发基金数量、基金发行净增量均相对保持

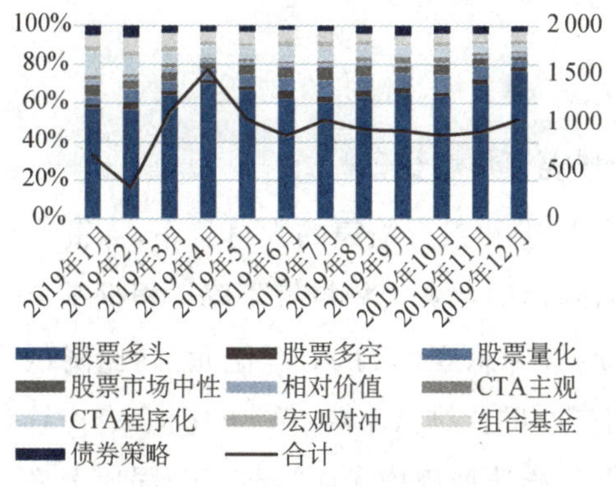


**图 3-39　2019 年私募各策略发行情况**

资料来源：私募排排网，华宝证券研究创新部

注：剔除了单账户形式和其他不明发行通道的私募基金；剔除了分级基金中的子基金。

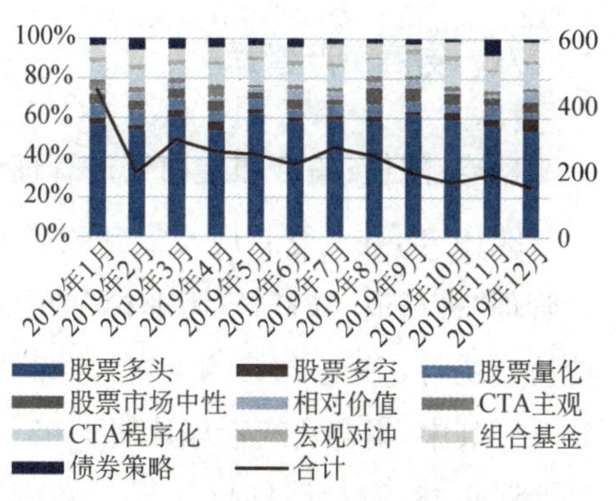


**图 3-40　2019 年私募各策略清盘情况**

资料来源：私募排排网，华宝证券研究创新部

注：剔除了单账户形式和其他不明发行通道的私募基金；剔除了分级基金中的子基金。

稳定。12 月股市再度连续上涨重回 3 000 点，同时部分机构提前布局发行新产品，新发基金数量未受临近年底的影响，反而有小幅攀升（见图 3-41）。

股票多头策略在新发基金中占据绝对权重，因此两者趋势基本一致，而如宏观对冲、组合基金等权益类多头占据一定比重的、含多元资产概念的产品也基本有类似的走势。而除权益类资产为主的策略之外，CTA 程序化、债券策略等产品全年的新发数量也较为稳定。

从清盘数量来看，2019 年清盘量的走势与过去几年保持了相似性，均呈前高后低，或仍与过去几年产品多集中于上半年成立有关。另外 2019 年以来私募各类策略不乏亮眼表现，管理人主动清盘的情况或有减少（见图 3-42）。

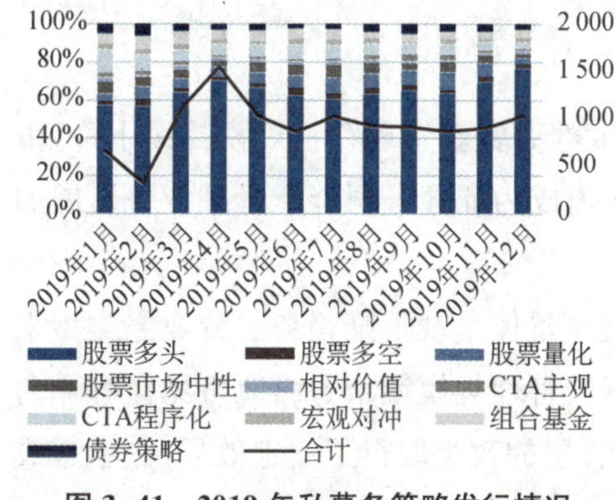


**图 3-41　2019 年私募各策略发行情况**

资料来源：私募排排网，华宝证券研究创新部

注：剔除了单账户形式和其他不明发行通道的私募基金；剔除了分级基金中的子基金。

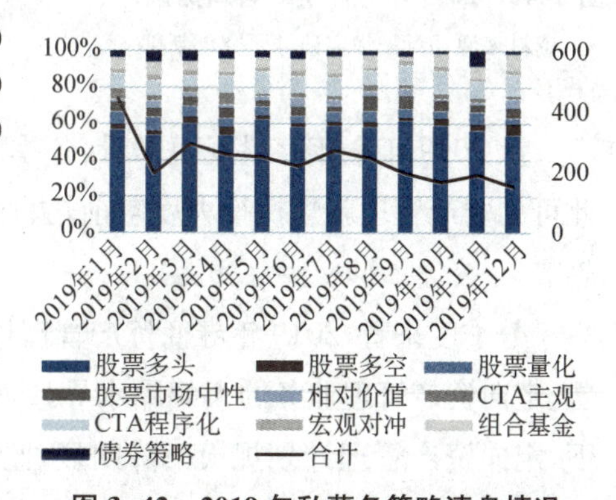


**图 3-42　2019 年私募各策略清盘情况**

资料来源：私募排排网，华宝证券研究创新部

注：剔除了单账户形式和其他不明发行通道的私募基金；剔除了分级基金中的子基金。

## 六、券商资产管理

### （一）规模：集合和定向资产管理计划规模负增长

2019年，在资管新规及配套政策平稳推进和银行缩表的大背景下，券商资产管理“去通道、降杠杆、限非标”效果明显，通道业务规模持续下降。根据基金业协会统计，截至2019年年底，券商资产管理总规模约11万亿元，同比降低16%。其中，集合资产管理计划1.95万亿元，同比维持不变；单一（定向）资产管理计划8.38万亿元，同比降低23%；资产支持计划规模1.42万亿元，同比上升19%，以通道业务为主的单一（定向）资产管理计划规模收缩明显。由此可见，券商资产管理依赖通道业务野蛮生长的时代已经结束，在资产管理新规框架下，资产管理行业将延续从严态势，正本清源，逐渐回归投资本质（见图3-43和图3-44）。

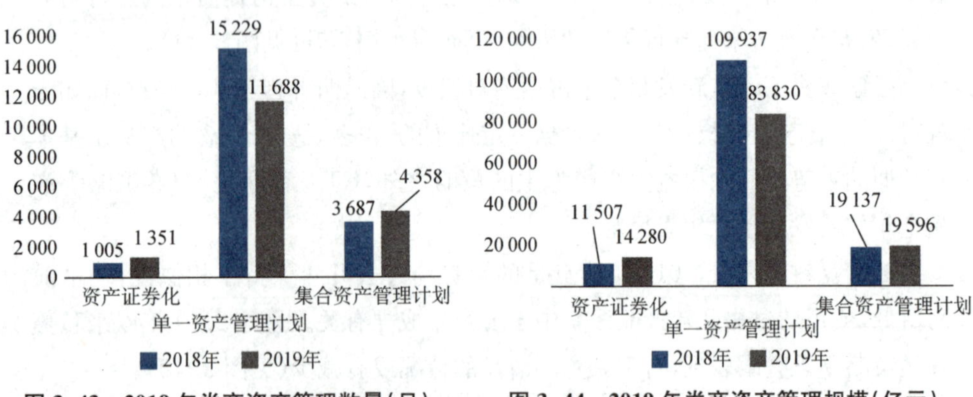


图3-43　2019年券商资产管理数量（只）

资料来源：万得、华宝证券研究创新部

图3-44　2019年券商资产管理规模（亿元）

资料来源：万得、华宝证券研究创新部

从2019年全年存量规模来看，各季度券商资产管理存量规模持续下降，由此可见资产管理新规执行力度空前，去通道成为证券公司资产管理业务发展的趋势。

分季度来看，2019年券商资产管理规模整体呈现下降趋势。分业务类型来看，定向资产管理业务的大幅缩水导致资产管理规模锐减。由此可见监管导向下，定向资产管理计划规模下降明显，监管层的政策取得了一定效果，去通道成为行业发展趋势（见图3-45）。

根据万得对于券商集合理财的统计，2019年在资产管理新规及配套政策影响下，券商发行集合资产管理产品份额较上年大幅下降。2019年年底，券商资产管理共发行了 6 475 只集合理财产品，环比下降 13%；发行份额为 1 309 亿份，环比下降 41%(见图 3-46)。

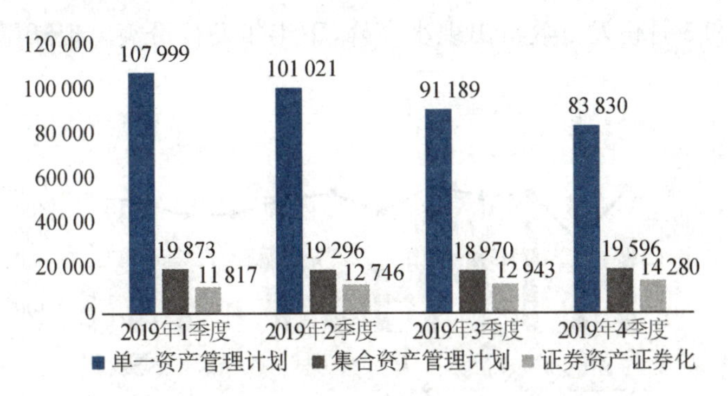


**图 3-45　2019 年券商资产管理业务规模分类统计(亿元)**

资料来源：万得、华宝证券研究创新部

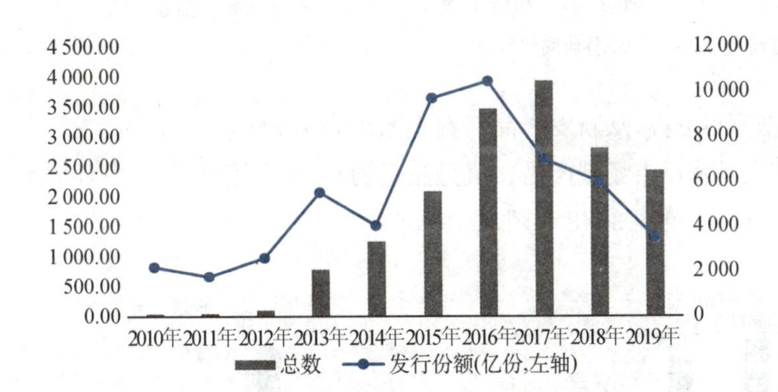


**图 3-46　历年券商集合理财发行份额和数量**

资料来源：万得、华宝证券研究创新部

观察 2010 年以来券商集合理财产品的发行情况，2011 年以前券商集合理财还处于萌芽期，每年发行不超过 100 只，进入 2011 年券商集合理财产品只数首次突破了 100 大关。随后的 2012 年集合理财发行数量即呈现了飞速增长，新发数量环比 2011 年增长了 100%。2013 年，在政策红利的催化下，新发产品数量呈现“火箭式”激增，达到 2 000 只。伴随着新发产品数量的提升，集合理财发行份额同样一路上扬。在经历 2011 年份额略微下降后，2012 年和 2013 年新发产品份额与只数出现了飞速增长。2014 年新发产品的份额经历了下降，到 2015 年发行规模增幅明显，达到 3 513 亿份。2016—2019 年，券商集合计划发行份额连续四年下降。

## （二）集合理财产品发行：固收类产品主导

2019 年，资产管理新规影响下，券商集合理财发行热度持续下降。从份额上看，3 月和 5 月份发行数量出现小高峰，下半年发行份额出现断崖式下跌（见图 3-47）。

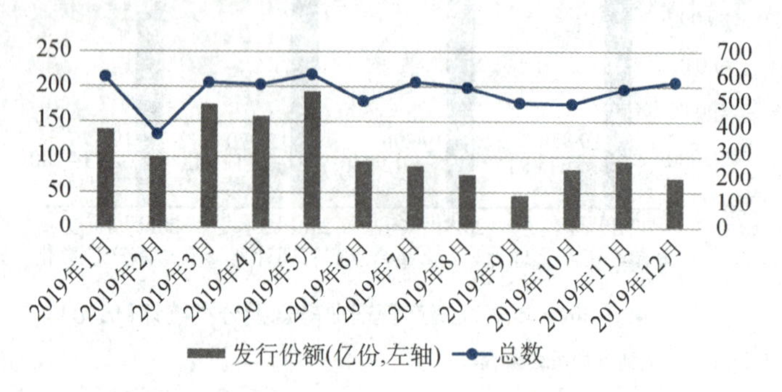


**图 3-47　2019 年券商集合理财发行份额和数量**

资料来源：万得、华宝证券研究创新部

根据万得分类，从新发产品只数上来看，2019 年债券型产品发行仍占主导地位，其次是货币市场型产品。值得注意的是，股票型产品 2019 年发行份额仅有 29.93 亿元（见图 3-48 和图 3-49）。

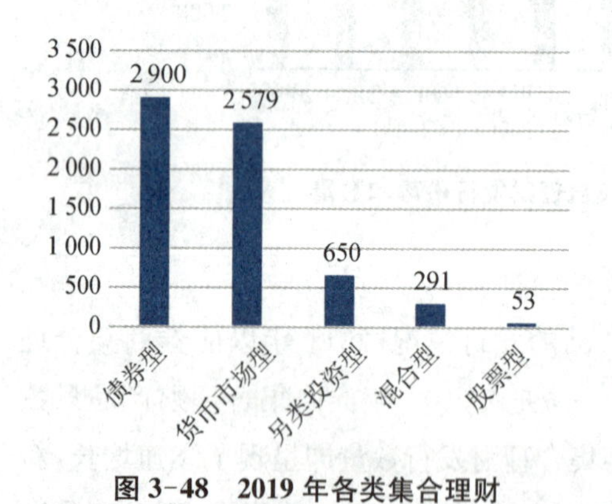


**图 3-48　2019 年各类集合理财新发数量（只）**

资料来源：万得，华宝证券研究创新部

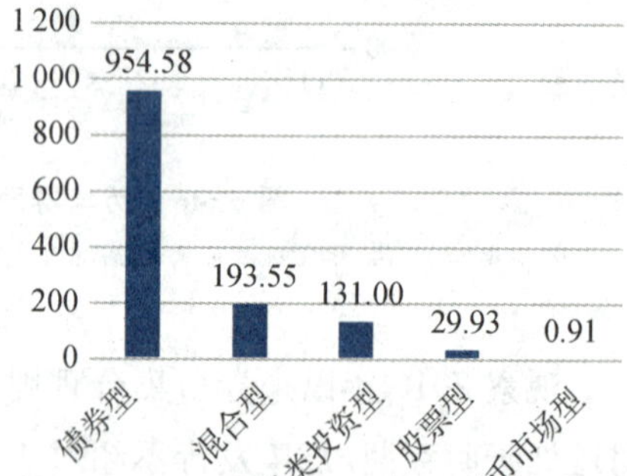

**图 3-49　2019 年各类集合理财新发规模（亿元）**

资料来源：万得，华宝证券研究创新部

## （三）大集合公募化改造正在进行时

券商资产管理大集合产品一直是历史遗留问题，由于其募集人数超过 200 人、但又具备券商资产管理产品的私募性质，“非公非私”的尴尬处境一直被业内广泛关注。2018 年 11 月 30 日，证监会发布了《证券公司大集合资产管理业务适用〈关于规范金融机构资产管理业务的指导意见〉操作指引》(中国证券监督管理委员会公告〔2018〕39 号，以下简称《指引》)，对于大集合对标资管新规进行公募化改造给出了细化整改方案，并设立 2020 年 12 月 31 日前为过渡期。过渡期满后，持有公募基金牌照的券商可以将大集合转变为公募基金，未持有公募基金牌照的券商可以将大集合产品管理人更换为其控股、参股的基金管理公司并变更注册为公募基金或就该大集合产品向证监会提交合同变更申请。

2019 年，券商资产管理大集合整改取得了实质性进展，首批 3 家券商东方证券、国泰君安以及中信证券的 4 只大集合产品于 8 月获得证监会的批复，正式开启公募化改造进程，之后中信证券、广发资产管理又有 3 只产品获批。截至 2020 年 3 月 29 日，现有的 12 只转型公募大集合产品中，仅东证资产管理旗下"东方红启元三年持有期混合型证券投资基金"是公募基金(仅东证资产管理拥有公募牌照)，其余产品均为原资产管理计划变更合同而来，并非严格意义的公募基金。

券商大集合公募化改造搅动公募基金市场。2019 年 9 月 16 日，国泰君安第一只参照公募基金运作的大集合产品国泰君安君得明开放申赎，首日募集 121.61 亿元；中信证券第二只大集合参公产品红利价值首日募集超过 40 亿元。除业绩表现较为优异的原因外，大集合改造后投资门槛由 5 万元大幅降低至 1 000 元，也为转公大集合的火爆募集提供了动力。《指引》的落地将大集合纳入公募基金的监管体系，正式终结大集合非公非私的身份，有利于资产管理行业的规范发展；引入券商资产管理作为公募基金的竞争者，充分发挥券商在投研领域的优势，转型主动管理。

券商发挥经纪资产管理业务联动优势，助力财富管理转型。相对于公募基金，券商有广泛的营业部基础，经纪业务在 C 端积累了大量客户，大集合公募化改造后投资门槛大幅降低，有利于原本致力于高净值客户的券商资产管理打开普惠金融市场，服务更加广泛的大众群体。券商结合自身投研优势，助力资产管理业务在权益、固收、衍生品等领域的投资标的筛选，为不同风险偏好的客户提供财富管理服务。

券商积极申请公募牌照，涉水公募领域。相对于公募银行理财 1 万元的起点，券商资产管理的投资门槛仍然偏高。考虑到资管新规及配套文件的精神，公募产品在向下穿透、多层嵌套等方面均有优势，"金融机构＋公募牌照"成为政策青睐的配置方向。因此，获取公募牌照对于券商财富管理转型依然意义重大。

受限于"一参一控"的限制，目前仅有13家证券公司获得公募牌照，五矿证券于2019年11月25日向证监会递交公募牌照申请材料，华西证券筹备申请设立公募基金公司，券商涉水公募领域热情不减。

## 七、中国国家主权基金

### （一）全国社保基金

全国社会保障基金于2000年8月设立，是国家社会保障储备基金，由中央财政预算拨款、国有资本划转、基金投资收益和国务院批准的其他方式筹集的资金构成，专门用于人口老龄化高峰时期的养老保险等社会保障支出的补充、调剂，由全国社会保障基金理事会（简称"社保基金会"）负责管理运营。

全国社会保障基金与地方政府管理的基本养老、基本医疗等社会保险基金是不同的基金，资金来源和运营管理不同，用途也存在区别。社会保险基金包括基本养老保险基金、基本医疗保险基金、工伤保险基金、失业保险基金和生育保险基金。

全国社会保障基金理事会是财政部管理的事业单位，作为基金投资运营机构，不明确行政级别。全国社会保障基金理事会贯彻落实党中央关于全国社会保障基金投资运营工作的方针政策和决策部署，在履行职责过程中坚持和加强党对全国社会保障基金投资运营工作的集中统一领导。主要职责是：①管理运营全国社会保障基金。②受国务院委托集中持有管理划转的中央企业国有股权，单独核算，接受考核和监督。③经国务院批准，受托管理基本养老保险基金投资运营。④根据国务院批准的范围和比例，直接投资运营或选择并委托专业机构运营基金资产。定期向有关部门报告投资运营情况，提交财务会计报告，接受有关部门监督。⑤定期向社会公布基金收支、管理和投资运营情况。⑥根据有关部门下达的指令和确定的方式拨出资金。⑦完成党中央、国务院交办的其他任务。⑧职能转变。全国社会保障基金理事会要适应新的职责定位，切实转变职能，作为投资运营机构，履行好基金安全和保值增值的主体责任。

2019年年底，社保基金资产总额26 285.66亿元。其中：直接投资资产10 410.17亿元，占社保基金资产总额的39.60%；委托投资资产15 875.49亿元，占社保基金资产总额的60.40%。境内投资资产23 668.69亿元，占社保基金资产总额的90.04%；境外投资资产2 616.97亿元，占社保基金资产总额的9.96%。

2019年年底，社保基金负债余额2 060.06亿元，主要是社保基金在投资运营中形成的短期负债。2019 年年底，社保基金权益总额为 24 225.60 亿元，包括：全国社保基金权益 21 376.51 亿元，其中，累计财政性净拨入 9 595.82 亿元，累计投资增值 11 780.69 亿元（其中累计投资收益 11 027.18 亿元，基金公积和报表折算差额合计 753.51 亿元）。个人账户基金权益 1 571.37 亿元，其中，委托本金余额 925.82 亿元，累计投资收益余额 645.55 亿元。地方委托资金权益 1 277.72 亿元，其中，委托本金余额 1 000 亿元，累计投资收益余额 277.72 亿元。

投资业绩方面。2019 年，社保基金权益投资收益额 2 917.18 亿元，投资收益率 14.06%。其中，已实现收益额 944.80 亿元（已实现收益率 4.64%），交易类资产公允价值变动额 1 972.38 亿元。社保基金自成立以来的年均投资收益率 8.14%，累计投资收益额 12 464.06 亿元。

财政拨入全国社保基金情况。2019 年，财政性拨入全国社保基金资金 464.93 亿元，其中：中央财政预算拨款 100 亿元；彩票公益金 364.49 亿元注；国有股减持资金 0.44 亿元。截至 2019 年年底，财政性拨入全国社保基金资金和股份累计 9 616.50 亿元，其中：中央财政预算拨款 3 398.36 亿元，国有股减转持资金和股份 2 843.51 亿元（减持资金 971.39 亿元，境内转持股票 1 028.57 亿元，境外转持股票 843.55 亿元），彩票公益金 3 374.63 亿元。扣除实业投资项目上市时社保基金会作为国有股东履行减持义务累计减少国有股 13.88 亿元，以及用于四川地震灾区工伤保险金补助财政调回 6.80 亿元，财政性净拨入全国社保基金累计 9 595.82 亿元。

### （二）中投公司

中国投资有限责任公司（简称“中投公司”）成立于 2007 年 9 月 29 日，公司总部设在北京，注册资本金为 2 000 亿美元。中投公司是依照《中华人民共和国公司法》设立的主权财富基金，组建宗旨是实现国家外汇资金多元化投资，在可接受风险范围内实现股东权益最大化，以服务于国家宏观经济发展和深化金融体制改革的需要。

中投公司定位在中国与世界之间架设投资合作的桥梁：立足中国、面向世界，是中投公司的一个独特优势。中投国际和中投海外始终坚持国际化、市场化、专业化运作，积极拓展“中国视角”投资，注重从“中国视角”挖掘项目、实施价值创造。按照互利共赢和商业化原则，积极参与“一带一路”建设，先后搭建中美、中日双边基金，研究筹建中法、中英等双边基金，跨境双向投资合作迈出新步伐。坚持“走出去”和“引进来”相结合。充分利用自身平台和网络资源，担当国内企业对外投资的伙伴和国外企业投资中国的顾问。积极构建多维度的跨境投资生态系统，成功举办中投论坛、中美产业合作峰会、中日产业合作论坛等活动，为跨境双向投资提供交流合作新平台。

中投公司下设三个子公司，分别是中投国际有限责任公司（以下简称“中投国际”）、中投海外直接投资有限责任公司（以下简称“中投海外”）和中央汇金投资有限责任公司（以下简称“中央汇金”）。中投公司的境外投资和管理业务分别由中投国际和中投海外承担。中投国际和中投海外均坚持市场化、商业化、专业化和国际化的运作模式。中投国际于 2011 年 9 月设立，承接了中投公司当时所有的境外投资和管理业务。中投国际开展公开市场股票和债券投资，对冲基金、多资产和房地产投资，泛行业私募（含私募信用）基金委托投资、跟投和少数股权财务投资。中投海外于 2015 年 1 月成立，是中投公司对外直接投资业务平台，开展直接投资和多双边基金管理。中央汇金根据国务院授权，对国有重点金融企业进行股权投资，以出资额为限代表国家依法对国有重点金融企业行使出资人权利和履行出资人义务，实现国有金融资产保值增值。中央汇金不开展其他任何商业性经营活动，不干预其控参股的国有重点金融企业的日常经营活动。中投国际和中投海外开展的境外业务之间，以及与中央汇金开展的境内业务之间实行严格的“防火墙”措施。

中投公司发布的《2019 年年度报告》显示，截至 2019 年年底，中投公司总资产 1 045 亿美元（约 6.8 万亿元），净资产 9 469 亿美元，净利润 110 亿美元，经营实现稳中有升。中投公司 2019 年境外投资净收益率为 17.41%，投资收益额 422 亿美元，过去十年累计年化净收益率为 6.60%，截至 2019 年年底，中央汇金受托管理的国有金融资本约 4.78 万亿元人民币。此外，中央汇金 18 家控参股机构总资产 134 万亿元人民币，同比增长 8.9%。

## 八、QDLP 与 QFLP 及海外资产管理人和海外资产管理资金

中国经济的快速发展，吸引了海外的资产管理领域的资金进入中国，同时也吸引了海外的资产管理管理人进入中国，在中国从事资产管理业务。海外资产管理人进入中国的方式：一是可以通过在中国注册管理机构在中基协备案，成为中国注册的私募基金管理人。二是可以通过证监会的审批，成为中国设立的公募基金管理人；可以在中国境内募集资金，进行中国所允许的境内外的投资，包括可以申请合格境内机构投资者（Qualified Domestic Institutional Investor, QDII）额度，换汇投资于海外。三是可以通过合资参与信托公司、银行理财子公

司、保险资产管理公司,参与中国资产管理市场。四是试点的 QDLP,海外的资产管理人可以通过上海 QDLP,非公开募集人民币资金、换汇投资海外。

海外资产管理领域的资金进入中国的方式:如投资国内证券市场,2019 年 9 月,国家外汇管理局取消 QFII 和 RQFII 的投资额度限制,海外机构可以更容易进入中国证券市场;如投资股权领域,如果不考虑在中国设立主体,可以通过外商直接投资(Foreign Direct Investment,简称 FDI)的形式进入中国;如果海外资产管理机构重视中国市场,可以在中国设立机构和团队,申请上海 QFLP,进行中国境内的股权投资。外商投资权投资企业(QFLP)于 2011 年在上海试点,截至 2020 年 10 月底,上海 QFLP 规模 124 亿美元。此外,合格境内有限合伙人(QDLP)于 2013 年 7 月在上海试点,上海 QDLP 获批试点外汇额度共 50 亿美元。

与我国规模庞大的理财规模相比,QDLP 和 QFLP 的实际金额非常有限,但对我国资产管理行业后续的全球开放管理具有重大的示范意义。QDLP 试点吸引了国际知名的大型对冲基金及资产管理机构,呈现出申请主体资质优、全球地区覆盖广、基金产品多样化等特点。QFLP 试点也吸引了资产管理规模全球领先的股权投资管理机构,境外的主权基金、养老基金、校园基金等优质资金通过 QFLP 试点投入到中国医疗器械与生物医药科技、人工智能、互联网与信息科技等实体领域,支持了我国高端产业的发展。

除了 QDLP 和 QFLP 外,外商独资企业私募基金管理人(Whole Foreign Owned Enterprise Private Fund Management,简称 WFOE PFM)资格,即允许外资在境内设立基金、境内募集资金、境内投资,不涉及跨境资本流动,是我国资本市场对外开放承诺的具体举措。国际资产管理在中国内地设立 WFOE PFM 分两步走,第一步是成立外商独资企业(Wholly Foreign Owned Enterprise,简称 WFOE),第二步是在基金业协会登记为私募基金管理人,且登记完成后 6 个月内必须备案首只基金产品。截至 2020 年 10 月底,在中基协备案的 30 家外商独资的私募证券投资基金管理人(WFOE PFM)中有 28 家落户上海。

## 九、金融科技

2019 年 8 月,中国人民银行印发《金融科技(FinTech)发展规划(2019—2021 年)》(银发〔2019〕209 号,简称《金融科技规划》)。《金融科技规划》指出,金融科技是技术驱动的金融创新。金融业要秉持“守正创新、安全可控、普惠民生、开放共赢”的基本原则,充分发挥金融科技赋能作用,推动我国金融业高质量发展。

《金融科技规划》提出，到2021年，建立健全我国金融科技发展的“四梁八柱”，确定了六方面重点任务。一是加强金融科技战略部署，从长远视角加强顶层设计，把握金融科技发展态势，做好统筹规划、体制机制优化、人才队伍建设等工作。二是强化金融科技合理应用，以重点突破带动全局发展，规范关键共性技术的选型、能力建设、应用场景以及安全管控，全面提升金融科技应用水平，将金融科技打造成为金融高质量发展的“新引擎”。三是赋能金融服务提质增效，合理运用金融科技手段丰富服务渠道、完善产品供给、降低服务成本、优化融资服务，提升金融服务质量与效率，使金融科技创新成果更好地惠及百姓民生，推动实体经济健康可持续发展。四是增强金融风险技防能力，正确处理安全与发展的关系，运用金融科技提升跨市场、跨业态、跨区域金融风险的识别、预警和处置能力，加强网络安全风险管控和金融信息保护，做好新技术应用风险防范，坚决守住不发生系统性金融风险的底线。五是强化金融科技监管，建立健全监管基本规则体系，加快推进监管基本规则拟订、监测分析和评估工作，探索金融科技创新管理机制，服务金融业综合统计，增强金融监管的专业性、统一性和穿透性。六是夯实金融科技基础支撑，持续完善金融科技产业生态，优化产业治理体系，从技术攻关、法规建设、信用服务、标准规范、消费者保护等方面支撑金融科技健康有序发展。

### (一) 金融科技赋能资产管理行业

国际证监会组织(International Organization of Securities Commissions，简称IOSCO)于2017年2月发布《金融科技研究报告》，将金融科技的发展历程划分为三个阶段。金融科技1.0的标志是金融机构内设IT机构，用来提高金融机构的运营效率，比较典型的是银行的信贷系统、清算系统。金融科技2.0的标志是移动云联网的应用，比较典型的是移动支付、普惠金融、云联网保险等。金融科技3.0的标志是IT新技术，例如大数据、云计算、人工智能、区块链等与金融紧密结合，在信息采集、投资决策、风控等方面带来传统金融的变革，比较典型的是大数据征信、智能投顾、供应链金融等。

随着金融科技进入3.0时代，对金融业特别是资产管理行业带来内生性改变，随着云计算、大数据技术的成熟以及区块链的出现和人工智能的发展，金融科技通过技术驱动金融产品创新，拓宽金融服务的各个维度，向普惠金融和智慧金融又前进了一大步。通过科技手段，长尾的客户人群被挖掘纳入金融机构服务范畴，突破了传统金融的界限，带来了改善客户体验、提升服务效率、降低交易成本等诸多优势。

在资产管理行业，运用大数据、人工智能等先进的数字科技全方位提升资产管理机构的金融产品设计能力、销售交易能力、资产管理能力和风险评估能力等，智能化趋势使资产管理行业的供求关系更加融合。

在毕马威(KPMG)和金融科技投资公司H2 Ventures联合发布的2019年全球金融科技100强榜单中，中国共有10家金融科技公司或科技企业上榜，蚂蚁集团排名第一，京东数科、度小满金融均进入前十，分别位列榜单中的第三位和第六位。同时，位列榜单的还有陆金所、平安集团旗下金融壹账通、WeLab集团、众安在线等。

金融科技对资产管理公司的重要性在提升，其功能主要体现在以下三个方面。

1. 净值化转型催生运营体系的建设进程

过去资产管理行业多数依赖于强大的客户渠道和产品刚兑发行，导致资产管理能力及相关科技系统未有效进化。产品长期按"类存款"方式销售、销售系统按"刚兑模式"设计、投资大量以"类贷款"方式进行，弱化了资产管理机构的择时交易能力、市场风险管理能力及相应IT系统支持能力。在资产管理新规监管框架下，各类资产管理机构需要磨练净值化管理下对高时效性和高精准性的要求，加强估值核算及清算系统建设。资产管理新规的落地，使资产管理行业的生态环境发生了巨大改变，各个业务环节都需要重塑作业模式和业务流程，各个业务系统也需要重构，整体科技架构需要重新设计。

2. 通过金融科技实现信息融通和业务协同

基金管理公司等资产管理机构前期由于科技人员不足，系统建设多由各个业务部门主导采购相应的系统，在实现快速上线的同时，也造成了数据割裂、系统扩展性差等问题。面临不同业务对接需求时，多以拼接式系统实现对接，导致了以下几个难题：一是无法实现统一资产管理和统一风控；二是流程被人为切割，信息流、资金流和业务流较难协调；三是数据一致性较难得到保证等。这些问题有待金融科技赋能实现信息的融通与业务的协同。

3. 运用金融科技手段实现产品创新

目前，资产管理机构的IT系统以采购为主，基本形成以恒生为主的投资交易系统、衡泰为主的风险绩效管理系统、赢时胜和恒生为主的估值核算系统、恒生和金证为主的注册登记系统的系统架构。这样同质化的系统部署，无法有效发挥资产管理机构的业务特长。同时，由于对系统采购厂商支持依赖程度高，需要通过构建资产管理机构个性化、差异化的基础设施和科技手段，实现核心业务、特色业务的自主研发、自主可控能力，延伸未来业务创新能力和拓展能力。

**（二）资产管理中金融科技的基础场景**

资产管理行业除销售场景之外，涉及金融科技的领域主要包括：数据信息、信息安全、风控合规等，金融科技机构与资产管理机构的合作主要在合规、风控和业绩评价、交易和数据、费用和效率、教育培训、客户和网络安全等七个关键领域平台。基于现有信息，梳理代表机构如表 3-18 所示。

**表 3-18 部分金融科技服务供应商**

| 类别 | 海外 | 中国 | 上海 |
|---|---|---|---|
| 数据信息 | 彭博、汤森路透 | 大智慧 | 万得、路闻卓立 |
| 资产管理系统 | | 恒生电子(杭州) | |
| 风控合规 | | 恒生电子、金正 | |
| 交易系统 | | 恒生电子 | |
| 估值清算 | | 赢时胜(深圳) | |
| 财务系统 | | 用友(深圳) | |
| 信息安全 | | 启明星辰(北京) | 上海观安 |
| 第三方支付 | 苹果支付、PayPal | 支付宝(杭州)、财付通(深圳) | 银联、通联、快钱、东方付通等 |
| 销售(含第三方) | | 蚂蚁集团，腾讯平安集团、券商 | 浦发银行、国泰君安、好买基金销售、东方财富、汇添富基金 |
| 智能投顾 | 摩根大通 | 招商银行 | |
| 基金评级 | 晨星 | 晨星中国(深圳)银河证券 | 上海证券 |

资料来源：华宝证券研究创新部

注：资管新规之后，资产管理行业均需净值化管理，因此在资产管理行业，估值系统有替代财务系统的趋势。

## 第三节 中国资产管理相关的自律组织机构

### 一、中国银行业协会

中国银行业协会(China Banking Association，简称 CBA)成立于 2000 年 5 月，是经中国人民银行和民政部批准成立，并在民政部登记注册的全国性非营利社会团体，是中国银行业自律组织。2003 年中国银监会成立后，中国银行业协会主管单位由中国人民银行变更为中国银监会。2018 年 3 月，中国银行保险监督管理委员会成立后，中国银行业协会主管单位由中国银监会变更为中国银行保险监督管理委员会。凡经业务主管单位批准设立的、具有独立法人资格的银行业金融机构（含在华外资银行业金融机构）和经相关监管机构批准、具有独立法人资格、在民政部门登记注册的各省（自治区、直辖市、计划单列市）银行业协会以及相关监管机构批准设立，具有独立法人资格的依法与银行业金融机构开展相关业务合作的其他类型金融机构，以及银行业专业服务机构均可申请加入中国银行业协会成为会员单位。

截至 2019 年 10 月，中国银行业协会共有 728 家会员单位、32 个专业委员会。会员单位包括开发性金融机构、政策性银行、国有大型商业银行、股份制商业银行、城市商业银行、民营银行、农村信用社、农村商业银行、金融租赁公司、汽车金融公司、货币经纪公司、消费金融公司、金融资产管理公司、外资金融机构、新型农村金融机构、中国银联、银行业信贷资产登记流转中心有限公司、银行业理财登记托管中心有限公司、其他金融机构、各省（自治区、直辖市、计划单列市）银行业协会等。

中国银行业协会以促进会员单位实现共同利益为宗旨，履行自律、维权、协调、服务职能，维护银行业合法权益，维护银行业市场秩序，提高银行业从业人员素质，提高为会员服务的水平，促进银行业的健康发展。

## 二、中国信托业协会

中国信托业协会（China Trustee Association，简称 CTA）成立于 2005 年 5 月，是全国性信托业自律组织，是经原中国银行业监督管理委员会同意并在中华人民共和国民政部（以下简称“民政部”）登记注册的非营利性社会团体法人。现接受业务主管单位中国银行保险监督管理委员会（以下简称“中国银保监会”）和社团登记管理机关民政部的指导、监督和管理。

中国信托业协会的宗旨：协会以促进会员单位实现共同利益为宗旨，遵守宪法、法律、法规和国家政策，依据《中华人民共和国信托法》《中华人民共和国银行业监督管理法》等法律法规，认真履行自律、维权、协调、服务职能，发挥相关管理部门与信托业间的桥梁和纽带作用，维护信托业合法权益，维护信托业市场秩序，提高信托业从业人员素质，提高为会员服务的水平，促进信托业的健康发展。

## 三、中国证券业协会

中国证券业协会(Securities Association of China,简称 SAC)是依据《中华人民共和国证券法》和《社会团体登记管理条例》的有关规定设立的证券业自律性组织,属于非营利性社会团体法人,接受中国证监会和国家民政部的业务指导和监督管理。

中国证券业协会成立于 1991 年 8 月 28 日。协会在中国证监会的监督指导下,团结和依靠全体会员,切实履行“自律、服务、传导”三大职能,在推进行业自律管理、反映行业意见建议、改善行业发展环境等方面做了一些工作,发挥了行业自律组织的应有作用。

协会的宗旨是:在国家对证券业实行集中统一监督管理的前提下,进行证券业自律管理;发挥政府与证券行业间的桥梁和纽带作用;为会员服务,维护会员的合法权益;维持证券业的正当竞争秩序,促进证券市场的公开、公平、公正,推动证券市场的健康稳定发展。

## 四、中国证券投资基金业协会

中国证券投资基金业协会(Asset Management Association of China,简称 AMAC)成立于 2012 年 6 月 6 日,是依据《中华人民共和国证券投资基金法》和《社会团体登记管理条例》,经国务院批准,在国家民政部登记的社会团体法人,是证券投资基金行业的自律性组织,接受中国证监会和国家民政部的业务指导和监督管理。根据《证券投资基金法》,基金管理人、基金托管人应当加入协会,基金服务机构可以加入协会。

协会主要职责包括:教育和组织会员遵守有关证券投资的法律、行政法规,维护投资人合法权益;依法维护会员的合法权益,反映会员的建议和要求;制定和实施行业自律规则,监督、检查会员及其从业人员的执业行为,对违反自律规则和协会章程的,按照规定给予纪律处分;制定行业执业标准和业务规范,组织基金从业人员的从业考试、资质管理和业务培训;提供会员服务,组织行业交流,推动行业创新,开展行业宣传和投资人教育活动;对会员之间、会员与客户之间发生的基金业务纠纷进行调解;依法办理非公开募集基金的登记、备案;协会章程规定的其他职责。

## 五、中国保险资产管理业协会

中国保险资产管理业协会(Insurance Asset Management Association of

China，简称 IAMAC）成立于 2014 年 9 月，是经国务院同意，民政部批准，中国银保监会直接领导，保险资产管理行业自愿结成，专门履行保险资产管理自律职能的全国性金融自律组织。目前，协会会员涵盖中国金融市场所有细分领域。

协会秉承“竭诚服务监管、贴身服务会员”宗旨，发挥市场主体和监管部门之间的桥梁和纽带作用，面向参与保险资产管理业务的各类机构，实施行业自律，促进合规经营，规范市场秩序；提供行业服务，研究行业问题，深化交流合作；制定行业标准，健全行业规范，提升行业服务水平；推动业务创新，加强教育培训，提升行业竞争力；强化沟通协调，营造良好环境，维护行业合法权益，推动保险资产管理业持续稳定健康发展。

协会立足于市场需要和行业发展，履行自律、服务、创新、维权四大职能，依托市场平台、凝聚行业力量、整合行业资源、形成行业合力，以建设市场化、专业化、国际化和科技化的金融自律组织为目标，致力于成为提升行业能力、引导行业创新、推动行业发展的重要力量。

## 第四节　中国与国际资产管理行业比较

### 一、国际资产管理行业发展对中国的借鉴

全球资产管理行业的发展呈现出的几个特点，可为中国资产管理行业发展提供经验借鉴。

一是资产管理行业面临规模增长但利润空间下降的局面。波士顿咨询公司数据显示，近 5 年来全球资产管理行业的管理资产规模保持了 6%的平均年复合增长率，但巨头资产管理机构的平均税前毛利率却在逐年下降。主要原因是管理费率的持续下降，被动投资规模的增长，科技投入产生巨大成本，以及监管成本的上升。

二是“赢家通吃”“精品胜出”的趋势明显。具有规模效应和品牌知名度、产品服务水平的大型综合资产管理机构和在某一领域有专长，能够提供独特服务的精品资产管理机构在竞争中处于优势地位，而中等规模、中等管理能力的资产管理机构生存空间受到挤压。

三是丰富的产品和策略起到吸引增量资金的重要作用。客户对于不同类型产品的需求与日俱增，领先资产管理机构在持续巩固自身优势产品和策略的同

时,均在为客户提供更贴近需求的完整产品和策略图谱。

四是销售和服务所带来的价值日益突出。出色的投资业务和合理的管理费率逐渐演变成资产管理机构吸引资金的重要条件。销售和服务所带来的价值日益突出,渠道实力、品牌形象、服务质量等因素对资产管理公司扩大资产规模、提升盈利能力发挥重要作用。

## 二、中国资产管理行业未来提升与发展空间

中国现代资产管理行业,相较欧美国家地区,由于起步晚,资产管理行业存在一定的不足和差距。

### (一) 监管统一框架明确但细则有创新发展空间

前期,由于缺乏较为统一、完善的监管制度,一定程度上制约了我国资产管理行业的发展。2001 年《信托法》和随后《证券投资基金法》发布,使多年发展的"受人之托,代客理财"具有了一定的法律基础。2012—2017 年为资产管理大发展时期,由于多头监管、标准不一,行业增长迅速但风险隐现。2018 年之后资管新规强调净值化、去刚兑、防套利,回归理财本源,为资产管理行业发展厘清了原则,起到了纠偏守正的作用;同时资管新规限定了约一年半的过渡期安排,至 2020 年年底过渡期结束。但是 2020 年面临疫情不确定性,2020 年 7 月 31 日,中国人民银行、银保监会等部门发布有关《优化资管新规过渡期安排 引导资管业务平稳转型》公告,把资管新规过渡期延长至 2021 年年底。

显然,当前监管框架已经明确,体系化的监管制度初现效果。但由于细则未出台,不同金融机构的理解标准和整改力度不同,尤其在资产管理行业中占重要成分的私募资产管理领域如何规范发展,还处于模糊地带。对资产管理所主要投资的市场,监管尺度和惩罚措施还需进一步加强。

因此,未来中国资产管理行业的监管,需要更加注重对于资产管理业务细则的把控与制定,对于符合规定的金融产品应鼓励发展,尤其是标准化和净值化的金融产品。为预防短期可能出现浮亏等现象,应对全社会进行一定的预期教育。此外,不同监管部门在制定监管细则时,监管标准尽量协同,对于行业转型发展给予更多包容。

### (二) 金融机构专业投资管理能力尚需提升

中国投资管理人的专业和职业素养,与国际机构相比有一定差距。从业人员素质较为薄弱,银行、基金、保险、券商等机构的资产管理业务整体上还处于客

户服务模式的探索阶段，还需有成熟的资产管理业务观念与人才培训体系。

行业龙头品牌尚未建立，机构繁多，行业集中度不高，良莠不齐，投资能力未经过市场周期检验，一些不规范的投资管理行为，更加深了客户和监管对行业的负面印象。

资产管理产品模式粗放，固定收益型和通道型产品规模占比较高，整体资产管理能力偏弱。家庭或机构投资者的可投资选择范围偏窄，难以实现充分的配置与风险对冲。

机构和人才的国际化程度不足。以上海为例：上海在吸引海外人才方面全国领先，2018 年在受到调研的约 33 万的金融从业人员中，具有海外学历人员共 2.44 万人，占在岗职工总数的 8.71%。获得国内职业水平认证的人数仅为 1.22 万人，仅占在岗职工总数的 4.36%；获得国外职业水平认证的人数仅为 7 192 人，占在岗职工总数的 2.56%。港澳台和外籍人员仅 2 163 人，其中 1 141 人来自港澳台地区，1 022 人为外籍人员。以上反映我国的金融人才国际化程度还不够深。

### （三）金融要素市场未来有较大发展空间

国内优质的权益和债券标的与海外相比，仍显得较少，尤其是资本市场的交易规则国际化程度不足。具体表现在：第一，国内无风险收益的基准在全球市场认可度较低，虽然刚性兑付已经明显减少，但是部分金融产品依旧规则不完善，扭曲了市场定价机制，风险溢价难以确定；第二，由于前期刚兑的存在，导致金融产品的收益高于实体企业利润率，价格信号误导因素较多，导致目前金融市场资产错配较多，直接影响到实体经济的发展；第三，我国当前的商品期货和金融衍生品的不足导致风险对冲工具不足；第四，目前，国内外汇管制状态的持续，导致投资管理产品的创设和管理配置存在一定的局限性，不利于资产的配置，不能充分发挥资产管理对投资人资产增长和对经济的促进作用。

现代资产管理的标志是法治化、专业化、市场化。目前，中国资产管理行业的国际化程度正在逐步提升；未来，法治化方面需要制定边界清晰的资产管理上位法，实施有效的市场监督机制、保证资本市场功能的实现、保护投资者的合法权益。专业化方面，需要专业的资产管理服务定位于受人所托，代人理财的信托责任，实现有效的价值发现，为投资者提供合适、合理、合规的资产配置产品和方案。市场化方面，市场化风险定价机制、投资者自担市场风险、成熟高效的资本市场、提供具有投资价值的标的。

### （四）成本优势有待进一步提升

资产管理机构代表投资人利益，既追求资产的流动性，也追求资产的回报率，较高的税收体制不利于资管行业发展。因此资产管理机构选择哪里建立机构、配置资产，在很大程度上取决于对成本的考量。目前，内地与全球地区和城市相比，企业成本还有优化的空间(见表3-19)。

表3-19　全球各国、各地区企业成本对比

| 地区 | 公司所得税税率 | 业主缴纳社会保险税率 | 个人所得税税率 | 雇员缴纳社会保险税率 | 间接税率 |
|---|---|---|---|---|---|
| 美国 | 27% | 7.65% | 37% | 7.65% | 0 |
| 英国 | 19% | 13.8% | 45% | 2% | 20% |
| 新加坡 | 17% | 17% | 22% | 20% | 7% |
| 中国香港 | 16.5% | 0 | 15% | 0 | 0 |
| 中国内地 | 25% | 32.9% | 45% | 10.5% | 17% |

资料来源：人民银行、银保监会、证监会、发改委、证券业协会、华宝证券研究创新部

此外，各国际资产管理中心城市还纷纷出台支持金融业务发展的税收优惠政策。如：纽约对于金融行业的企业提供了员工工资6.85%的税收返还，部分企业还可享受房产税返还；伦敦对于资本利得实行了税收减免、抵免和费用扣除等优惠政策；新加坡对经核准的相关业务实行8%的企业所得税。这些税收优惠政策在很大程度上促进金融业务在这些地区的发展。

### （五）从投资者角度，投资者教育未来进步空间巨大

在投资者教育层面，投资者还需进一步端正理财价值观。对于零售客户，尚未树立正确的投资理财价值观，大部分个人投资者把投资理财产品作为银行存款的升级版，尚未能科学、准确地理解投资中风险与收益的关系，未能有效甄别产品机构的合规性和风险度。金融类的机构客户，如银行、保险机构、基金会等海外主要的机构投资者，对于投资管理人的选择方法、资产的配置、风险调整后的收益评估，尚处于初期阶段。

## 三、中国资产管理行业发展面临的机遇

中国资产管理行业，整体增长快、体量较大，具有一定的后发优势。中国资产管理市场增长的主要驱动因素：一是客户需求，二是规范发展，三是技术提升。

### （一）从需求视角看：中国资产管理市场潜力巨大

从宏观角度看，金融供给侧结构性改革和社会财富积累为财富管理市场发展提供了历史机遇。从资金供给端看，居民财富积累相伴而生的资产配置需求为资产管理提供了强大内驱动能，从资金需求端看，我国经济深化供给侧结构性改革为资产管理市场发展壮大提供了优厚的土壤环境，资产管理行业也面临着资本总量、结构优化、普惠金融等方面的新需求。

伴随资管新规实施，资产管理行业的边界逐渐明确，未来养老金增长、银行理财子公司携巨大存量诞生，中国资产管理行业，将对全球资产管理行业的规模和机构的排序产生巨大和积极的影响。

### （二）从规范发展看：各类金融机构公平竞争

中国资产管理行业刚刚进入规范发展初期，市场格局尚未固化，还没有进入像欧美市场那样的头部集中的阶段，各类机构均有一定的胜出机会。

中国的银行和保险资管优势在于品牌和庞大的零售渠道，国内的公募基金优势在于吸引人才的机制灵活、了解市场和监管环境、投资能力强、金融科技发展领先，海外全球性机构优势在于全球配置能力强、专业程度高。

投资能力方面，全球性机构在资产配置、风险管理方面优于中国机构。中国的资产管理机构通常在不同的资金池里进行权益和固定收益的投资，没有跨部门进行资产战略配置或对客户提供定制化的资产配置建议。另外，净风险调整回报的理念，在中国还比较陌生，风险管理还是后台部门的功能。

国外资产管理机构投资和风险管理的经验，有助于其赢得年金、银行、保险等需要委外管理资产的机构客户。中国资产管理机构在被动投资方面的能力尚不足，被动投资（包括 ETFs，不包括货币市场基金）在中国公募资产管理总规模中仅占 13%。相对，被动投资在美国占约 35%的比例。伴随越来越多的机构认识到 Alpha 策略和 Beta 策略差不多，对 Beta 策略产品如 ETFs 的需求将爆发。富有 ETF 市场经验和 ETF 生态系统优势地位的国外资产管理机构将有机会在此领域获得成功。

### （三）从市场容量看：中国金融市场可容纳资产规模大

从投资机会来讲，中国作为新兴市场，经济增长速度高于欧美日等发达国家，巨大的市场和众多迅速增长的新兴企业，提供了大量的投资增值机会，也吸引了全球主要资产管理资产的参与和分享。中国吸引外资额位居全球第二，成为外商投资主要目标地，吸引着全球的资金。

**（四）从监管政策看:制度红利未来依旧**

资产管理新规对资产管理行业的格局重塑。资产管理新规的核心内容是要求实现资产管理产品的净值化管理，打破各种形式的刚性兑付，打击监管套利，对资产管理行业带来转折性变革。未来，风险内聚的通道类将大幅减少，真正考验机构的资产管理能力，有利于减低杠杆，减少系统性风险，形成和完善资本市场风险定价机制，虽然短期影响偏负面，但监管加强，避免发生系统性风险，有助于为资产管理行业的长期健康发展打下基础。在资产管理新规的监管框架下，使金融机构资金来源发生结构调整，资产管理竞争格局面临变化，对主动管理能力要求提高，优质的资产管理人、投资顾问、具有产品评价能力的专业人才的市场地位凸显。伴随资产配置的理念与做法的普及，专业的资产管理机构的壮大也有助于资本市场功能的健全和完善，从而进一步促进资产管理行业的成熟发展。

2018 年以来中国金融业包括资产管理行业对外开放加速，出台了一系列扩大开放的政策措施，上海自贸试验区新片区的开放政策，资本项目的试点开放，都为资产管理行业的发展提供了良好的环境。中国已经允许国外资产管理人在中国设立外资全资（Wholly Foreign Owned Enterprise，简称 WFOE）的私募基金管理机构。进入 2020 年，外资持有国内公募基金管理公司股权限制已正式取消。

资产管理行业健康发展，一方面既是满足广大投资者的迫切需求，另一方面也是引导促进财富流入健康可持续发展的新兴产业，扩大直接融资，降低融资成本，对中国经济发展形成有力的支持，在监管不断提升、市场不断完善的背景下，中国资产管理市场的潜力将获得充分的发挥。

## 第五节　中国主要城市与地区资产管理行业比较分析

从国内来看，上海的金融中心和资产管理中心地位较为牢固，但也面临着北京、深圳等城市的激烈竞争。

根据 2020 年 3 月发布的第 27 期全球金融中心指数（GFCI27），上海在全球金融中心指数中排名中国第一、全球第四。上海排名上升，超过新加坡和香港，成为全球第四、亚洲第二的金融中心。在总分 1 000 的指标体系中，上海和东京、伦敦的综合得分只相差 1 分、2 分，上海的发展潜力极大，深圳和广州也进入全球前20名行列。反映出中国金融改革和对外开放所取得的成绩日渐得到国际金融界的关注与肯定。

最新一期10个中国内地金融中心城市上榜，其中，北京、上海、深圳和广州均进入全球前二十，上海位列中国内地第一，广州位列第四，其他6个内地金融中心评分与排名在100名前后，成都排名全球第七十四，保持稳定，而杭州、青岛、天津、南京和大连的排名则在第一百名左右，其中杭州分数增加明显，青岛则有所下降（见表3-20）。

表3-20　中国内地金融中心城市排名以及分数情况

| 金融中心 | 中国内地排名 | GFCI27 | | 较上期变化 | |
| --- | --- | --- | --- | --- | --- |
| | | 全球排名 | 得分 | 排名 | 得分 |
| 上海 | 1 | 4 | 740 | +1 | −21 |
| 北京 | 2 | 7 | 734 | 0 | −14 |
| 深圳 | 3 | 11 | 722 | −2 | −17 |
| 广州 | 4 | 19 | 714 | +4 | +3 |
| 成都 | 5 | 74 | 641 | −1 | +33 |
| 杭州 | 6 | 98 | 612 | +6 | +153 |
| 青岛 | 7 | 99 | 610 | −66 | −78 |
| 天津 | 8 | 100 | 609 | +2 | +81 |
| 南京 | 9 | 101 | 608 | +2 | +101 |
| 大连 | 10 | 102 | 607 | −1 | +78 |

资料来源：GFCI 27，华宝证券研究创新部

## 一、北京

从地理区位看，北京作为国家首都和中央政府部门所在地，天然是政策和理论的高地，集聚了一行两会、外汇管理局等众多国家金融监管部门，以及基金、信托、保险协会、银行间交易商协会等自律组织，国际货币基金组织（International Monetary Fund，简称IMF）、世界贸易组织（World Trade Organization，简称WTO）等国际组织代表处，为金融机构与政府之间的沟通提供了巨大便利。金融机构总部云集，汇集了主要头部的银行总部及银行理财子公司、信托、保险（资产管理）、券商、基金机构。

从城市战略规划看，北京拥有丰厚的金融资产存量和巨大的金融增量空间。

新版北京城市总体规划中，将通州城市副中心作为金融开放前沿高地和国际财富中心，2019 年，全球财富管理论坛和北京国际财富管理研究院落子通州，成立了北京国际财富中心有限公司。2019 年四大国有银行的理财子公司中的工、农、中三家注册在北京，为上海的资产管理规模添加了巨大的压力。北京具备发展具有国际竞争力的财富管理行业的独特优势和条件，并且提升金融资源配置效率，提高国民财富管理能力，是未来金融发展的新空间。

但北京作为首都，政治中心是其核心战略定位，部分资产管理人选择市场化程度更高、同时更加宜居的上海。GFCI27 金融中心和资产管理中心排名中，北京均位列上海之后。与北京相较，上海要更多争取错位发展的机会。

## 二、深圳

深圳相较上海，作为新兴城市，历史短、资产管理产业的规模小，深圳作为金融中心和资产管理中心，其市场化程度高、政府部门高效活力，“大市场、小政府”的营商环境适合有活力的金融机构的发展。

从地理区位因素看，深圳背靠粤港澳大湾区，有深交所等金融要素市场和积极的税费扶持政策，国家税务总局文件明确个税 15%以上税补，具有后发超车的势头。深圳除给予金融机构的大手笔补贴外，甚至对于在深圳组织的金融会议活动，也有相当比例的费用补贴政策。在现有资产管理机构方面，深圳拥有平安集团、中信证券、南方基金、易方达基金等领先的资产管理机构，建信理财也于 2019 年 6 月开业。

政策制度方面，信息公开透明，财政专项资金鼓励金融创新。2018 年 12 月 21 日《深圳市扶持金融业发展的若干措施》(深府规〔2018〕26 号)发布，进一步完善金融支持政策体系，吸引集聚优质金融资源，推动深圳市金融业可持续均衡发展，加快建设国际化金融创新中心。深圳措施简单明了的公示出扶持的主体、扶持情况、奖励多少、措施优惠，做到公开透明。2020 年 5 月，中国人民银行、中国银行保险监督管理委员会、中国证券监督管理委员会、国家外汇管理局发布《关于金融支持粤港澳大湾区建设的意见》(银发〔2020〕95 号)，《关于金融支持粤港澳大湾区建设的意见》围绕“促进粤港澳大湾区跨境贸易和投融资便利化”“扩大金融业对外开放”“推进粤港澳资金融通渠道多元化”等多个方面提出 26 条具体举措。2020 年 7 月 28 日，广东省地方金融监管局、人民银行广州分行、广东银保监局、广东证监局、人民银行深圳市中心支行、深圳银保监局、深圳证监局联合印发《关于贯彻落实金融支持粤港澳大湾区建设意见的实施方案》(粤金监

〔2020〕51号），共提出80条具体措施，涉及资产管理业务，诸如鼓励保险资产管理公司在粤港澳大湾区内地设立专业资产管理子公司。探索保险资产管理公司参股境外资产管理机构等在粤港澳大湾区内地设立的理财公司等内容。

资产管理业务创新层面，证监会也将与深圳市委市政府加强沟通联系，共同推动资本市场改革，大力支持深圳建设中国特色社会主义先行示范区。2019年12月24日深市首只期权产品——沪深300ETF期权（标的为嘉实沪深300ETF）上市交易，深交所沪深300ETF期权正式上市，是证监会、深交所支持深圳建设先行示范区的重大举措，对深圳加快建设国际一流金融中心城市，具有十分重要的意义。

如今，深圳正在努力打造全球一流的国际财富中心、风投创投中心、创新资本中心、现代服务业中心。

## 三、其他特色城市

青岛：经国务院同意，2014年青岛市成立财富管理金融综合改革试验区，建设"面向国际的财富管理中心城市"，在创新探索方面，实行重大突破"一事一报"，向国家层面申请60项创新试点，由国家发改委等11部委进行业务指导。在财政扶持方面，一是对新设和迁入金融机构进行补贴，最高可达1亿元，并帮助解决土地问题；二是设立创新奖项，鼓励金融创新；三是支持企业对接资本市场，补贴上市、挂牌费用；四是吸引人才，给予住房、落户等优惠。近期成功吸引光大银行的理财子公司入驻青岛，此外，2020年2月，青岛银行理财子公司获批筹建，未来理财规模超千亿。

杭州：重点打造基金小镇，完善配套服务。杭州的优势一是生活环境好；二是补贴额度高，按基金规模及投资额度进行奖励，最高可达7 500万元；三是税收优惠多，基金及其合伙人最高可获得投资额70%的税收抵扣，四是金融科技基础好，经中国人民银行同意，由中国互金协会和世界银行共同支持建设的全球数字金融中心2019年10月29日在杭州成立；五是行政管理更加友善，如杭州在资产管理公司的注册登记、LP份额质押登记等方面提供的便利，成为吸引资产管理公司的亮点。

# 第四章
# 上海资产管理行业基本情况

长期以来，资产管理行业一直是整个全球金融服务业中资金规模发展最快的领域之一，在优化金融资源配置、提升金融市场效率和推进金融工具创新等方面发挥着重要作用。作为上海国际金融中心建设的关键突破口之一，建设全球资产管理中心被纳入上海国民经济和社会发展“十三五规划”。

## 第一节　上海资产管理行业发展情况

上海的资产管理行业发展历史悠久，规模庞大。截至2020年4月底，纳入人行上海总部统计的在沪持牌资产管理机构共159家；另纳入人总行统计的系统重要性资产管理机构13家，合计在沪持牌资产管理机构172家（均为持牌金融机构）。此外，在中基协备案的私募基金管理人4 714家，管理基金23 485只。

根据不完全统计，截至2018年年底，上海资产管理机构所管理的资产管理规模约22.86万亿元（含中基协备案的私募机构），占全国110万亿元的20%；可以看出，上海占全国比重较高。从图4-1数据可知，按机构类别细分，上海的保险资产管理、公募基金、私募基金总量大、全国占比较高，均超过20%；相对而言，银行和信托的资产管理规模占比略低，约为10%（见图4-1）。

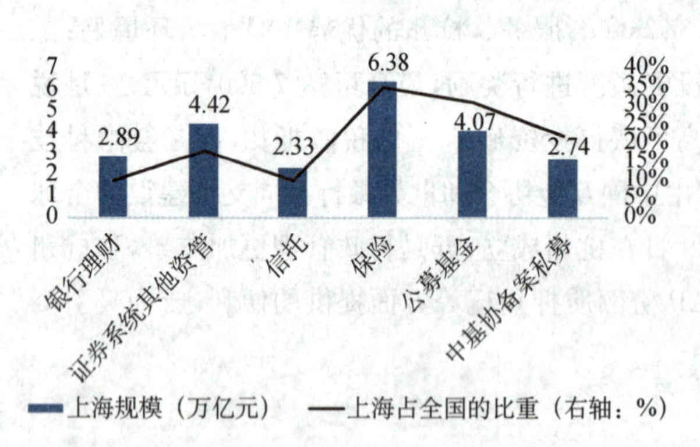


**图4-1　截至2018年年底上海资产管理行业情况及其占全国比重**

资料来源：中国证券业协会、华宝证券研究创新部

## 一、公募基金

截至2020年1季度末，我国公募市场共有基金管理机构143家，其中基金管理公司128家，取得公募基金管理资格的证券公司或证券公司资产管理子公司13家，保险资产管理公司2家，管理规模16.64万亿元，平均管理规模1 167.45亿元；从2015年一季度末到2020年一季度末为止，管理规模年增长率63.5%（注：简单增长率，2015年一季度末5.24万亿元）。

从公募基金行业前20位公司情况可以看出，行业规模最大的为注册在天津的天弘基金管理公司，规模14 571.74亿元，行业规模第10位的是工银瑞信基金管理有限公司，规模为5 565.13亿元，行业规模第20位的是交银施罗德基金管理有限公司，规模为2 763.74亿元。上海共有2家公募基金管理公司进入行业规模前10，嘉实基金管理有限公司、汇添富基金管理公司，规模分别为5 903.35亿元、5 838.88亿元；上海进入行业规模前20的还有富国基金管理有限公司、中银基金管理有限公司、华安基金管理有限公司、兴证全球基金管理有限公司、国泰基金管理有限公司、交银施罗德基金管理有限公司，其中交银施罗德基金管理有限公司（行业前20中上海最后一家）的规模为2 763.74亿元（见表4-1）。

表4-1　我国公募基金行业前20位公司概况

| 排名 | 公司名称 | 规模(亿元) | 注册地 |
|---|---|---|---|
| 1 | 天弘基金管理有限公司 | 14 571.74 | 天津 |
| 2 | 易方达基金管理有限公司 | 8 363.91 | 广东 |
| 3 | 博时基金管理有限公司 | 6 879.94 | 深圳 |
| 4 | 华夏基金管理有限公司 | 6 472.19 | 北京 |
| 5 | 南方基金管理股份有限公司 | 6 436.33 | 深圳 |
| 6 | 广发基金管理有限公司 | 6 022.89 | 广东 |
| 7 | 嘉实基金管理有限公司 | 5 903.35 | 上海 |
| 8 | 汇添富基金管理股份有限公司 | 5 838.88 | 上海 |
| 9 | 建信基金管理有限责任公司 | 5 724.62 | 北京 |
| 10 | 工银瑞信基金管理有限公司 | 5 565.13 | 北京 |
| 11 | 鹏华基金管理有限公司 | 4 499.96 | 深圳 |
| 12 | 富国基金管理有限公司 | 4 235.31 | 上海 |

（续表）

| 排名 | 公司名称 | 规模(亿元) | 注册地 |
|---|---|---|---|
| 13 | 招商基金管理有限公司 | 4 062.78 | 深圳 |
| 14 | 平安基金管理有限公司 | 4 039.24 | 深圳 |
| 15 | 中银基金管理有限公司 | 3 915.81 | 上海 |
| 16 | 华安基金管理有限公司 | 3 860.60 | 上海 |
| 17 | 银华基金管理股份有限公司 | 3 727.33 | 深圳 |
| 18 | 兴证全球基金管理有限公司 | 3 334.06 | 上海 |
| 19 | 国泰基金管理有限公司 | 3 075.80 | 上海 |
| 20 | 交银施罗德基金管理有限公司 | 2 763.74 | 上海 |

资料来源：华宝证券研究创新部

截至2019年5月末，上海辖区共有61家公募基金管理人，管理公募基金2 178只，实缴管理规模4.69万亿元，机构和规模均处于不断增长状态(见表4-2)。

**表4-2　上海地区公募基金情况(统计时间：2019年5月31日)**

| 上海辖区公募基金情况 | |
|---|---|
| 公募基金管理人(单位：家数) | 61 |
| 管理公募基金数(单位：只) | 2 178 |
| 实缴管理规模(单位：万亿元) | 4.69 |

资料来源：华宝证券研究创新部

## 二、银行理财

截至2019年12月，我国银行理财总规模中，工行管理的资产规模最大，为2.6万亿元，占据首位，较2018年的2.57万亿元，规模约提升了2.57%，其次是招商银行以及建设银行(见表4-3)。

**表4-3　2019年主要商业银行理财规模**

| 排名 | 名称 | 规模(亿元) | 注册地 |
|---|---|---|---|
| 1 | 工行 | 26 420 | 北京 |
| 2 | 招行 | 22 936 | 深圳 |
| 3 | 建行 | 19 684 | 北京 |

（续表）

| 排名 | 名称 | 规模(亿元) | 注册地 |
| --- | --- | --- | --- |
| 4 | 农行 | 19 607 | 北京 |
| 5 | 浦发 | 14 470 | 上海 |
| 6 | 兴业 | 13 110 | 福建 |
| 7 | 中行 | 12 318 | 北京 |
| 8 | 中信 | 12 001 | 北京 |
| 9 | 交行 | 10 032 | 上海 |
| 10 | 民生 | 8 940 | 北京 |
| 11 | 邮储 | 8 099 | 北京 |
| 12 | 光大 | 7 788 | 北京 |
| 13 | 华夏 | 6 522 | 北京 |
| 14 | 平安 | 5 904 | 深圳 |
| 15 | 浙商 | 3 304 | 杭州 |
| 16 | 北京银行 | 3 104 | 北京 |
| 17 | 上海银行 | 3 048 | 上海 |
| 18 | 广发银行 | 2 595 | 广州 |

资料来源：华宝证券研究创新部

2019 年 12 月底，上海地区的银行资产管理规模中，浦发银行 1.44 万亿元，交通银行 1 万亿元，上海银行约 0.3 万亿元(见表 4-4)。

**表 4-4　上海地区银行资产管理概况**

| 名称 | 资产管理规模 | 银行业排位 |
| --- | --- | --- |
| 浦发银行 | 14 470 亿元 | 全国第 5 名 |
| 交通银行 | 10 032 亿元 | 全国第 9 名 |
| 上海银行 | 3 048 亿元 | 10 名之外 |
| 上海农商行 | 1 302 亿元 | 10 名之外 |

资料来源：华宝证券研究创新部

截至 2019 年年底，上海银行理财业务余额 2.8 万亿元，全国商业银行理财产品 29.37 万亿元，上海占比 9.84%；总部注册在上海的全国性商业银行有 2 家(交通银行、上海浦东发展银行)、地方性商业银行 2 家(上海银行，上海农商行)、村镇银行 13 家；外资法人银行 21 家(见图 4-2 和图 4-3)。

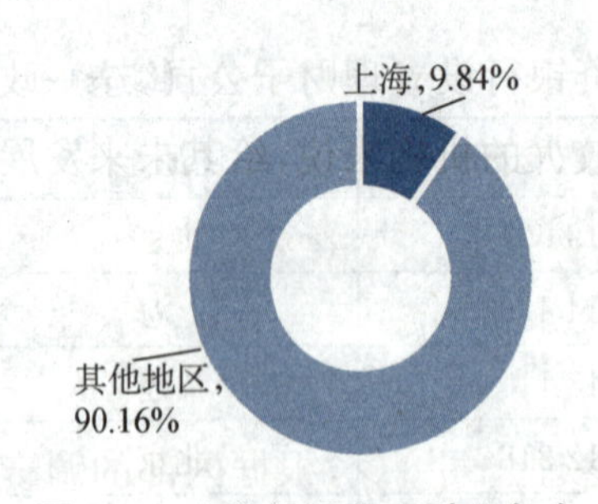


图 4-2　上海银行业理财业务余额占全国比重

资料来源:华宝证券研究创新部

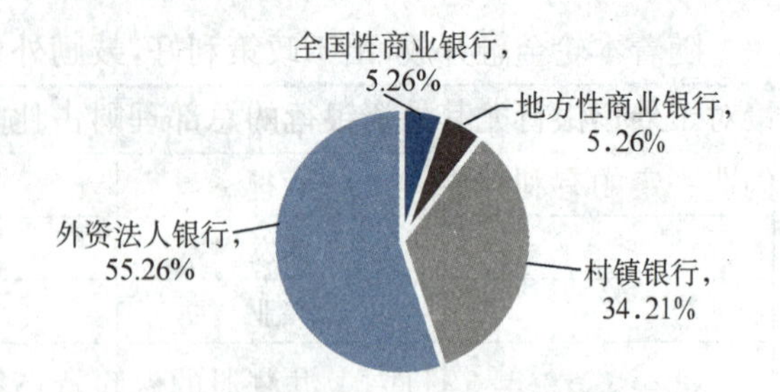


图 4-3　总部注册在上海的银行分类占比情况

资料来源:华宝证券研究创新部

注:由于占比数值四舍五入后保留小数点后两位,数值之和可能不是 100%。

### (一) 上海银行业资产概况

根据上海银保监局统计,截至 2019 年一季度末,上海银行业总资产余额 15.54 万亿元,同比增长 5.2%;各项存款余额 10.28 万亿元,同比增长 9.0%;各项贷款余额 7.61 万亿元,同比增长 9.4%;不良贷款率 0.82%,保持平稳水平(见图 4-4)。

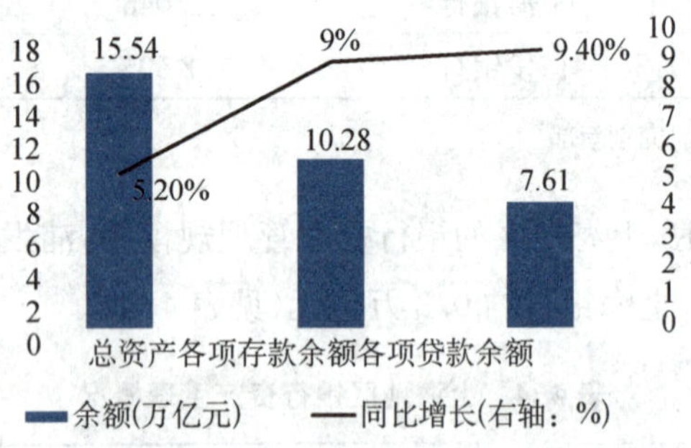


图 4-4　上海银行业总资产、存款、贷款情况

资料来源:华宝证券研究创新部

### (二) 外资法人银行发展概况

截至 2019 年 10 月末,外资银行在华共设立了 41 家外资法人银行,上海占比约 50%。值得注意的是,在本轮金融开放之前,外资银行在华的发展不尽如人意,十年间市场份额缩减近一半:据银监会数据显示,尽管外资银行自 2003 年以来在我国总资产不断增加,由 2003 年的 4 159.7 亿元增加至 2016 年的 2.93 万亿元,但其在我国银行业金融机构总资产的占比却由最高时期的 2.36%降为 2016 年度的 1.26%。此外,还有部分外资行关停在华网点或是退出零售业务,曾经一度引发对外资"撤离潮"的担忧。

随着本轮金融开放，出于政策利好，鼓励外资银行设立理财子公司，这一政策对于外资银行尤其外资银行的总部理财占比较大的机构来说，给其未来发展创造一定的有利条件。

## 三、保险资产管理

截至2019年6月底，上海注册的保险资产管理公司8家；根据内部的调查统计，截至2019年年底，上海受托管理资金余额合计6.58万亿元，按全国保险总资产规模18.52万亿元计，上海占比35%，按剔除保险公司净资产后的全国保险资产约为16.33亿元，上海占比39%（见图4-5和图4-6）。

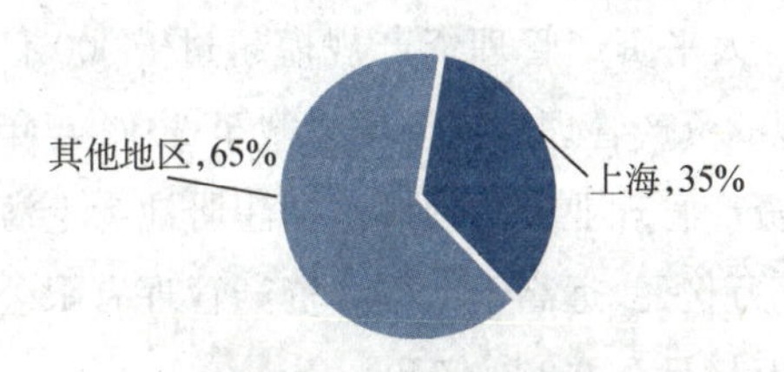


**图4-5　上海受托管理资金余额占全国保险总资产比例**

资料来源：华宝证券研究创新部

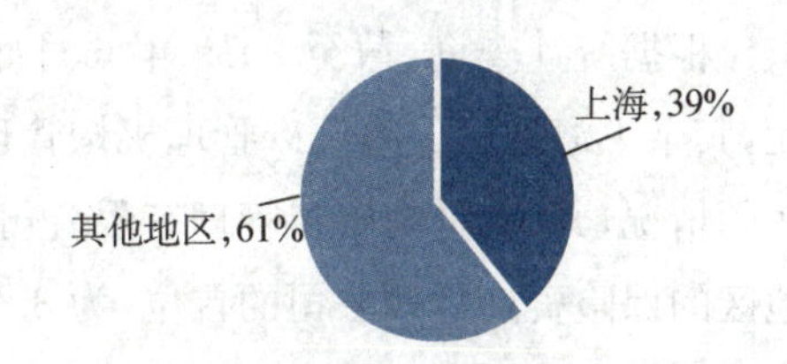


**图4-6　剔除保险公司净资产后上海占全国的相应比例**

资料来源：华宝证券研究创新部

截至2019年6月底，上海注册的保险资产管理公司8家。其中，中国人保资产管理成立时间最早，而交银康联和工银安盛资产管理公司2家保险资产管理成立时间均为2019年（见表4-5）。

**表4-5　注册地为上海的8家保险资产管理公司概况**

| 公司名称 | 注册资本（万元） | 成立日期 | 第一大股东及其占股比 |
| --- | --- | --- | --- |
| 华泰资产管理有限公司 | 60 060 | 2005年1月18日 | 华泰保险集团股份有限公司81.82% |
| 交银康联资产管理有限公司 | 10 000 | 2019年6月18日 | 交银康联人寿保险有限公司100% |
| 民生通惠资产管理有限公司 | 10 000 | 2012年11月15日 | 民生人寿保险股份有限公司100% |
| 太平洋资产管理有限责任公司 | 210 000 | 2006年6月9日 | 中国太平洋保险（集团）股份有限公司80% |
| 太平资产管理有限公司 | 100 000 | 2006年9月1日 | 中国太平保险控股有限公司80% |

（续表）

| 公司名称 | 注册资本（万元） | 成立日期 | 第一大股东及其占股比 |
| --- | --- | --- | --- |
| 中国人保资产管理有限公司 | 129 800 | 2003 年 7 月 16 日 | 中国人民保险集团股份有限公司 100% |
| 平安资产管理有限责任公司 | 150 000 | 2005 年 5 月 27 日 | 中国平安保险（集团）股份有限公司 98.67% |
| 工银安盛资产管理有限公司 | 10 000 | 2019 年 5 月 13 日 | 工银安盛人寿保险有限公司 100% |

资料来源：万得，华宝证券研究创新部

根据统计查询，截至 2019 年 6 月底，太平资产管理资产规模超过 6 000 亿元，其余上海地区保险资产管理机构管理的资产管理总规模均为截至 2019 年年底的情况，其中：平安资产管理有限公司资产管理业务总规模占据注册地为上海地区的保险资产管理公司的首位，为 3.3 万亿元，远高于太平洋资产管理有限公司和中国人保资产管理有限公司的 1.3 万亿元和 9 800 亿元。

2 家养老保险资产管理规模分别为平安养老以及长江养老管理资产的业务总规模分别为 8 382 亿元和 5 623 亿元。交银康联资产管理有限公司是 2019 年 6 月注册的新保险资产管理公司，也是我国第二家外资合资保险资产管理公司，作为新成立的机构，当前资产管理规模较小（见表 4-6）。

**表 4-6　保险相关资产管理业务总规模（上海地区）（单位：亿元）**

| 公司 | 资产管理业务总规模（注：未标注截止日期的均为 2019 年 12 月 31 日） |
| --- | --- |
| 平安资产管理有限公司 | 33 000 |
| 太平洋资产管理有限公司 | 13 000 |
| 中国人保资产管理有限公司 | 9 800 |
| 太平资产管理有限公司 | 6 000（截至 2019 年 6 月 30 日） |
| 华泰资产管理有限公司 | 3 000 |
| 工银安盛资产管理公司 | 1 000 |
| 交银康联资产管理有限公司 | 600 |
| 平安养老保险有限公司 | 8 382.52 |
| 长江养老保险有限公司 | 5 623 |

资料来源：根据各公司公开数据整理，华宝证券研究创新部

各类型的保险公司是保险资产管理机构发展业务以及资金来源的基础。根据上海银保监局数据，截至 2019 年 4 月末，上海市共有 54 家法人保险机构，其中保险集团 1 家、财产险公司 20 家(其中自保公司 1 家)、人身险公司 22 家、再保险公司 3 家、资产管理公司 8 家；共有 107 家省级保险分支机构，其中财产险分公司 52 家、人身险分公司 52 家、再保险分公司 3 家。

另外，截至 2019 年 4 月末，上海市共有 221 家保险专业中介法人机构，其中保险代理机构 110 家、保险经纪机构 76 家、保险公估机构 35 家；共有 269 家保险专业中介分支机构，其中保险代理机构 111 家、保险经纪机构 129 家、保险公估机构 29 家(见图 4-7)。

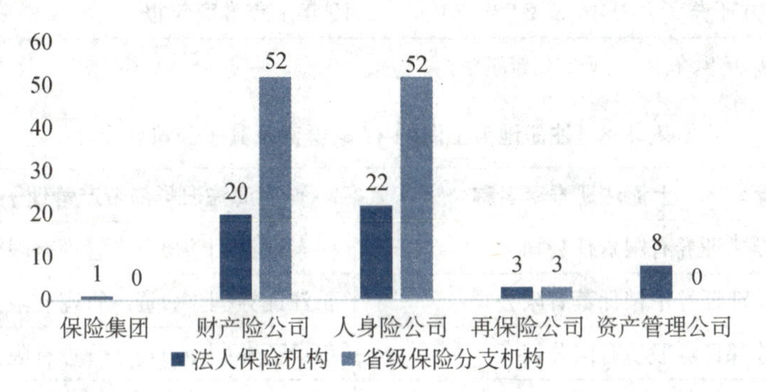


**图 4-7　上海法人保险机构及省级保险分支机构情况(单位:家)**

资料来源:上海银保监局、华宝证券研究创新部

## 四、券商资产管理

由于部分券商的资产管理业务由其全资子公司承担，因此，统计上海地区券商资产管理业务规模，我们既统计全资子公司规模，又计算母公司资管规模，以求数据最全面，但由于部分券商合并报表，因此，我们按照上市券商年报公开的数据进行汇总。截至 2019 年年底，华泰证券(上海)资产管理有限公司排名上海地区券商资管规模第一，为 7 256 亿元，国泰君安证券的资产管理规模 6 974 亿元，排名上海地区第二(见表 4-7)。

截至 2019 年 5 月底，上海存量资产管理产品受托资金 4.42 万亿元，中基协全国非公募资产管理计划 24.77 万亿元，上海占比 17.84%。其中，公募基金(含大集合)5 367.32 亿元、集合资产管理 2 726.77 亿元、定向资产管理32 520.61 亿元、专项资产管理 3 565.14 亿元。注册在上海的券商 17 家，占全国约 13%，券商资产管理收入前 30 家中上海有 7 家，券商资产管理子公司 8 家(见表 4-8)。

**表 4-7 上海地区券商资产管理**

| 名称 | 管理资产规模(单位:亿元) | 说明 |
|---|---|---|
| 华泰证券 | 7 256.61 | 2019 年上市券商年报,上海地区第 1 位 |
| 国泰君安 | 6 974.00 | 2019 年上市券商年报 |
| 中银证券 | 6 053.00 | 2019 年上市券商年报 |
| 申万宏源 | 5 350.76 | 2019 年中国证券业协会数据 |
| 海通证券 | 2 583.74 | 2019 年上市券商年报 |
| 光大证券 | 2 438.88 | 2019 年上市券商年报 |
| 东方证券 | 2 228.79 | 2019 年上市券商年报 |

资料来源:万得、华宝证券研究创新部

**表 4-8 注册地为上海的 17 家券商及其子公司名称**

| 序号 | 上海注册券商名称 | 上海注册券商资产管理子公司 |
|---|---|---|
| 1 | 爱建证券有限责任公司 | 中泰证券(上海)资产管理有限公司 |
| 2 | 长江证券承销保荐有限公司 | 长江证券(上海)资产管理有限公司 |
| 3 | 德邦证券股份有限公司 | 华泰证券(上海)资产管理有限公司 |
| 4 | 东方证券股份有限公司 | 上海东方证券资产管理有限公司 |
| 5 | 光大证券股份有限公司 | 上海光大证券资产管理有限公司 |
| 6 | 国泰君安证券股份有限公司 | 上海国泰君安证券资产管理有限公司 |
| 7 | 海通证券股份有限公司 | 上海海通证券资产管理有限公司 |
| 8 | 华金证券股份有限公司 | 中泰证券(上海)资产管理有限公司 |
| 9 | 华宝证券有限责任公司 | — |
| 10 | 上海华信证券有限责任公司 | — |
| 11 | 上海证券有限责任公司 | — |
| 12 | 申万宏源证券有限公司 | — |
| 13 | 中银国际证券有限责任公司 | — |
| 14 | 摩根士丹利华鑫证券有限责任公司 | — |
| 15 | 东方花旗证券有限公司 | — |
| 16 | 申港证券股份有限公司 | — |
| 17 | 华菁证券有限公司 | — |

资料来源:华宝证券研究创新部

中国证券业协会对2019年上半年度证券公司经营数据进行统计，证券公司未经审计财务报表显示，131家证券公司当期实现营业收入1 789.41亿元，各主营业务收入分别为代理买卖证券业务净收入（含席位租赁）444.00亿元、证券承销与保荐业务净收入148.02亿元、财务顾问业务净收入49.62亿元、投资咨询业务净收入16.94亿元、资产管理业务净收入127.33亿元（占总收入的7.12%）、证券投资收益（含公允价值变动）620.60亿元、利息净收入229.32亿元，当期实现净利润666.62亿元，119家公司实现盈利。131家证券公司总资产为7.10万亿元，净资产为1.96万亿元，净资本为1.62万亿元，客户交易结算资金余额（含信用交易资金）1.37万亿元，受托管理资金本金总额13.59万亿元（见图4-8）。

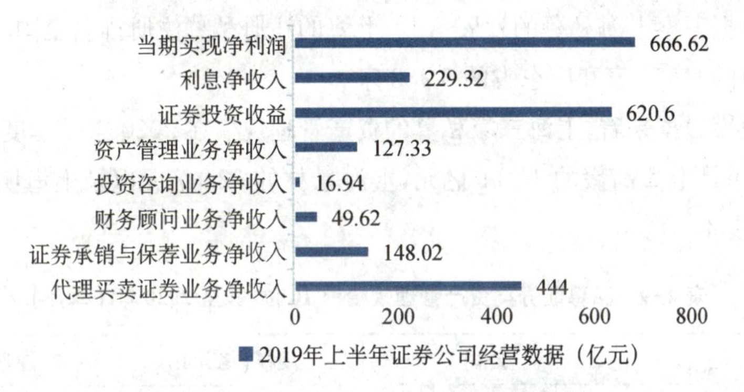


**图4-8　2019年上半年证券公司经营数据**

资料来源：华宝证券研究创新部

从图4-9数据可知，2018年度各大证券公司在客户资产管理业务领域的业务收入，其中，东方证券以229 358万元的业务收入占据第一位。华泰证券、国泰君安、广发证券和中信证券较东方证券而言，存在一定差距，以100 000万元左右的业务收入紧跟其后（见图4-9）。

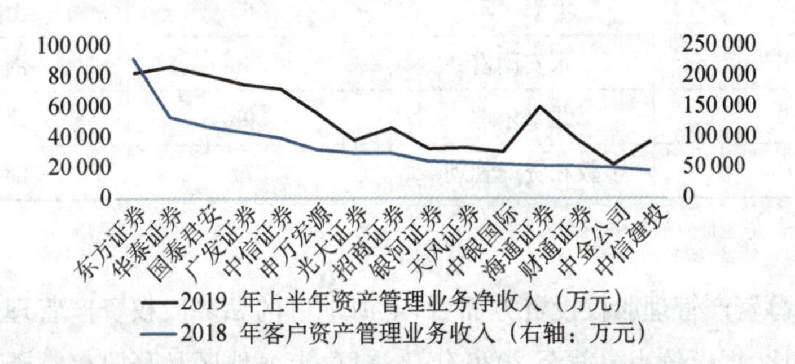


**图4-9　2018年度客户资产管理业务收入排名前十五位的证券公司及其2019年上半年情况**

资料来源：中国证券业协会，华宝证券研究创新部

## 五、私募基金

截至 2020 年 1 季度末，中基协备案的私募基金管理公司 24 584 家，管理规模 14.25 万亿元，平均管理规模 5.8 亿元，规模 50 亿元以上的 578 家；从 2015 年年底到 2019 年年底为止，管理规模年增长率 67.7%（2015 年年底 50 724 亿元，2019 年年底 137 386 亿元）。上海共有 4 714 家备案私募管理公司，总共管理规模 30 530 亿元。

根据中国证券投资基金业协会数据，目前，在上海拥有办公地址的私募基金管理人数量为 5 036 家，在上海注册的私募基金管理人为 4 647 家。以注册地数量分布数据考察上海私募的发展情况，上海的注册私募注册排名全国第三，仅次于北京市的 5 632 家和广东省的 5 383 家。

从规模数据来看，上海三家私募的资产管理规模在 2020 年 1 季度排名全国前三，分布是上海高毅的 1 311 亿元，上海景林的 624 亿元以及上海明汯的 434 亿元（见表 4-9）。

**表 4-9　私募证券类资产管理规模前 10 位（截至 2020 年 1 季度）**

| 排名 | 公司 | 规模（亿元） | 注册地 |
| --- | --- | --- | --- |
| 1 | 上海高毅 | 1 311 | 上海 |
| 2 | 上海景林 | 624 | 上海 |
| 3 | 上海明汯 | 434 | 上海 |
| 4 | 淡水泉 | 428 | 北京 |
| 5 | 天津礼仁 | 403 | 天津 |
| 6 | 外经贸信托 | 370 | 北京 |
| 7 | 上海融葵 | 363 | 上海 |
| 8 | 永安国富 | 346 | 浙江 |
| 9 | 北京乐瑞 | 308 | 北京 |
| 10 | 敦和资产管理 | 271 | 浙江 |

资料来源：华宝证券研究创新部

从私募资产管理股权投资方面看，上海地区的私募股权资产管理规模与其他地区相比，规模较小。截至 2020 年 1 季度，上海地区私募股权类资产管理规模前十的机构仅有浦耀信晔和中保投资，位列第 8 和第 10（见表 4-10）。

表 4-10　私募股权类资产管理规模前 10 位(截至 2020 年 1 季度)

| 排名 | 公司 | 规模(亿元) | 注册地 |
| --- | --- | --- | --- |
| 1 | 华芯资产管理 | 1 699 | 北京 |
| 2 | 北京红杉坤德 | 1 027 | 北京 |
| 3 | 诚通基金 | 981 | 北京 |
| 4 | 中国政企合作 | 810 | 北京 |
| 5 | 珠海高瓴 | 781 | 广东 |
| 6 | 招银国际资本 | 627 | 广东 |
| 7 | 芜湖歌斐 | 625 | 安徽 |
| 8 | 浦耀信晔 | 605 | 上海 |
| 9 | 歌斐资产管理 | 597 | 江苏 |
| 10 | 中保投资 | 588 | 上海 |

资料来源:华宝证券研究创新部

## 六、信托资产管理

截至 2018 年年底,上海注册的信托公司 7 家(占全国约 10%),管理信托资产规模 2.33 万亿元,全国信托规模 22.70 万亿元,上海占比 10.26%(见图 4-10 和图 4-11)。

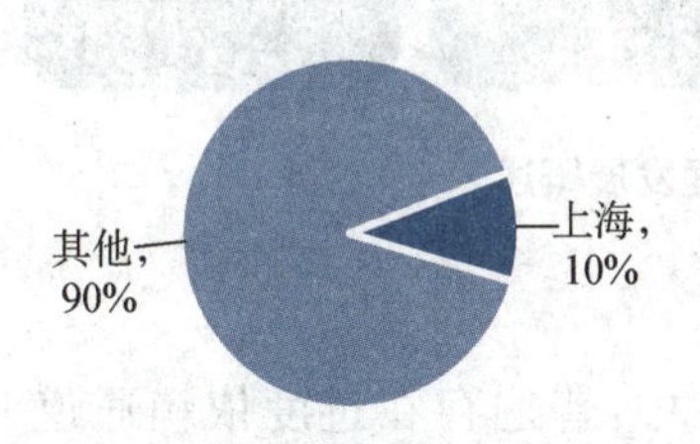


图 4-10　信托公司数量(家)

资料来源:华宝证券研究创新部

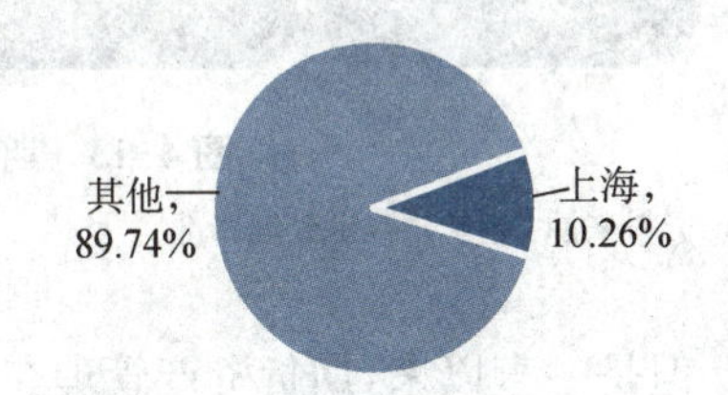


图 4-11　管理信托资产占比规模

资料来源:华宝证券研究创新部

其中,上海信托在 2018 年以 7 686.85 亿元的管理信托资产规模占据首位,虽然 2018 年各大信托公司信托资产规模有一定下降趋势,但这是资产管理新规颁布以后,由于整个信托业面临着较大压力和挑战所造成的。总体而言,各大信托公司的数据均无大幅度波动,预计未来会继续保持良好的发展态势(见图 4-12)。

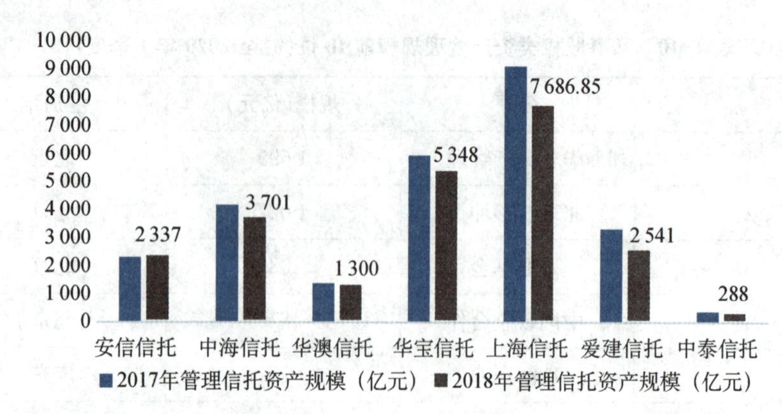


**图 4-12　上海七家信托公司 2017—2018 年管理信托资产规模**

资料来源：华宝证券研究创新部

## 七、期货资产管理

期货公司在 2012 年获批开展一对一资产管理管理业务试点，2014 年被允许从事一对多资产管理业务，2016 年期货公司的资产管理总体规模达到最高值 2 792 亿元。相比于传统资产管理机构，期货资产管理无疑起步是最晚的（见图 4-13）。

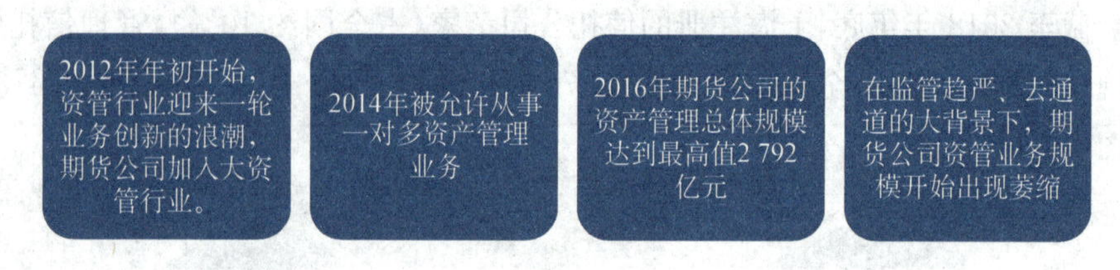


**图 4-13　期货资产管理发展概述**

资料来源：华宝证券研究创新部

但是一直以来，期货资产管理在发展过程中，普遍存在过度依赖通道业务的问题。除此之外，由于起步晚，期货资产管理在专业人员的积累、资金实力、投研人才培养等方面都缺乏优势，因过度重视规模增长、忽视产品质量及创新等问题，从而给未来发展造成一定阻碍。最终，在 2017 年监管趋严、去通道的大背景下，期货公司资产管理业务规模开始出现萎缩，2017 年年底较一季度的业务规模缩减 28%。到 2018 年资产管理新规颁布以后，期货资产管理业务规模一落千丈，2019 年行业有所起色，资产管理业务存续规模仅为 1 433 亿元（见图 4-14）。

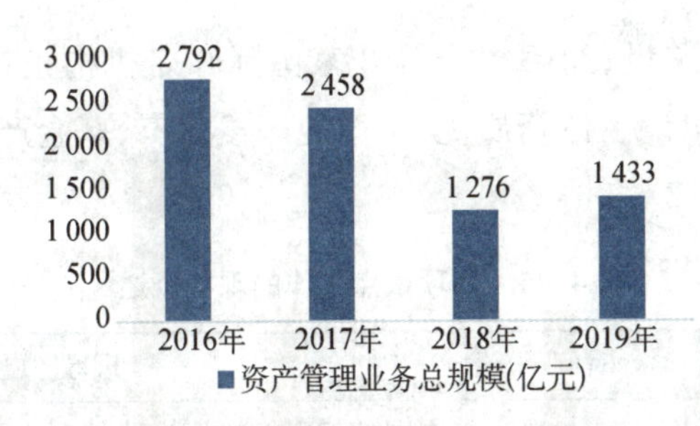


**图 4-14　期货公司资产管理业务总规模**

资料来源：中国证券投资基金业协会、华宝证券研究创新部

根据相关规定，期货公司资产管理计划通过基金业协会私募基金登记备案系统进行备案，计入前述私募基金统计口径。期货资产管理起步较晚，缺乏客户及业务基础，没有形成自主管理的特色。从投向来看，期货资产管理近三分之一规模投向其他资产管理计划，直接投资期货品种的比例非常低，仅占 2%左右，真正的自主交易能力（尤其是 CTA 策略交易）尚未形成。资产管理新规出台后，期货资产管理总规模持续缩减，至今已减少 50%。

因此，期货行业的资产管理规模，整体小，单个机构规模均不高，上海地区海通期货资产管理规模行业第一，总规模大约为 100 亿元。

## 八、QFLP 和 QDLP 数据

### （一）外商投资股权投资企业（QFLP）试点

2011 年上海推出外商投资股权投资企业（QFLP）试点，目前 72 家企业获得试点资格，截至 2018 年年底，上海 QFLP 规模 113.7 亿美元，实际结汇额 35 亿美元。资产管理规模全球前十的股权投资管理机构中已有多家（TPG、凯雷、黑石、华平、软银）参与试点。富达、世邦魏理仕、未来资产、景顺、施罗德、宏利等国际知名资产管理机构已经取得或正在积极申请试点资格。境外主权基金、养老基金、校园基金等优质资金通过参与 QFLP 试点投入中国实体经济项目中，主要投资于医疗器械与生物医药科技、人工智能、互联网与信息科技等领域，其中约三分之一的被投项目在上海。

### （二）合格境内有限合伙人（QDLP）试点

2013 年 7 月上海推出合格境内有限合伙人（QDLP）试点，目前已吸引了 38 家国际知名的大型对冲基金及资产管理机构，分 5 批落地参与试点，获批试点外汇额度共 24 亿美元。全球排名前 20 的资产管理机构中，已有 10 家成为 QDLP

试点机构,另外还有美世、纽银梅隆等 8 家国际知名机构正在积极申请资格。QDLP 试点呈现出申请主体资质优、全球地区覆盖广、基金产品多样化等特点(见表 4-11 和表 4-12)。

**表 4-11 两项试点工作的现状概述**

| 两项试点工作 | 时间 | 现状 |
| --- | --- | --- |
| 外商投资股权投资企业(QFLP)试点 | 2011 年 | 中国的 QFLP 制度实践始于上海。自上海于 2011 年开展 QFLP 试点以来,上海的 QFLP 实践始终走在全国前列。截至 2020 年 10 月,共有 75 家企业获得 QFLP 试点资格,包括凯雷集团、黑石集团、华平集团、软银投资等 |
| 合格境内有限合伙人(QDLP)试点 | 2013 年 7 月 | 截至 2020 年 10 月底,上海 QDLP 获批试点外汇额度共 50 亿美元 |

资料来源:华宝证券研究创新部

**表 4-12 在沪注册的全球前 10 位的外资资产管理机构 QFLP 和 QDLP 规模情况**

| 全球排序 | 公司名称 | 全球规模(万亿美元) | 在沪规模 | 国家 | 备注 |
| --- | --- | --- | --- | --- | --- |
| 1 | 贝莱德 | 5.98 | PFM 最高 4 亿元,现 2.64 亿元,QDLP 最高 10 亿元,现 4.53 亿元 | 美国 | 独立系 |
| 2 | 先锋 | 4.94 | — | 美国 | 独立系 |
| 3 | 道富环球 | 2.78 | — | 美国 | 银行系 |
| 4 | 富达投资 | 2.45 | 最高 2 亿元,现 6 000 万元 | 美国 | 独立系 |
| 5 | 安联集团 | 2.36 | 最高 2.3 亿元,现 2.2 亿元 | 德国 | 保险系 |
| 6 | JP 摩根 | 2.03 | 3 024 万元 | 美国 | 银行系 |
| 7 | 纽银梅隆 | 1.89 |  | 美国 | 银行系 |
| 8 | 安盛集团 | 1.73 | 最高 3.17 亿元,现 2.26 亿元 | 法国 | 保险系 |
| 9 | 东方汇理 | 1.71 | — | 法国 | 银行系 |
| 10 | 保德信 | 1.16 | — | 美国 | 保险系 |

资料来源:华宝证券研究创新部

为推动 QFLP 和 QDLP 两项试点工作,上海市级层面设立了试点联席会议(办公室设在市地方金融监管局),成员单位有市场监督局、市商务委、国家外汇管理局上海分局,各司其职,分别对相应领域进行监管和指导。借助两个试点工作,本市吸引集聚了一大批优质外资资产管理机构落户,在推动金融对上海私募基金领域生态、助推上海国际金融中心建设等方面发挥了重要作用(见图 4-15)。

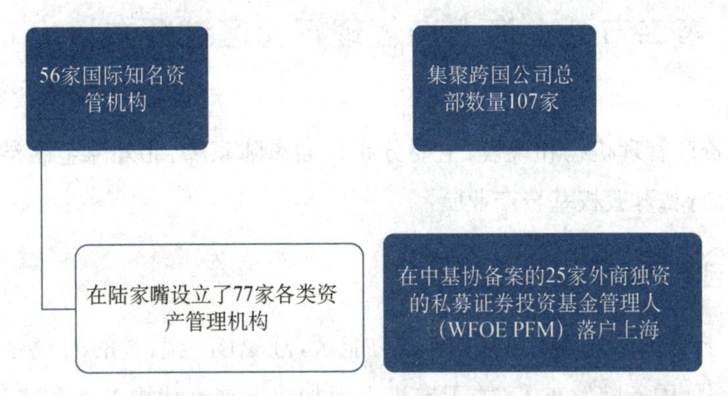


**图 4-15　具有国际竞争力的资产管理机构落户上海的数量**

资料来源:华宝证券研究创新部

截至 2019 年 6 月,已有 56 家国际知名资产管理机构在陆家嘴设立了 77 家各类资产管理机构,集聚跨国公司总部数量 107 家。上海还积极推动海外资产管理机构来沪落地、申请中基协私募投资基金管理人资格。截至 2019 年 12 月,在中基协备案的 26 家外商独资的私募证券投资基金管理人(WFOE PFM),其中的 25 家落户上海。随着新一批全球资产管理机构和创新业务集聚,上海已经形成一个优质的资产管理"生态圈",向打造全球资产管理中心的目标又迈出坚实的一步。

## 九、其他数据

目前,其他数据主要为一些主权基金和社保基金,上海地区的国家主权基金中,有以下几个较为著名:2017 年,由国家大基金、临港管委会共同组建的上海集成电路装备材料基金,公开报道数据显示,上海集成电路装备材料基金总规模约 500 亿元;2020 年 7 月,两只国家主权基金落户上海,分别是国家绿色发展基金和国家中小企业发展基金,其中,国家绿色发展基金是我国首只生态环境领域国家级投资基金,首期规模约 855 亿元。国家中小企业发展基金是我国首只专门支持中小企业发展的国家母基金,其股东是注册资本为 357.5 亿元的国家中小企业发展基金有限公司。

此外,其他相关机构,如信用评级机构、数据信息机构、会计师事务所、律师事务所等,与资产管理机构共同构成完整的生态体系。但是由于涉及机构较多,数据暂不详,故此处不展开具体论述。

## 第二节　上海资产管理行业区域分布情况

上海资产管理机构和规模，主要分布在浦东陆家嘴、北外滩金融港、虹桥基金小镇、闵行私募股权基金产业园。

### 一、陆家嘴金融城情况介绍

作为上海国际金融中心的核心功能区，陆家嘴金融城的表现令人瞩目。2009年4月，国务院发布了《关于推进上海加快发展现代服务业和先进制造业建设国际金融中心和国际航运中心的意见》（国发〔2009〕19号文件）；同年5月11日，上海市政府发布《上海市人民政府贯彻国务院关于推进上海加快发展现代服务业和先进制造业建设国际金融中心和国际航运中心的意见的实施意见》（沪府发〔2009〕25号），再次提出大力建设陆家嘴金融城。这些政策文件的实施，再一次确认了陆家嘴金融贸易区为上海国际金融中心核心功能区和主体承载区。2015年4月，中国（上海）自由贸易试验区从28.78平方公里扩区至120.78平方公里，陆家嘴金融城被纳入其中，作为上海自贸区的重要片区之一。2016年8月，上海陆家嘴金融贸易区管理委员会撤销，上海陆家嘴金融城理事会、上海陆家嘴金融城发展局正式设立（见表4-13）。

表4-13　有关陆家嘴金融城的政策事件梳理

| 时间 | 部门 | 大事件 |
| --- | --- | --- |
| 2009年4月 | 国务院 | 《关于推进上海加快发展现代服务业和先进制造业建设国际金融中心和国际航运中心的意见》（国发〔2009〕19号文） |
| 2009年5月 | 上海市政府 | 《上海市人民政府贯彻国务院关于推进上海加快发展现代服务业和先进制造业建设国际金融中心和国际航运中心的意见的实施意见》（沪府发〔2009〕25号） |
| 2015年4月 | — | 中国（上海）自由贸易试验区从28.78平方公里扩区至120.78平方公里，陆家嘴金融城被纳入其中，作为上海自贸区的重要片区之一 |
| 2016年8月 | — | 上海陆家嘴金融贸易区管理委员会撤销，上海陆家嘴金融城理事会、上海陆家嘴金融城发展局正式设立 |

资料来源：华宝证券研究创新部

根据陆家嘴金融城官网数据，截至2018年9月底，陆家嘴已建成各类商办楼宇252幢，入驻企业数共达4.2万家，已形成以金融、航运、贸易三大产业为核心，以专业服务业、文化旅游会展等产业为重点的“3＋2”现代服务业发展体系。目前陆家嘴集聚了不少跨国公司地区总部和各类营运中心、销售中心、财务中心、订单中心、培训中心等功能性机构和国际性行业组织，其中经认定的跨国公司地区总部95家。

## 二、虹桥基金小镇介绍

虹桥基金小镇是由上海双创投资中心自主运营管理，也是全国唯一由母基金运营的基金小镇，定位于中国首席基金小镇，依托上海双创的优势资源，以国际标准、中国特色，打造国内顶尖的金融集聚区。

上海双创投资中心是中国首家由地方政府发起设立的股权投资母基金，由上海市政府常务会议审议通过设立，着重布局国家鼓励发展的战略新兴行业，是上海建设具有全球影响力科创中心的重要举措之一。凭借强大的资源优势，上海双创力求将虹桥基金小镇打造成为顶尖的中国创新金融集聚核心区、国际一流的基金小镇。截至2020年1月，虹桥基金小镇引入基金规模超1 000亿元。

## 三、北外滩金融港

北外滩功能区与陆家嘴金融城隔江相望、外滩金融街毗邻，构成“黄金三角”鼎立之势，是外滩金融集聚带的重要组成部分。全国首家对冲基金园区、上海风险投资中心相继落户北外滩，北外滩金融港建设正式启动。在北外滩发展的带动下，虹口区集聚了各类金融机构1 520余家，资产管理规模超过5万亿元，公募基金数量占全国总数的九分之一，中国证券博物馆和上海金融科技园区相继在北外滩成立。

## 四、上海对冲基金园区

上海对冲基金园区是在上海市相关部门指导下、以虹口区政府为主导设立的专业型功能性金融产业集聚区，致力于打造具备集聚、创新、开放和国际合作交流、研究、综合等功能的国际一流对冲基金机构聚集地，是虹口区承载上海国际金融中心建设任务的重要举措。园区成立至今，累计集聚对冲基金机构近300家，对冲基金资产管理规模近3 000亿元人民币，企业集聚已见成效。对冲基金机构入驻和高端金融人才汇集带来的辐射效应，已超越金融企业集聚本身，通过示范和辐射效应，推动地方金融产业的跨越式发展。

### 五、苏河湾国际财富管理中心

苏河湾国际财富管理中心跨越静安区苏州河两岸，交通便捷，专业配套成熟，具有深厚的金融历史底蕴和滨水环境优势。苏河湾国际财富管理中心充分发挥静安区金融机构集聚和国际化程度高的优势，营造优质的服务体系、政策体系和生态体系，对标国际最高标准、最好水平，为财富管理机构提供贴心、用心、全心的服务，集聚国内外知名财富管理机构。未来5年内，苏河湾区域将释放近100万平方米办公空间，5栋超200米的"超高天际建筑群"将刷新上海城市天际线，为全球财富管理机构提供优质空间。

## 第三节　上海资产管理行业人才及培训情况

根据上海市统计局数据，截至2018年年底，上海金融行业从业人员总数为47.20万人。上海金融信息中心的《上海金融行业从业人员统计调查报告2018》（以下简称《上海金融从业2018》），共涉及7大类、19小类、4 137家机构、32.87万从业人员，对深入了解包括资产管理在内的上海金融行业从业人员分布状况有重大帮助。

### 一、人才调研的机构构成

《上海金融从业2018》数据显示，融资租赁公司占据了约一半的市场构成，为45.71%，证券公司、保险业金融机构、典当行、商业保理公司和银行业金融机构（银行类）位居其后（见图4-16）。

### 二、人才的多维分析

#### （一）金融从业人才的性别及地区比例

《上海金融从业2018》数据显示，上海从业于金融行业的人才中，男性为16.19万人，占比49.27%；女性为16.67万人，占比50.73%，男女比例大致均衡，女性从业人员数量略多于男性。另外，从各区分布情况看，浦东新区人数最多，共21.43万人，占从业人员总数的65.20%；黄浦区6.13万人，占18.66%；静安区1.69万人，占5.15%；虹口区0.94万人，占2.85%（见图4-17和图4-18）。

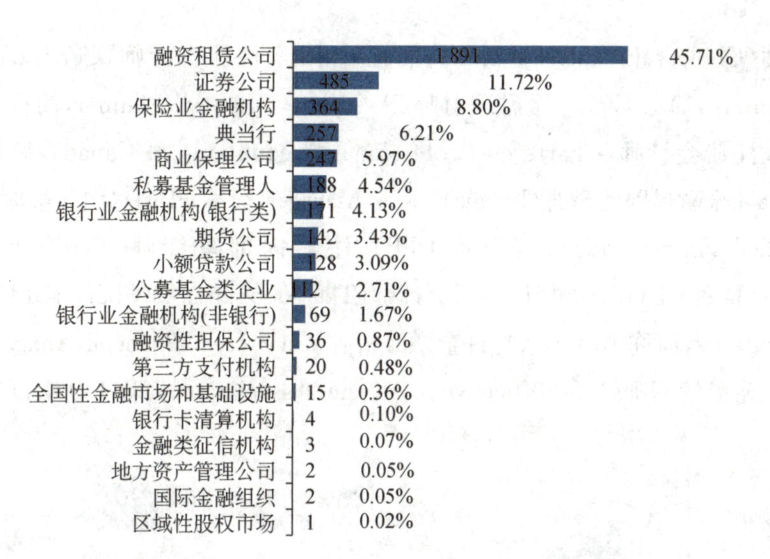


**图 4-16　上海金融从业 2018 调查的机构构成**

资料来源:华宝证券研究创新部

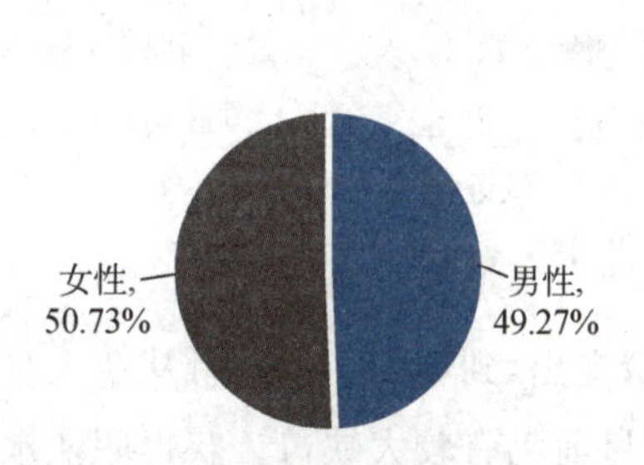


**图 4-17　上海从业金融行业人员的性别比例**

资料来源:华宝证券研究创新部

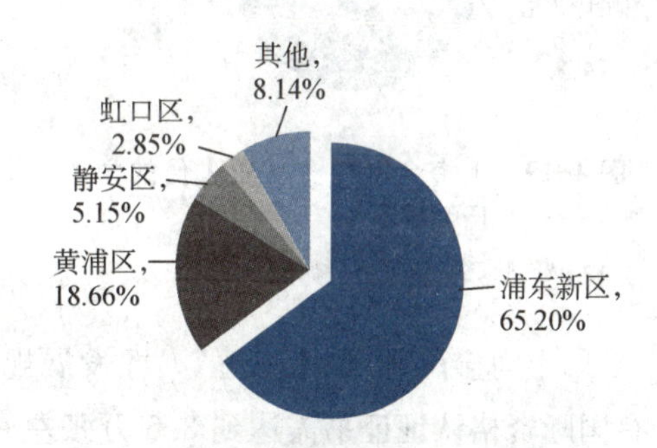


**图 4-18　上海各区金融从业人员占比情况**

资料来源:华宝证券研究创新部

## (二) 金融从业人才的教育背景及资格认证情况

上海金融行业从业人员中,从学历结构来看,83.44%的在岗职工具有本科及以上学历,其中 58.25%具有大学本科学历,24.35%具有硕士研究生学历,0.84%具有博士研究生学历(见图 4-19 和图 4-20)。

从职业认证结构看,获得职业水平认证的在岗职工有 1.94 万人,占在岗职工总数的 6.92%。其中,获得国内职业水平认证的人数为 1.22 万人,占在岗职工总数的 4.36%,包括中国注册会计师、中国保险精算师、中国金融理财师等职业水平或职业能力认证项目。获得国外职业水平认证的人数为 7 192 人,占在岗职工总数的 2.56%,包括北美精算师(Society of Actuaries,简称 SOA)、理财规划师(Chinese Financial Planner,简称 ChFP)、注册会计师(Certified Public Accountant,简称 CPA)、金融理财师(Associate Financial Planner,简称 AFP)、加拿大注册会计师(Chartered Professional Accountants of Canada,简称 CPA Canada)、金融风险管理师(Financial Risk Manager,简称 FRM)、注册金融规划师(Certified Financial Planner,简称 CFP)、注册内部审计师(Certified Internal Auditor,简称 CIA)、英国特许注册会计师(The Association of Chartered Certified Accountants,简称 ACCA)、特许金融分析师(Chartered Financial Analyst,简称 CFA)、寿险管理师(Life Office Management Association,简称 LOMA)等。

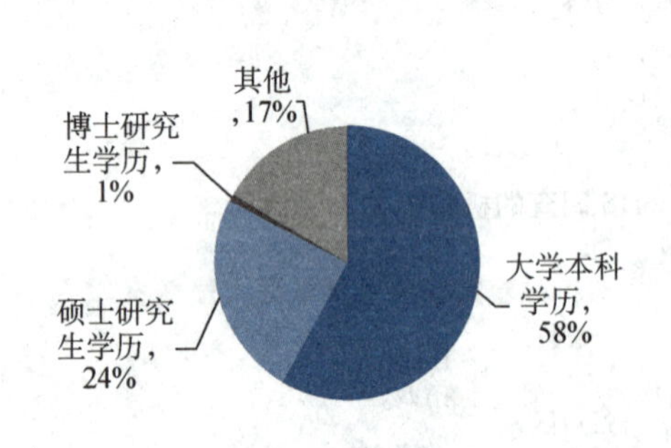


**图 4-19　上海金融行业从业人员的学历情况**

资料来源:华宝证券研究创新部

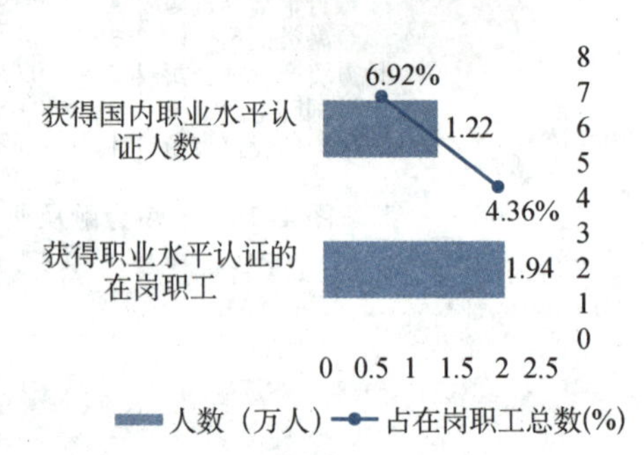


**图 4-20　上海金融行业人员获得职业水平认证情况**

资料来源:华宝证券研究创新部

《上海金融领域"十三五"人才发展规划》提出,到 2020 年,金融从业人员拥有国际资格认证证书需达到 3.5 万张左右,目前仍有较大缺口。获得职业水平认证的人员数量居前三的是银行业金融机构(银行类)、证券公司和保险业金融机构,分别有 8 838 人、4 012 人、3 957 人,占各自所在类别在岗职工总数的 7.03%、11.36%和 8.57%。

### (三) 金融从业人才的国际化程度

在前述统计调查的 32.87 万金融从业人员中,海外留学回国人员有 2.52 万人,占从业人员总数的 7.68%。其中具有海外学历人员共 2.44 万人,占在岗职工总数的 8.71%。其中,具有海外大学本科学历的有 3 796 人,占具有海外学历人员总数的 15.54%;具有海外硕士学历的有 2.04 万人,占 83.67%;具有海外博士学历的有 194 人,占 0.79%(见图 4-21、图 4-22 和图 4-23)。

上海目前的港澳台和外籍人员数量约 2 163 人,其中 1 141 人来自港澳台地区,1 022 人为外籍人员。主要集中在银行业金融机构(银行类)、融资租赁公司和保险业金融机构，其中银行业金融机构（银行类）有 585 名外籍人员和 514 名港澳台人员，融资租赁公司有 41 名外籍人员和 272 名港澳台人员，保险业金融机构有 200 名外籍人员和 155 名港澳台人员。另外，在商业保理公司、证券公司、公募基金类企业、银行类金融机构（非银行）、期货公司、私募基金管理人和国际金融组织等 7 个金融类别也有少量的港澳台和外籍从业人员。

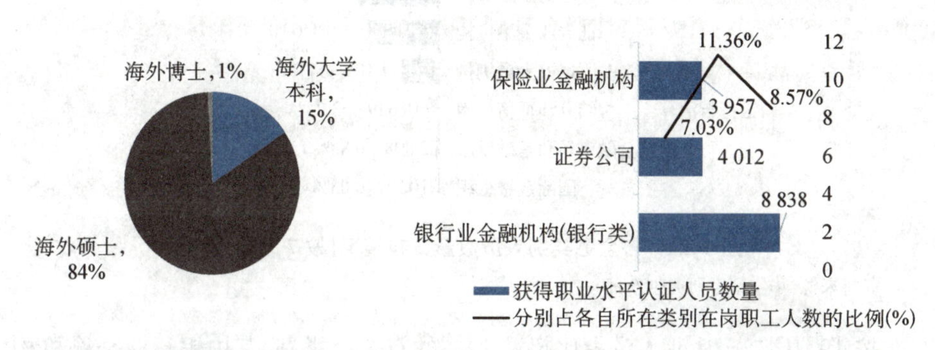


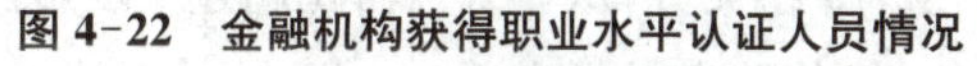


**图 4-21　金融从业人员具有海外学历人员情况**

资料来源：华宝证券研究创新部

**图 4-22　金融机构获得职业水平认证人员情况**

资料来源：华宝证券研究创新部

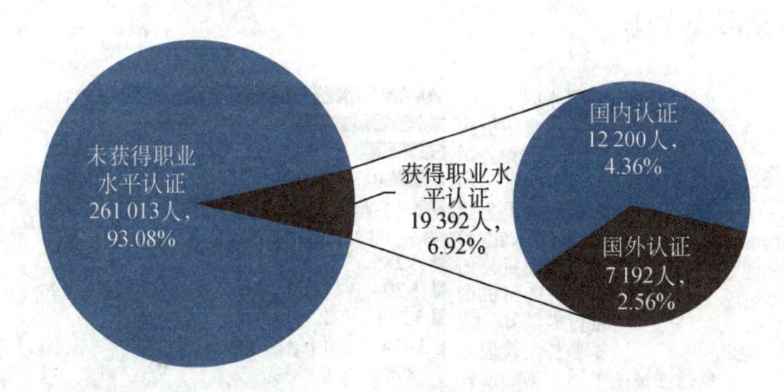


**图 4-23　金融行业在岗职工获得职业水平认证情况**

资料来源：华宝证券研究创新部

## 三、人才行业细分

由于资产管理业务分布在银行、保险、证券、信托（非银）、基金，上海金融从业的调查统计不能直接反映资产管理人员的总数和分布，但对公募基金和私募基金的从业人数则有所反映。其他机构中的资产管理及其相关的从业人员数量待以后统计分析时增加细分的针对性。按 7 大类分，银行业金融机构从业人员数为 15.35 万人，占从业人员总数的 46.71%；保险业金融机构从业人员数为

6.90 万人，占 20.99%；证券业金融机构从业人员数为 6.14 万人，占 18.69%。总体来看，银行业、保险业以及证券业的从业人员数占比较高，共占从业人员总数的 86.39%（见图 4-24）。

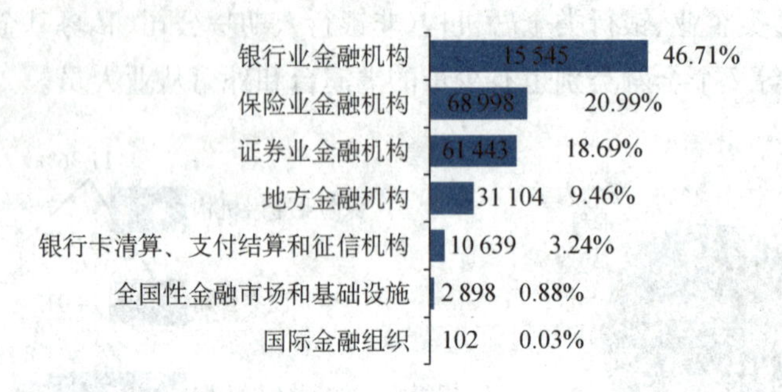


**图 4-24　各金融类别人员数量分布情况（按 7 大类分）**

资料来源：华宝证券研究创新部

按 19 小类分，从业人员占比超过 10%的有 3 个类别，其中银行业金融机构（银行类）从业人员数为 14.41 万人，占从业人员总数的 43.85%；保险业金融机构从业人员数为 6.90 万人，占 20.99%；证券公司从业人员数为 3.78 万人，占 11.51%（见图 4-25）。

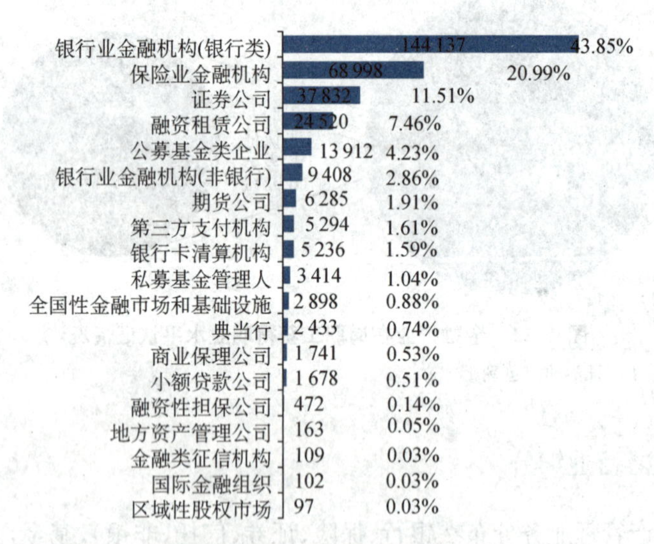


**图 4-25　各金融类别人员数量分布情况（按 19 小类分）**

资料来源：华宝证券研究创新部

从业人员占比在 2%～10%的有 3 个类别，分别是融资租赁公司占 7.46%，公募基金类企业占 4.23%（1.39 万人），银行业金融机构（非银行）占 2.86%。

从业人员占比在1%～2%的有4个类别，分别是期货公司占1.91%，第三方支付机构占1.61%，银行卡清算机构占1.59%，私募基金管理人占1.04%(3 414人)。

资产管理行业中，可分为财富管理和投资管理两个方向。在投资管理的机构方面，从业人员存在的特点是人才精英化，从业人员少。以上的统计显示，上海公募基金类企业管理公募基金1 919只，规模4.07万亿元，从业仅1.39万人，从业占比4.23%；上海私募基金管理机构管理私募基金20 524只，规模2.74万亿元，从业3 414人，从业占比1.04%；上海信托行业信托资产规模2.33万亿元，从业仅约2 000人(按全国2万信托从业人员的10%计算)；银行、保险、证券资产管理的机构人员特点类似，银行、保险、证券机构中的很少的一部分精英人员直接从事投资管理业务。目前各区对金融机构的从业人员已经实施一定的公司所得税和个人所得税的返还政策，如针对资产管理人员尤其投资管理机构的从业人员，在个人所得税方面加大优惠力度，不会对本市的财政产生重大的冲击。

## 四、金融人才引进与培训教育

### (一) 上海市针对人才推出系列便民举措

“上海国际人才网”是上海市委组织部指定授权发布权威人才政策信息、人才工作信息的服务平台。通过整合全市人才政策资源、人才创新创业资源和人才生活服务信息资源等，第一时间发布人才权威资讯，最高效率对接人才发展需求。

市人才工作协调小组办公室推动上海市企业HR(Human Resources人力资源，简称HR)联盟成立(2019年8月)，并推出《上海人才政策“一本通”》。秘书处设在浦东国际人才港。联盟以服务企业、服务人才为宗旨，搭建开放共享、合作共赢的人才服务合作平台，打造人才发展良好生态，推进人力资源与实体经济、科技创新、现代金融协同发展。联盟主要承担人才引进、人才培训、政策建议、交流活动四项职责。“一本通”共收录了全市涉及人才创新创业和生活配套方面的近百条政策，按照不同类型人才和其不同需求方向制作，包括：海外人才就业版、创业版，国内人才就业版、创业版，覆盖了人才在上海工作、创业、生活的全周期和全路径政策。“一本通”不仅有行业准入、签证办理、跨境医疗等方面的办事指南，还有人才计划、产业科研项目支持、金融服务等方面的政策解读，并为人才在上海的生活服务提供便利指导——无论是申请外国人永久居留，还是申办人才居住证，大到子女教育，小到买车拍牌。如申请“人才计划”项目，只要查阅"一本通"的相关条目，便可知晓项目的申请条件、扶持力度、办理窗口和时间等关键信息，扫描二维码便可快速链接至"人才政策一网通查"，并经由全市统一人才计划申报端口完成线上申报，线上和线下的零距离对接。

### （二）上海市针对人才发展体制的政策文件梳理

市委市政府《关于进一步深化人才发展体制机制改革加快推进具有全球影响力的科技创新中心建设的实施意见》(2016 年"人才 30 条")、《关于加强上海领军人才队伍建设的指导意见》(沪委组〔2005〕发字 046 号)、《上海领军人才队伍建设实施办法》(沪人〔2006〕107 号)，紧紧围绕贯彻落实中央交给上海的"三项新的重大任务"和加快推进"五个中心"建设、打响上海"四大品牌"的要求，集聚和培养一批站在各领域科技前沿、具有国际视野和产业化能力的领军人才，建设创新创业人才高地，激发全社会创新创造活力，开展上海领军人才选拔工作。市委组织部、市金融工作党委、市金融办、市人力资源社会保障局、市财政局《关于推进上海金才工程加强金融人才队伍建设的实施意见》(沪金融工委〔2016〕15 号)提出，每年组织开展上海海外金才、领军金才、青年金才申报选拔工作。市金融工作局下属的上海市金融发展服务中心(上海市金融服务信息中心)在上海金融人才网发布年度《上海金融行业从业人员状况调查研究报告》，委托第三方机构对 2016 年以来上海金融人才规划执行情况进行评估并提出建议(见表 4-14)。

表 4-14　政策文件梳理

| 发文单位 | 政策文件名 |
| --- | --- |
| 上海市委、市政府 | 《关于加强上海领军人才队伍建设的指导意见》(沪委组〔2005〕发字 046 号) |
| | 《上海领军人才队伍建设实施办法》(沪人〔2006〕107 号) |
| | 《关于深化人才工作体制机制改革促进人才创新创业的实施意见》(沪委办发〔2015〕32 号，"人才 20 条") |
| | 《关于进一步深化人才发展体制机制改革加快推进具有全球影响力的科技创新中心建设的实施意见》(沪委发〔2016〕19 号，"人才 30 条") |
| 市委组织部、市金融工作党委、市金融办、市人力资源社会保障局、市财政局、市科学技术委员会、市发展和改革委员会、市经济和信息化委员会 | 《上海领军人才队伍建设实施办法》(沪人〔2006〕107 号) |
| | 《关于推进上海金才工程加强金融人才队伍建设的实施意见》(沪金融工委〔2016〕15 号) |
| | 《关于服务具有全球影响力的科技创新中心建设实施更加开放的国内人才引进政策的实施办法》(沪人社力发〔2015〕41 号) |

（续表）

| 发文单位 | 政策文件名 |
| --- | --- |
| 市地方金融监管局下属的上海市金融发展服务中心（上海市金融服务信息中心） | 《上海金融行业从业人员状况调查研究报告》 |

资料来源：华宝证券研究创新部

## （三）上海在金融教育方面的特色：高等院校

经过百年打造与沉淀，上海是我国高等教育排名前三的核心城市，其中的金融教育培训资源也非常丰富，目前，上海市共有 77 所高等学校，其中普通高等学校 63 所，成人高等学校 14 所（见图 4-15）。

**表 4-15　上海高校清单**

| 指标 | 学校数 | 举例 |
| --- | --- | --- |
| 研究生 | 49 | |
| 高等学校 | 28 | 上海国家会计学院等 |
| 科研机构 | 21 | 上海发电设备成套设计研究院等 |
| 普通高等学校 | 63 | |
| 985 高校 | 4 | 上海交通大学、复旦大学等 |
| 双一流 | 14 | 上海财经大学、上海外国语大学等 |
| 普通本科 | 27 | 上海师范大学、华东政法大学等 |
| 高职高专 | 22 | 上海出版印刷高等专科学校等 |
| 成人高校 | 14 | 上海科技管理干部学院等 |

资料来源：上海教育考试院、华宝证券研究创新部

在培养资产管理人才方面，以下高等院校较为突出。

### 1. 上海交通大学上海高级金融学院

上海交通大学上海高级金融学院（简称“高金”）是上海市人民政府为实现将上海建设成为国际金融中心的国家战略，依托上海交通大学，由著名海外华人学者牵头，按照国际一流商学院模式创立的国际化金融学院，学院成立 10 年来，已经成为中国唯一的世界级金融学院，是中国唯一拥有“体制内的特区”优势的学院——既得到体制内最优资源组合（上海市政府和上海交通大学）的鼎力支持，又能参照国际一流院校的先进模式和“教授治院”的治理结构进行办学。高金遵

循国际惯例,实行理事会领导下的院长负责制,充分贯彻"教授治院"的理念,在上海交大的全面授权下,在人才培养、科研、人事、财务、行政和制度建设等方面实行独立的国际化自主办学。高金设有国内最完整的高端金融类管理教育产品线,全面覆盖金融硕士(Master of Finance,简称 MF)、金融工商管理硕士(Master of Business Administration,简称 MBA)、金融高级管理人员工商管理硕士(Executive Master of Business Administration,简称 EMBA)、全球商业领袖学者项目(Global Executive Scholars Program,简称 GES)、博士项目(Doctor of Philosophy Program,简称 PhD Program)、高层管理教育(Executive Education,简称 EE)等课程项目。在课程设置和教学方法上,高金强调专业视角,理论与实践并重,本土与国际交融。依托于高金建立的中国金融研究院(China Academy Of Financial Research,简称 CAFR)是具有国际水平的开放研究平台和高端智库,致力于将国际领先的金融研究理念和模式引入中国,并专注于中国金融改革与发展相关的政策性和应用性理论研究,现已取得了一批在国内外有影响力的重大研究成果。在英国《金融时报》公布的全球金融硕士项目排名中,2017 年高金金融硕士(MF)项目跃居亚洲第 1,全球第 14 位。2018 年高金金融硕士(MF)项目蝉联亚洲第 1,全球排位跃居第 10 位。在由美国宾夕法尼亚大学发布的全球最具影响力的智库报告《全球智库报告 2016》中,高金连续第三年荣登"全球最值得关注智库排名 100 强"榜单,位列第 31 名,蝉联国内同类智库首位。

资产管理方面,其设有中国私募证券投资研究中心、对冲基金领军人才俱乐部,开设了全球资产管理和配置、新锐投资人、兼并与收购、对冲基金领军人才课程。对冲基金被誉为金融皇冠上的明珠,以其投资收益稳定性相对较强,即使在熊市也能盈利的特点,注定将成为全新金融形势下,国内最具增长潜力与盈利空间的金融领域之一。在国内资本市场日益开放的格局下,国际的大对冲基金已经开始在国内积极布局,抢占优势地位。高金密切把握中国金融发展的脉动,汇聚金融英才,在国内金融学院中首家推出"中国对冲基金领军人才课程",为上海建设全球对冲基金高地做出了重要贡献。

2. 上海财经大学

上海财经大学现由教育部、财政部和上海市人民政府共建,是一所以经济管理学科为主,经、管、法、文、理协调发展的多科性重点大学。上财上海国际金融中心研究院(Shanghai Institute of International Finance Center,简称 SIIFC)是接受上海市教育委员会的指导与支持,由上海财经大学为主承担建设的高校智库。研究院以国家转型发展和上海经济社会发展的重大需求以及亟须解决的关键问题为研究导向，汇聚来自国内外研究机构、政府部门、金融监管部门、商业银行、投资银行、资产管理公司、互联网金融机构和高等院校的专家学者的智慧，为上海国际金融中心建设和发展中的关键、重大问题，以及自贸区建设、上海建设具有全球影响力的科创中心、"一带一路"倡议的实施、"互联网+"、绿色金融、金融支持供给侧改革等国家重大战略的实施和联动机制建设提供决策咨询方案、理论依据和科学论证，同时也为金融机构提供订单研究、决策咨询和高端培训。2017年11月，在中国社会科学院中国社会评价研究院对全国智库进行的评估中，研究院被评为"中国核心智库"及"中国高校A类智库"。

上海国际金融与经济研究院(Shanghai Institute of International Finance and Economics，简称SIIFE)是由上海财经大学牵头，协同复旦大学、上海交通大学共同建设的高水平学术机构。研究院秉承"立足上海、放眼世界、献策中国"的理念，以高水平学术研究为依托，以重大任务为牵引，以学科建设和政策研究为导向，以理论创新和政策影响为驱动，协同上海各高校，汇聚全国乃至全世界顶尖应用经济学人才，前瞻性地提出国家发展与改革的重大问题，对接国家重大战略部署，为政府部门提供富有洞察力和学术前沿的建设性政策建议。

## 第四节　上海资产管理行业有关部门与服务机构

### 一、国家在沪金融管理部门

#### (一) 中国人民银行上海总部

中国人民银行上海总部于2005年8月10日正式成立。央行上海总部的成立，是完善中央银行决策与操作体系、更好地发挥中央银行的宏观调控职能的一项重要制度安排，同时也是推进上海国际金融中心建设的一项重要举措。根据上海总部的职能定位，上海总部机关内设综合管理部(党委办公室)、公开市场操作部、金融市场管理部、金融稳定部、调查统计研究部、国际部、金融服务一部、金融服务二部、外汇管理部、跨境人民币业务部、金融消费权益保护局(部)、现场检查部、人力资源部(党委组织宣传部)、纪检监察办公室(内审部)、中国反洗钱检测分析中心上海分中心(上海总部反洗钱监测分析中心)。

### （二）中国证监会上海监管局

中国证监会上海监管局为中国证券监督管理委员会在上海的派出机构，依照国家有关法律、法规和方针政策，对辖区的上市公司，证券期货经营机构，证券投资咨询机构及从事证券期货业务的律师事务所、会计师事务所、资产评估机构、资信评级机构等中介机构的证券期货业务活动进行监督管理。并依法调查辖区内监管范围的违法、违规案件，调解证券期货业务纠纷和争议。

### （三）中国银行保险监督管理委员会上海监管局

根据银保监会的授权和统一领导，依法依规独立对辖内银行业和保险业实行统一监督管理。制定银行业和保险业监管法规、制度方面的实施细则和规定，监督相关法规、制度在辖内的落实。对有关银行业、保险业机构及其业务范围实行准入管理，审查高级管理人员任职资格。对有关银行业、保险业机构实行现场检查和非现场监管，开展风险与合规评估，保护金融消费者合法权益，依法查处违法违规行为。统计有关数据和信息，跟踪、监测、预测辖内银行业、保险业运行情况。指导和监督地方金融监管部门相关业务工作。负责党的基层组织建设和干部队伍建设。完成银保监会交办的其他工作。

## 二、上海金融监管服务部门

### （一）上海市地方金融监督管理局

上海市地方金融监督管理局是主管全市地方金融监督管理和金融发展工作的市政府组成部门，为正局级，加挂上海市金融工作局牌子。上海市地方金融监督管理局下设政策法规处，金融调查统计处，金融稳定处，地方金融监督管理一处、二处、三处，金融发展协调处，金融市场服务处，金融机构服务处，金融合作处。主要职责包括促进各类金融机构集聚，吸引金融机构在沪发展，提升各类金融机构核心竞争力等。

### （二）上海市浦东新区金融工作局

上海市浦东新区金融工作局前身为上海市浦东新区金融服务局，是浦东新区人民政府的组成部门，负责推进上海国际金融中心核心承载区建设，致力于推进金融机构集聚和功能提升，推动金融市场体系和基础设施建设，促进金融服务地方经济社会发展，为金融机构和金融人才的发展提供良好的政府服务、打造法治化、国际化、便利化的营商环境。2015 年中国（上海）自由贸易试验区正式扩区后，自贸试验区管委会与浦东新区人民政府合署办公，浦东新区金融服务局承接了推动上海自贸试验区金融业开放创新的职能，加挂“中国（上海）自由贸易试验区金融服务局”牌子。2019 年 2 月，市委市政府批准《上海市浦东新区机构改革方案》，将浦东新区金融服务局更名为浦东新区金融工作局。

经过多年发展，浦东已经集聚了 12 家金融要素市场和基础设施，成为全球金融要素市场最完备、交易最活跃的地区之一，并形成持牌金融机构、新兴金融机构和金融专业服务机构共同发展的金融机构体系，是全球金融机构最密集的地区之一。截至 2019 年 9 月底，浦东共有银证保持牌类金融机构 1 069 家，其中银行类 281 家，证券类 489 家，保险类 299 家；在中基协私募股权/创业投资和私募证券投资基金管理人 1 688 家。金融机构多个细分领域的集聚度全国第一，其中外资法人银行 17 家，占上海的 80%，全国的 42%；外资保险法人公司 21 家，占上海的 87.5%，全国的 40%；航运保险运营中心 10 家，占上海的 91%，全国的 91%；合资证券公司 4 家，占上海的 57%，全国的 28%；合资公募基金 13 家，占上海的 81%，全国的 29%；外资资产管理公司 80 家，其中包括全球管理规模排名前十的公司中的 9 家，占上海的 97%，占全国的 95%。

浦东大力推进覆盖科创企业全生命周期的金融服务体系建设。优化上市服务链，促进新区企业上市挂牌。截至 2019 年 9 月底，新区累计拥有 107 家国内上市企业、56 家境外上市企业、152 家新三板挂牌企业、178 家上海股交中心挂牌企业。科创板开市以来，浦东已申报科创板企业共 11 家，其中已上市 6 家，占全市的 75%。浦东还设立了小微企业增信基金，通过补贴企业担保费的方式降低企业融资成本，通过增加风险代偿比例的方式降低银行贷款风险，通过奖励的方式鼓励银行创新贷款产品、做大小微企业贷款规模，累计帮助浦东小微企业获得银行贷款 67.8 亿元。

### （三）上海市黄浦区金融服务办公室

上海市黄浦区金融服务办公室组建于 2009 年，下设黄浦区行政服务中心和黄浦区金融发展服务中心，2019 年机构改革后加挂黄浦区投资促进办公室。作为区政府的组成部门，黄浦区金融办围绕上海国际金融中心建设总体战略，以外滩金融集聚带建设为重点，协调推进区域金融产业发展；落实推进金融供给侧结构性改革，促进新金融发展与区域金融功能提升；组织、指导、协调、管理与服务投资促进、楼宇经济、总部经济及安商留商工作。

目前全区现有持牌金融机构 664 家，上海 13 家金融要素市场中的 6 家落户黄浦，区域内银行、证券、保险等传统金融机构基础扎实，以资产管理、财富管理为特征的私人银行、信托、证券资产管理、基金等子行业优势明显,以产业金融、科技金融为代表的优质机构不断落地,实现了金融机构多类型、全方位、立体式的集聚。2018 年,黄浦区金融业增加值实现 916.88 亿元,占全区 GDP 的 40.4%,占全市金融业增加值的 15.86%;2018 年金融业实现总税收 161.21 亿元,同比增长 16.6%,占全区 23.7%,金融服务业已成为区高端服务业体系的核心产业,金融业发展的规模、比重与"一带"的地位作用相匹配。

**(四) 上海市虹口区金融工作局**

上海市虹口区金融工作局成立于 2019 年 4 月,其前身是上海市虹口区金融服务局。作为虹口区人民政府的组成部门,区金融工作局的主要职能是履行推动全区金融产业发展和维护金融环境稳定,共有 5 个内设机构:办公室、产业集聚科、产业管理科、资本市场科和金融稳定科,目前在编工作人员 18 人。局机关下属上海市虹口区金融服务中心为事业单位,目前在编工作人员 18 人。上海市虹口区金融工作局立足自身职能,促进金融产业集聚,完善对金融机构、金融人才的服务体系,加强金融领域交流与合作,持续推动北外滩财富管理高地和资产管理中心建设。

虹口区金融企业数量增长迅速,企业总数以年平均增长率 45%的超高速度增长,目前金融企业总数已达 1 550 家;资产管理规模达 5 万亿元;虹口金融企业包括公募基金 16 家,占全国公募基金总数的 1/9。公募基金子公司 23 家,券商、信托、保险资产管理子公司近 70 家,天使基金、VC/PE、并购基金近 900 家以及对冲基金和第三方机构近 400 家等,基本涵盖了我国目前所有持牌和新型金融业务领域,且产业高端化、国际化趋势显著。同时,虹口区积极对接自贸区金融开放创新,推进 FT 账户扩容政策落实,积极推进重点企业改制上市(挂牌)进程,主动对接上海证券交易所设立科创板,推动金融科技深度融合。

**(五) 上海市静安区金融服务办公室**

上海市静安区金融服务办公室为静安区政府工作部门,2019 年 4 月机构改革后下设 3 个科室:金融投资科,监督管理科和规划发展科。区金融办立足自身职能,围绕静安区"一轴三带"发展战略,积极推动多元化金融要素集聚,打造南京西路高端金融、苏州河两岸新兴金融服务业、中环两翼科技金融三条集聚带;全力构建高层次金融产业服务体系与立体化风险防范体系,切实推动区域金融发展、维护区域金融稳定。

静安区现有各类金融机构逾千家,涵盖了证券、资产管理、期货、银行、保险、基金、财务公司、小额贷款公司、融资担保、融资租赁及股权投资等多个领域,金融业态丰富。区内券商总部、财务公司、资产管理公司已形成集聚态势;外资金融在静安持续活跃,积累了一批以保险、资产管理和银行为主的优质外资金融机构;股权投资机构、数字金融等新兴金融产业集群粗具规模。金融服务业作为静安区五大重点产业之一,对区域经济发展的贡献程度日益增加,对其他产业发展的支撑力度不断扩大,已经成为静安经济发展的重要力量,并逐步发展成为上海国际金融中心的特色功能承载区。

### (六)陆家嘴金融城发展局

陆家嘴金融城发展局是经上海市人民政府同意,根据浦东新区人大有关决定,由浦东新区人民政府发起设立的法定机构,具有独立法人资格。发展局作为公共管理服务机构,通过企业化、专业化运作,实施和协调陆家嘴金融城(陆家嘴金融贸易区)区域内的公共事务,组织和落实业界共治的相关事项。主要职责包括负责金融城发展规划制定和实施;负责经济发展和投资促进;推动各类总部机构集聚以及鼓励各类要素市场创新等。

金融监管服务机构简述如表 4-16 所示。

表 4-16　金融监管服务机构简述

| 名称 | 主要职责 | 联系方式 |
| --- | --- | --- |
| 人民银行上海总部 | 根据总行提出的操作目标,组织实施中央银行公开市场操作;承办在沪商业银行及票据专营机构再贴现业务等;管理银行间市场,跟踪金融市场发展,研究并引导金融产品的创新;分析市场工具对货币政策和金融稳定的影响;负责对区域金融稳定和涉外金融安全的评估等 | 官方网站:http://shanghai.pbc.gov.cn/ |
| 中国银保监会上海监督局 | 贯彻执行国家有关法律法规和方针政策,依据中国银保监会的授权,对辖区内保险机构的经营活动进行监督管理;依法查处辖区内保险违法违规行为,维护保险市场秩序,依法保护被保险人利益;监测与防范辖区内保险风险,并将有关重大事项及时报中国银保监会等 | 官方网站:http://shanghai.circ.gov.cn |
| 中国证监会上海监管局 | 对辖区的上市公司、证券期货经营机构等的业务活动进行监督管理。并依法调查辖区内监管范围的违法、违规案件,调解证券期货业务纠纷和争议 | 官方网站:http://www.csrc.gov.cn/pub/shanghai/ |

（续表）

| 名称 | 主要职责 | 联系方式 |
| --- | --- | --- |
| 上海市地方金融监督管理局 | 促进各类金融机构集聚，吸引金融机构在沪发展，提升各类金融机构核心竞争力等 | 官方网站：www.jrj.sh.gov.cn |
| 上海市浦东新区金融工作局 | 负责推进上海国际金融中心核心承载区建设，致力于推进金融机构集聚和功能提升，推动金融市场体系和基础设施建设，打造法治化、国际化、便利化的营商环境 | 官方网站：http://www.pudong.gov.cn/jrj/ |
| 上海市黄浦区金融服务办公室 | 围绕上海国际金融中心建设总体战略，以外滩金融集聚带建设为重点，协调推进区域金融产业发展；落实推进金融供给侧结构性改革，促进新金融发展与区域金融功能提升 | 联系电话：021-63740636（办公室）<br>联系地址：上海市延安东路300号 |
| 上海市虹口区金融工作局 | 作为虹口区人民政府的组成部门，区金融工作局的主要职能是推动全区金融产业发展和维护金融环境稳定 | 联系电话：021-25658893 |
| 上海市静安区金融服务办公室 | 围绕静安区"一轴三带"发展战略，积极推动多元化金融要素集聚，打造南京西路高端金融、苏州河两岸新兴金融服务业、中环两翼科技金融三条集聚带；全力构建高层次金融产业服务体系与立体化风险防范体系，切实推动区域金融发展、维护区域金融稳定 | 联系电话：021-33372323<br>联系邮箱：jinrongban204@163.com<br>联系地址：上海市巨鹿路915号 |
| 上海陆家嘴金融城发展局 | 负责金融城发展战略研究、发展规划和年度计划的制定与实施；负责金融城经济发展和投资促进相关工作，统筹区域内相关资源；推进各类高能级金融、航运、贸易企业和总部机构的集聚和培育，促进优化以金融业为重点的产业生态链；对接和服务区域内金融机构，密切与金融市场参与方的联系；鼓励推动金融城各类要素市场、金融机构进行产品、业务和制度创新 | 联系电话：021-60893700<br>联系地址：上海市塘桥新路87号 |

资料来源：华宝证券研究创新部

## 三、上海地区行业自律组织以及服务机构

### （一）上海地区行业自律组织

#### 1. 上海金融业联合会

上海金融业联合会是由上海各金融同业公会、金融市场、大型金融机构及有

关中介服务行业组织共同发起成立的跨部门、跨行业、联合性的非营利性社会团体法人，业务主管单位是上海市金融服务办公室，登记管理机关是上海市社会团体管理局。2009 年 4 月 30 日，上海金融业联合会在上海外滩中心举行成立仪式。按照“立足上海，服务金融，推动创新，合作共赢”的宗旨，发挥金融各业态之间合作创新的交流平台作用，联系政府与金融机构之间的桥梁和纽带作用，以及向境内外宣传推介上海国际金融中心的重要窗口作用，促进上海国际金融中心的建设。

上海市金融业联合会官方网站：http://www.shfa.org.cn

2. 上海市银行同业公会

创立于 1918 年 7 月 8 日的上海市银行同业公会，于 1992 年 12 月 22 日恢复成立，时名上海市银行(外汇)同业协会，1998 年更名为上海市银行同业公会。公会是经上海市社会团体管理局批准，依法设立的由设在上海市行政区内的商业银行等金融机构自愿组成的专业性、非营利性、行业性的社会团体法人，其业务主管单位为上海银保监局。

上海市银行同业公会官方网站：http://www.shbanking.cn

3. 上海市基金同业公会

上海市基金同业公会是由上海基金行业相关业务单位发起并自愿组成的行业性的非营利性社会团体法人。登记机关为上海市民政局，业务主管单位为中国证监会上海监管局，接受上海市民政局和上海证监局的监督管理和业务指导。

上海市基金同业公会官方网站：http://www.samacn.org.cn

4. 上海市证券同业公会

上海市证券同业公会(以下简称“证券同业公会”)成立于 1997 年 1 月 31 日，证券同业公会是依据《中华人民共和国证券法》《社会团体登记管理条例》等有关法律、法规的规定设立的上海证券业自律性组织，由上海证券业相关单位自愿组成的行业性的非营利性社会团体法人。证券同业公会原名为上海市证券业协会，2003 年 7 月 17 日会员大会决定更名为上海市证券同业公会。上海市证券同业公会的业务主管单位为中国证监会上海监管局，同业公会接受登记管理机关和业务主管单位监督管理。

上海市证券同业公会官方网站：http://www.ssacn.org.cn/

5. 上海市期货同业公会

上海市期货同业公会成立于 2004 年 3 月 18 日，是以本市期货行业的企业以及相关企事业单位为主，包括期货公司和营业部、期货投资咨询机构、从事银行结算、期货中介以及服务业务的机构和研究单位自愿组成的行业自律管理和为本行业服务的非营利性社会团体法人。

上海市期货同业公会官方网站:https://www.shanghaifa.org.cn/

## (二) 上海地区相关服务机构

### 1. 中国人民银行征信中心

2006年3月,经中编办批准,中国人民银行设立中国人民银行征信中心,作为直属事业单位专门负责企业和个人征信系统(即金融信用信息基础数据库,又称企业和个人信用信息基础数据库)的建设、运行和维护。同时为落实《物权法》关于应收账款质押登记职责规定,征信中心于2007年10月1日建成应收账款质押登记系统并对外提供服务。2008年5月,征信中心正式在上海举行了挂牌仪式,注册地为上海市浦东新区。为资产管理行业提供个人征信服务和企业征信服务。

### 2. 上海市信用服务行业协会

上海市信用服务行业协会(缩写:SCSTA),成立于2005年6月,为本市从事信用服务的同业企业及其他经济组织自愿组成的跨部门、跨所有制的非营利行业性社会团体法人。协会现有会员单位49家,业务范围涵盖了信用管理咨询和培训、信用调查、资信评估、商账追收、信用担保、信用保险、保理等领域。

### 3. 上海市金融发展服务中心(上海市金融服务信息中心)

上海市金融发展服务中心(上海市金融服务信息中心)是上海市金融工作党委、上海市地方金融监督管理局直属的公益一类市级事业单位。其宗旨和业务范围是:为本市产业发展提供融资政策咨询及服务,向本市金融机构、金融中介机构提供政策、国内外合作交流咨询及服务、建设金融从业人员信息库,为金融人才引进、职业培训等提供公益服务。发布年度《上海金融行业从业人员统计调查报告》。

### 4. 陆家嘴金融城全球资产管理机构联合会

2018年11月12日,“陆家嘴金融城全球资产管理机构联合会”(简称陆家嘴全球资产管理联合会)成立,并召开“国际资产管理行业发展大会”。陆家嘴全球资产管理机构联合会首届会员单位由46家机构组成,其中包括31家全球知名资产管理机构在陆家嘴设立的独资子公司。全球最大公募基金先锋领航集团中国公司担任联合会会长单位,全球第四大资产管理公司富达投资、英国最大独资资产管理公司安本标准和欧洲最大保险集团德国安联中国公司为副会长单位。15家联席会员，即为外资资产管理提供服务的专业机构，包括汇丰银行、招商证券、通力律所以及安永会计师事务所等行业专业服务商。随后，陆家嘴全球资产管理机构联合会的影响范围不断扩大。2019年5月7日，法巴资产管理、荷宝资产、未来资产等10家境外知名资产管理公司与陆家嘴金融城签署合作备忘录，扩大在华业务。为更好地指导和支持外资资产管理机构参与中国银行间债券市场，中央国债登记结算有限责任公司（简称“中央结算公司”）作为首家特别会员加入陆家嘴全球资产管理机构联合会。中央结算公司的加入将发挥陆家嘴金融服务业的产业集群综合优势，更好地服务全球资产管理机构投资中国债券市场，促进上海发展成为全球人民币产品交易主平台和定价中心，支持上海打造全球资产管理中心。

得益于陆家嘴全球资产管理机构联合会的行业影响力，浦东陆家嘴已经成为全球资产管理机构在华的重要集聚地和展业地，已有51家国际知名资产管理机构在陆家嘴设立了71家外商独资资产管理公司；全球资产管理规模排名前十的资产管理机构已有9家落户；全国19家获得私募证券基金管理资格的外资私募中，17家位于陆家嘴；全国首批两家获得投资咨询业务资格的外资私募机构——路博迈、富敦均位于陆家嘴；全球第一家、目前规模排名第五的国家主权基金——科威特投资局也在陆家嘴设立了其在伦敦之外的第二家海外投资办公室（见表4-17）。

**表4-17 陆家嘴金融城的国际化规模**

| 序号 | 金融机构 | 事件 |
|---|---|---|
| 1 | 51家国际知名资产管理机构 | 在陆家嘴设立了71家外商独资资产管理公司 |
| 2 | 全球资产管理规模排名前十的资产管理机构 | 已有9家落户陆家嘴 |
| 3 | 全国19家获得私募证券基金管理资格的外资私募中 | 17家位于陆家嘴 |
| 4 | 全国首批两家获得投资咨询业务资格的外资私募机构——路博迈、富敦 | 均位于陆家嘴 |
| 5 | 全球第一家、目前规模排名第五的国家主权基金——科威特投资局 | 在陆家嘴设立了其在伦敦之外的第二家海外投资办公室 |

资料来源：陆家嘴金融城、华宝证券研究创新部

全球资产管理机构联合会承担了以下四个“平台”的任务：第一，成为资产管

理行业业界互助交流的平台，促进行业治理和自律，优化市场结构。第二，成为政府提供高效服务的平台，成为监管机构和地方政府贴近市场、提升服务的纽带。第三，成为资产管理机构综合服务的平台，不断吸收和吸引优秀的市场机构投资方，基金托管方和代销方，法律、财务、人才等第三方服务方加入，构建促进资产管理行业发展的综合体系。第四，成为海外推广和对外交流的开放平台，协助推广陆家嘴金融城品牌，促进人民币国际化进程、服务“一带一路”等。

支持资产管理机构拓宽业务范围，在监管部门的支持下，发挥自贸区金融改革效应，协助外资资产管理机构向金融监管部门申请相关牌照、获得业务许可，构建和完善专业服务体系，充分发挥金融城金融服务业发达、金融机构集聚优势，吸引优秀的机构投资方、基金托管方、代销方，以及法律、财务等第三方服务机构加入，构建促进资产管理行业发展的综合体系，在基金销售、品牌推广、产品发行等方面为外资资产管理提供全方位服务。促进金融和实体经济的良性互动，充分发挥陆家嘴总部经济集聚、商贸业发达的优势，增强要素资源配置的能力和效率，促进央企、民企、外企等各类市场主体的集聚，拓宽资产管理机构潜在客户基础，提升服务实体经济的能力。提高人才服务的针对性，充分把握外资金融机构中高端人才的特点和个性化诉求，进一步满足资产管理人才在落户、就学、就医等方面的合理要求，吸引优秀的全球资产管理人才来陆家嘴发展。构建有利资产管理行业健康发展的合规环境，在监管部门和市场主管部门支持下，加强投资者教育和风险防范，净化市场环境，努力做到去粗存精、去伪存真，着力营造有利资产管理行业健康发展的环境，切实维护区域金融稳定。积极促进金融城海外推广，与陆家嘴国际资产管理机构一起共同推广金融城品牌，加强与境外主要国家的行业协会、政府平台等深度合作，共同举办海外论坛、专场交流活动，扩大海外影响，帮助陆家嘴外资资产管理机构在国际业务布局中的地位得到不断提升。

## 第五节　上海地区金融市场和资产管理特色品牌

### 一、上海地区有关金融市场

#### （一）中国外汇交易中心

中国外汇交易中心暨全国银行间同业拆借中心成立于1994年4月18日，交易中心总部设在上海张江高科技园区，在北京设有北京中心，在上海外滩和北京建有数据备份中心和异地灾备中心。交易中心为银行间外汇市场、货币市场、债券市场和衍生品市场提供交易系统并组织交易，同时履行市场监测职能，保障市场平稳、健康、高效运行。

交易中心坚持“多种技术手段、多种交易方式，满足不同层次市场需求”的业务方针，以建设“全球人民币及相关产品交易主平台和定价中心”为目标，为银行间外汇市场、货币市场、债券市场等现货及衍生产品提供发行、交易、交易后处理、信息、基准和培训服务，承担市场交易的日常监测、利率定价自律机制和全国外汇市场自律机制秘书处工作，为中央银行货币政策操作与传导提供支持和服务，受权发布人民币汇率中间价、上海银行间同业拆放利率(Shanghai Interbank Offered Rate，简称 SHIBOR)、贷款市场报价利率(Loan Prime Rate，简称 LPR)、人民币参考汇率等。主要业务包括：一是交易服务。提供交易系统组织交易，可交易的外汇产品包括外汇即期、掉期、远期、期权和外币拆借等，人民币产品包括信用拆借、回购、现券买卖、利率互换、利率期权等。二是交易后处理服务。提供高效的交易确认、压缩、对账及支付结算支持等金融交易生命周期管理服务。三是信息服务。形成银行间市场交易数据库，为用户提供综合数据信息服务。四是基准服务，计算和发布汇率、利率市场基准。五是技术服务。建设银行间市场金融技术标准体系，创建金融科技实验室，提供系统接入培训和验收、ISV(Independent Software Vendors，独立软件开发商)认证考核、数字证书服务等。

### (二) 上海证券交易所

上海证券交易所(简称“上交所”)成立于 1990 年 11 月 26 日，是中国证券监督管理委员会直属事业单位。

上交所拥有股票、债券、基金、衍生品四大类证券交易品种，主要业务包括：提供证券集中交易的场所、设施和服务；制定和修改上交所的业务规则；按照国务院及中国证监会规定，审核证券公开发行上市申请；审核、安排证券上市交易，决定证券终止上市和重新上市等；提供非公开发行证券转让服务；组织和监督证券交易；组织实施交易品种和交易方式创新；对会员进行监管；对证券上市交易公司及相关信息披露义务人进行监管，提供网站供信息披露义务人发布依法披露的信息；对证券服务机构为证券发行上市、交易等提供服务的行为进行监管；设立或者参与设立证券登记结算机构；管理和公布市场信息；开展投资者教育和保护；法律、行政法规规定的以及中国证监会许可、授权或者委托的其他职能。

### （三）上海期货交易所

上海期货交易所(简称“上期所”)成立于1999年,是中国证券监督管理委员会直属事业单位。

上期所坚持以世界眼光谋划未来,以国际标准建立规则,以本土优势彰显特色,以“建设成为世界一流交易所”为目标,做好“寻标、对标、达标、夺标”四篇文章,持续推进产品多元化、市场国际化、信息集成化、技术强所、人才兴所、全面风险管理等六大战略,努力提高服务实体经济的能力和水平以及在全球范围内的影响力。上期所目前已上市铜、铝、锌、铅、镍、锡、黄金、白银、螺纹钢、线材、热轧卷板、原油、燃料油、石油沥青、天然橡胶、纸浆、20号胶、不锈钢等期货品种以及铜、天然橡胶、黄金等期权合约。主要业务包括:提供期货交易的场所、设施及相关服务;制定并实施期货交易所的业务规则;设计期货合约、安排期货合约上市;组织、监督期货交易、结算和交割;制定并实施风险管理制度,控制市场风险;保证期货合约的履行;发布市场信息;监管会员期货业务,查处会员违规行为;指定交割仓库并监管其期货业务;指定结算银行并监督其期货结算业务;以及中国证监会规定的其他职能。

### （四）中国金融期货交易所

中国金融期货交易所(简称“中金所”)成立于2006年9月8日,是中国证券监督管理委员会批准的公司制法人。

中金所按照“高标准、稳起步”的原则,积极推动金融期货、期权品种的上市,努力完善权益、利率、外汇三条产品线,满足参与者多样化风险管理需求。采取全电子化交易方式,以高效安全的技术系统为强大后盾,在借鉴国内外交易所先进技术成果和设计理念的基础上,建立了一个结构合理、功能完善、运行稳定的金融期货交易运行平台。同时,建立了投资者适当性、跨市场协调监管、异常交易监控等一系列制度,维护金融市场正常秩序,维护市场公开、公平、公正,维护投资者特别是中小投资者合法权益,牢牢守住不发生系统性风险的底线。目前,中金所已上市3个股指期货品种、3个国债期货品种,2019年12月23日上市国内首个股指期权品种——沪深300股指期权。主要业务包括:组织安排金融期货等金融衍生品上市交易、结算和交割,制订业务管理规则,实施自律管理,发布市场交易信息,提供技术、场所、设施服务,以及中国证监会许可的其他职能。

### （五）中国银联

中国银联股份有限公司(以下简称“中国银联”)成立于2002年3月26日,

是中国人民银行批准的公司制法人。

中国银联成立以来，在中国人民银行的领导下，联合商业银行等产业各方，圆满完成了国内银行卡"联网通用"历史使命，成功创建了"银联"自主品牌。近年来，中国银联不断深化改革，加快创新发展，积极推进向市场化、国际化、数据型、科技型公司转型，努力打造具有全球影响力的开放式平台型综合支付服务商。经过多年的业务积累与创新实践，中国银联已建立了包括银行卡、互联网支付、移动支付及各类创新支付工具在内的多层次、多元化线上线下产品体系。截至2019年年底，银联卡累计发行超过85亿张，移动支付用户数、云闪付App用户数分别达3.2亿、2.4亿，云闪付App作为银行业移动支付统一入口的作用逐步增强；银联受理网络已延伸至全球178个国家和地区，联网商户6 000多万户，境内外成员机构超过3 600家。主要业务包括：一是建设和运营保障银行卡跨地区、跨银行、跨境使用的清算系统。二是制定与银行卡相关的业务规则和技术标准。三是管理和经营"银联"品牌。四是提供先进的电子支付技术、数据服务、电信业务以及相关专业化服务等。

### （六）上海黄金交易所

上海黄金交易所（简称"上金所"）成立于2002年10月30日，是中国人民银行组建的会员制法人。

成立18年来，上海黄金交易所顺应中国经济崛起和金融改革开放大势，坚持服务实体经济和金融市场发展的原则，推动中国黄金市场实现了从无到有、从小到大、由弱到强的跨越式发展，近年来，先后推出全球首个以人民币计价的黄金基准价格"上海金"，努力服务实体经济，积极助力人民币国际化，已成为中国黄金市场的枢纽以及全球重要的黄金、白银、铂金交易中心。主要业务包括：一是交易服务，目前，中国已逐步形成了以上金所集中统一的一级市场为核心，竞争有序的二级市场为主体，多元的衍生品市场为支撑的多层次、全功能的黄金市场体系，业务涵盖竞价、定价、询价、报价、金币、租借、黄金ETF等市场板块，共有近60个合约。二是清算服务，上金所实行"集中、净额、分级"的结算原则，目前主板业务有指定保证金存管银行近20家，国际板业务有指定保证金存管银行近10家。三是交割储运服务，上金所实物交割便捷，在全国36个城市使用67家指定仓库，满足了国内包括金融、生产、加工、批发、进出口贸易等各类黄金实体企业的出入库需求。

### （七）上海清算所

银行间市场清算所股份有限公司（以下简称"上海清算所"）成立于2009年

11 月 28 日，是中国人民银行批准的公司制法人。

上海清算所是我国银行间市场唯一一家专业化集中清算机构、三大债券登记托管结算机构之一，坚持“规范化、市场化和国际化”目标，在银行间市场成功引入并持续拓展中央对手清算机制，建立了统一、专业的中央对手清算服务体系；创新发展并不断完善债券登记托管结算服务，建成我国信用债登记托管结算中心；构建完整高效的风险管理体系，被人民银行认定为合格中央对手方，获美国商品期货交易委员会许可，可向美国金融机构提供自营清算服务。主要业务包括：一是集中清算服务。为债券、利率衍生品、外汇和汇率衍生品、信用衍生品及大宗商品衍生品市场提供中央对手清算服务，为大宗商品现货市场提供清算服务。二是登记托管结算服务。为金融债券、非金融企业信用债券、货币市场工具、凭证类信用衍生品提供招标发行、登记托管、清算结算的全流程、一站式服务。三是风险管理与估值服务。提供风险监测识别与违约处置服务；提供指数及产品估值服务。四是统计信息服务。提供业务统计数据、运行分析报告和专业研究文章等。五是普惠金融服务。组织清算和托管业务专业培训，定期组织清算所沙龙，举办专业国际研讨会。

### （八）上海保险交易所

上海保险交易所成立于 2016 年 6 月 12 日，是中国银行保险监督管理委员会直接管理的公司制法人。

上海保险交易所坚持行业基础设施的定位，以建设标准化、规范化、数字化场内保险交易功能框架体系为目标，积极搭建保险、再保险、保险资管、健康保险等业务平台，配套推出账户、清结算、反欺诈等功能服务，采用协议交易、询价交易、保险中介机构撮合交易等方式，充分运用现代信息技术，提高交易效率，降低交易成本，着力发挥好服务监管、服务市场两个作用，推动实现“让保险交易更有效率，让保险产品更加惠民”，努力打造“立足上海、面向全国、辐射全球”的世界一流交易所。主要业务包括：一是为保险、再保险、保险资产管理及相关产品的交易提供场所、设施和服务，制定并实施相关业务规则；二是协助委托人选择保险经纪公司、保险公司、再保险公司等保险机构及办理相关手续；三是代理销售保险及相关产品并代理收取费用；四是提供保险、再保险、保险资产管理的支付、结算；五是提供信息安全咨询、信息技术外包服务；提供与保险、再保险市场相关的研究咨询、教育培训及数据信息服务；六是开展与公司业务相关的投资以及法律法规允许的其他业务。

### （九）上海票据交易所

上海票据交易所(简称“票交所”)成立于 2016 年 12 月 8 日，是中国人民银行批准的公司制法人。

票交所是我国金融市场的重要基础设施，具备票据报价交易、登记托管、清算结算、信息服务等功能，承担中央银行货币政策再贴现操作等政策职能，是我国票据领域的登记托管中心、业务交易中心、创新发展中心、风险防控中心、数据信息中心。票交所的建设和发展，有利于进一步完善中央银行宏观调控，优化货币政策传导，增强金融服务实体经济的能力，将大幅提高票据市场的安全性、透明度和交易效率，激发票据市场活力，更好地防范票据业务风险。主要业务包括:一是提供票据集中登记和托管服务。二是为票据市场贴现、转贴现等提供交易平台服务。三是为票据市场提供清算结算以及交易后处理服务，包括清算、结算、交割、抵押品管理等。四是为中国人民银行再贴现业务提供技术支持。五是提供票据市场信息、研究、咨询、培训、中介服务。六是为票据证券化产品、票据衍生品等创新产品提供登记托管、报价交易、清算结算服务。七是为票据市场中介开展业务提供相关服务。八是经中国人民银行批准的其他业务。

### （十）中国信托登记公司

中国信托登记有限责任公司(简称“中国信登”)成立于 2016 年 12 月 26 日，是中国银行保险监督管理委员会监督管理的公司制法人。

中国信登定位为信托业的信托产品及其信托受益权登记与信息统计平台、信托产品发行与交易平台及信托业监管信息服务平台，忠实履行监管部门赋予的职能。2017 年 9 月，上线投产信托登记系统，填补全国信托业集中统一登记的空白，至 2018 年 8 月完成全国信托业全量信托产品初始信息归集，2019 年 1 月启动信托受益权定期报送，信托业数据中心初步形成，截至 2019 年年底信托业资产规模 21.6 万亿元，已登记的信托受益权信息 140.3 万条。2019 年 9 月，上线投产信托受益权账户系统，实现我国信托受益权账户体系建设零的突破，全国各国有大型商业银行、各全国性股份制商业银行等银行类法人机构及其产品开立受益权账户，全国各信托公司基本成为受益权账户代理开户机构，为信托产品的发行交易流转和行业流动性风险缓释奠定基础。主要业务包括:一是集合信托计划发行公示。二是信托产品及其信托受益权登记，包括:预登记、初始登记、变更登记、终止登记、更正登记等。三是信托产品发行、交易、转让、结算等服务。四是信托受益权账户的设立和管理。五是信托产品及其权益的估值、评价、查询、咨询等相关服务。六是信托产品权属纠纷的查询和举证。七是提供其他不需要办理法定权属登记的信托财产的登记服务。八是国务院银行业监督管理机构批准的其他业务。

### (十一) 跨境清算公司

跨境银行间支付清算有限责任公司(简称“跨境清算公司”)成立于2015年7月31日,是中国人民银行批准的公司制法人。

跨境清算公司负责人民币跨境支付系统(Cross-border Interbank Payment System,简称CIPS)的开发运行维护,开展参与者服务、产品创新、标准建设和市场拓展等工作。CIPS系统是专司人民币跨境支付清算业务的批发类支付系统,致力于提供安全、高效、便捷和低成本的资金清算结算服务,是我国重要的金融市场基础设施。公司以“哪里有人民币,哪里就有CIPS服务”为使命担当,按照“市场化、专业化、国际化”发展定位,坚持“系统运行、市场经营”协调的“双支柱”发展策略,秉承“市场服务、品牌建设”并重的“双引擎”经营原则,做到前中后台服务紧密对接、境内境外两个市场联动,以多元化服务和多样化产品满足不同类型机构不同层次的业务需求,全力把CIPS系统建设成为人民币国际支付清算的“主渠道”。截至2019年年底,CIPS系统共有33家直接参与者,903家间接参与者,覆盖全球6大洲94个国家和地区。主要业务包括:为境内外金融机构和中国人民银行允许的其他机构提供人民币跨境支付清算服务、数据处理服务、信息技术服务和投资人委托的其他相关业务,以及经中国人民银行批准的其他业务和服务。CIPS系统支持跨境贸易和直接投融资结算、跨境汇款、金融市场业务等业务种类,2019年新增“清算机构借贷功能”,支持非银行支付机构人民币跨境交易资金清算。

### (十二) 城银清算公司

城银清算服务有限责任公司(简称“城银清算”)成立于2018年12月29日,是中国人民银行批准的公司制法人。

自成立以来,城银清算始终坚持落实中国人民银行关于统筹监管金融基础设施和防范系统性金融风险的政策导向,聚焦服务城市商业银行等中小金融机构并助力普惠金融发展。目前,城银清算通过强化支付清算、金融科技、合作交流三大职能,形成互相支撑、协同发展、合作共赢的综合服务体系。截至2019年年底,城银清算服务机构数量共433家,其中城商行128家、民营银行12家、村镇银行286家、其他银行7家。城银清算支付清算系统汇兑业务通汇网点达

9 902 个，辐射 29 个省(直辖市、自治区)。此外，城银清算持续推动公司治理，注重风险管控，勇担社会责任，并有效依托长三角地缘优势，进一步拓宽国内支付清算渠道，增强支付清算服务能力，服务好小微企业和民营经济，为持续加快推进上海国际金融中心建设和金融支持长三角一体化发展国家战略做出积极贡献。主要业务包括：一是支付清算服务，包括普通汇兑和实时贷记、通存通兑、实时借记、银行汇票、人民币跨境支付系统代理清算。二是一点接入服务，包括一点接入上海票据交易所系统、一点接入网联平台、一点接入电子信用证信息交换系统。三是信息服务，包括跨行账户验证和数据服务平台。四是系统托管服务，包括协助银行实现网上银行、移动银行、微信银行、门户网站、短信平台等功能。五是信息技术服务，整合各类资源，提供全方位的金融科技运营服务。

### (十三) 中央国债登记结算公司上海总部

中央国债登记结算有限责任公司(简称“中央结算公司”)成立于 1996 年 12 月 2 日，是国务院出资设立的公司制法人。公司于 2015 年 7 月设立上海分公司，2017 年 12 月升级为上海总部。

公司是中国金融市场重要基础设施，从国债集中托管起步，逐步发展成为各类金融资产的中央登记托管结算机构。公司是财政部唯一授权的国债总托管人，主持建立、运营全国国债托管系统；是中国人民银行指定的银行间市场债券登记托管结算机构，商业银行柜台记账式国债交易一级托管人；是发展改革委授权的企业债总登记托管人和发行受理审核机构，并根据授权开展企业债券中介机构信用评价、政府出资产业投资基金登记和全国国有企业债务风险监测工作；根据银保监会授权，承担理财信息登记系统和信贷资产登记流转系统的开发运行工作。在各主管部门和上海市的指导支持下，公司积极对接上海国际金融中心和自贸试验区建设，设立上海总部，集聚人民币债券跨境发行中心、人民币债券跨境结算中心、中债担保品业务中心、中债金融估值中心、上海数据中心五大核心功能平台。主要业务包括：在沪支持债券发行逾 4 万亿元，助力提升直接融资比重；支持 1 120 家境外机构开立债券账户，托管债券余额 1.9 万亿元，服务债市扩大开放；管理债券担保品 13.2 万亿元，打造人民币金融体系的“流动性管理中枢”和“风险管理阀门”；编制发布上海关键收益率(Shanghai Key Yield，简称 SKY)、中债 iBoxx 指数、中债长三角系列债券指数等，构建人民币金融市场定价基准，打造依托上海、辐射全球的“人民币利率定价中心”。

### (十四) 中国证券登记结算公司上海分公司

中国证券登记结算有限责任公司(简称“中国结算”)设立于 2001 年 3 月 30

日，是经中国证监会批准的企业法人，总部设在北京。2001年9月20日，原上海证券中央登记结算公司改组为中国结算上海分公司，为上海证券市场提供集中的登记、存管与结算服务。

公司管理的登记结算系统属于金融基础设施，承担了四项资本市场核心功能：一是中央对手方，二是中央登记系统，三是交收系统，四是交易数据库。按照中国结算规划部署，上海分公司秉承安全、高效的基本原则，为登记结算系统各类参与者参与场内场外、公募私募以及跨境证券现货和衍生品投融资提供规范、灵活、多样的服务。截至2019年年底，服务对象包括1.6亿投资者、1 574家股票发行人、3 191家债券发行人、254家境内外结算参与机构。业务品种包括A股、B股、港股、债券、基金、资产证券化等现货产品，股票期权等衍生品。结算模式包括多边净额结算、双边净额结算、实时逐笔全额结算、代收代付，2019年结算总额1 006.4万亿元。主要业务职能包括：一是证券账户业务，为投资者开立和管理证券账户。二是证券登记业务，为证券发行人提供证券及权益登记服务，管理证券持有人名册，确认持有人法定权益，为持有人提供质押登记服务。同时，为债券在交易所与银行间市场提供转托管（转登记）服务。三是证券结算业务，为结算参与机构开立并管理结算账户，组织结算参与机构完成证券和资金的清算交收，防范上海证券市场结算风险。四是证券存管业务，办理证券的集中保管和过户，受托向投资者派发证券权益。

**（十五）上海股权托管交易中心**

上海股权托管交易中心（简称“上股交”）成立于2010年7月19日，是上海市政府批准、中国证券监督管理委员会（以下简称中国证监会）备案的本市唯一合法的区域性股权市场。

上股交秉持“缓解中小微企业融资难、促进实体经济发展”的核心理念，致力于发挥“股份交易中心、资源集聚中心、上市孵化中心、金融创新中心”的功能，努力为非上市公司融资发展发挥促进作用。截至2019年年底，共计服务企业10 311家；实现股权融资1 594.7亿元，债权融资839.8亿元；实现交易374.9亿元；培育孵化41家企业实现上市或被上市公司并购，3家企业实现跨境融资。上股交科创板被国务院确定为全面创新改革典型案例，作为全国唯一的金融创新案例亮相2019年全国“双创”活动周，并获得了中国证监会对其对接上交所科创板的公开文件支持。主要业务包括：一是科技创新板（N板）。服务科技型、创新型、中小型股份公司，助推企业转上交所科创板上市。二是股份转让系统（E板）。为已度过初创期，有一定规模和持续经营能力的股份公司提供金融服务。三是展示系统(Q板)。为企业提供规范运营、能级提升、重组并购、展示宣传等服务,其中科创企业助力层特别为上交所科创板上市提供专业化培育孵化服务。四是债转股转股资产交易平台。为符合国家降杠杆政策的股权资产,提供挂牌交易、登记托管、清算交收等服务。五是股权托管系统。为非上市股份公司、银行业及地方金融机构提供股权登记托管、过户登记等服务。六是债券系统。为企业发行可转换成股票的债券提供发行、交易、登记结算等服务。

## 二、上海金融景气指数

上海金融景气指数由上海金融业联合会和新华社中国经济信息社联合编制,指数从2010年设立以来,已累计发布13期,在业内产生了广泛的影响,被誉为反映上海金融业发展情况的“风向标”和“晴雨表”。

2020年10月23日,上海金融景气指数(第十四期)在沪发布。指数报告显示,2019年上海金融景气指数达到5 653点,同比增长9.5%。与2006年基期相比,指数在14年里翻了五倍,年均复合增长率达到14.3%。从国际对标来看,上海国际金融中心在2019年取得了重大突破,综合实力和品牌影响力有了长足的进步。2019年主要国际金融中心景气发展排名依次为上海、香港、孟买、纽约、首尔、新加坡和伦敦。其中,上海金融景气发展程度领先排名;新加坡和伦敦成长较快,增速超过10%;香港小幅增长1.86%,持续四年位居第二;其余三地小幅下滑。指数报告认为,目前,上海已经形成较完备的包括股票、债券、货币、外汇、商品期货、金融期货与场外衍生品、黄金、保险等在内的全国性金融市场体系。同时,上海自贸试验区成立五年来,已发布10批、100多个金融创新案例,为全国金融业改革积累了经验。上海已经逐渐成为国内金融发展环境最佳的区域之一,市场机制进一步优化完善,信用体系建设取得重要进展,金融生态环境的“上海范本”已经初步形成。

上海金融景气指数采用主客观相结合的评价体系,针对部分难以量化的领域,如生态环境、金融创新等采用主观调研问卷的评价方式。问卷主要面向上海银行业、证券业、保险业等行业中高层管理者和专业技术人员发放,共回收1 249份有效问卷。调查问卷结果显示,金融从业者对上海金融业各个维度的景气评价维持在“较好”水平,特别是金融人才、金融国际化和金融生态环境景气度较高。大部分受访从业者认为,2019年上海金融业整体景气状况较前一年有所改善,其中金融国际化、金融创新有较大进步。

## 三、上海地区资产管理行业特色品牌

近年来，上海市、区政府部门、行业协会、学术组织等组织举办了多样化的资产管理宣传活动，其中陆家嘴论坛占据主要引导地位，促进了上海资产管理行业的长久发展。一系列活动包括：全球财富管理论坛上海峰会·苏河湾、陆家嘴金融城“国际资管行业发展大会”、中国首席经济学家论坛年会、北外滩财富与文化论坛、北外滩绝对收益投资学会、中国量化金融峰会、中国北外滩财富管理峰会等（见表4-18）。

**表4-18 上海资管特色活动部分汇总**

| 主办单位 | 活动名称 |
| --- | --- |
| 上海市人民政府 | 陆家嘴论坛 |
| 全球财富管理论坛、上海市金融工作局、静安区 | 全球财富管理论坛上海峰会·苏河湾 |
| 浦东新区 | 陆家嘴金融城“国际资产管理行业发展大会” |
| | 陆家嘴银行理财高峰论坛 |
| 虹口区 | 中国首席经济学家论坛年会 |
| | 北外滩资产管理峰会 |
| | 北外滩财富与文化论坛 |
| | 北外滩绝对收益投资学会 |
| | 中国量化金融峰会 |
| | 中国北外滩财富管理峰会 |
| | 《零售银行》杂志、《财富管理》杂志、中国首席经济学家论坛研究院，举办中国零售银行财富管理论坛 |
| 黄浦区、中国金融四十人论坛（CF40） | 外滩金融峰会 |
| 上海金融业联合会 | 金治会 |
| | 中国PPP融资论坛 |
| | 陆家嘴资产证券化论坛 |
| | 上海金融家沙龙 |
| | 沪港金融论坛 |
| | 外滩国际金融峰会 |

（续表）

| 主办单位 | 活动名称 |
| --- | --- |
| 上海证券报 | 年度上证财富管理峰会 |
| | 金基金、金理财、金阳光、金融资、诚信托等评选活动 |
| 上海期货交易所 | 期货机构投资者年会 |
| 21世纪经济报道 | 年度中国资产管理年会 |
| 上海新金融研究院 | 浦山讲坛 |
| CFA中国上海 | 中国投资论坛系列 |

资料来源：华宝证券研究创新部

上海的主要金融监管部门、金融市场等信息可见表4-19，其中，金融基础设施为中国信托登记公司、跨境银行间支付清算（上海）有限责任公司、上海清算所、中央国债登记结算有限责任公司上海总部、中国证券登记结算有限公司上海分公司等。总体来看，上海的金融市场、相关组织、基础设施等均处于全国领先地位。

表4-19　上海的各大金融机构及设施相关信息情况

| 金融监督管理部门 | 金融市场 | 专业司法机构 | 协会自律组织 | 金融基础设施 |
| --- | --- | --- | --- | --- |
| 上海市地方金融监督管理局（上海市金融工作局） | 中国外汇交易中心 | 上海金融法院 | 上海市银行同业公会 | 中国信托登记公司 |
| 中国人民银行上海总部 | 上海黄金交易所 | 上海金融仲裁院 | 上海市证券同业公会 | 上海清算所 |
| 上海银保监局 | 上海证券交易所 | — | 上海市期货同业公会 | 跨境银行间支付清算（上海）有限责任公司 |
| 上海证监局 | 上海期货交易所 | — | 上海市基金同业公会 | 中央国债登记结算有限责任公司上海总部 |
| — | 上海保险交易所 | — | 上海市保险同业公会 | 中国证券登记结算有限公司上海分公司 |
| — | 中国金融期货交易所 | — | 上海市互联网金融行业协会 | 中证投资者保护中心 |

（续表）

| 金融监督管理部门 | 金融市场 | 专业司法机构 | 协会自律组织 | 金融基础设施 |
| --- | --- | --- | --- | --- |
| — | 上海票据交易所 | — | 上海股权投资协会 | 城银清算服务有限责任公司 |
| — | 中国银联股份有限公司 | — | 上海市国际股权投资基金协会 | — |
| | | | 上海创业投资行业协会 | |
| — | 上海股权托管交易中心 | — | 陆家嘴金融城全球资产管理机构联合会 | — |

资料来源：华宝证券研究创新部

# 第五章 上海建设全球资产管理中心战略分析

## 第一节 上海建设全球资产管理中心的战略背景

我国金融行业对外开放是当前金融领域最为热门的话题。当下，我国金融行业的对外开放呈现出循序渐进、深化加快的趋势。具体而言，体现在我国金融市场要素的全面对外开放、金融交流活动逐渐增多、金融行业对外开放政策逐一落实实施。

### 一、我国金融要素市场对外开放

金融要素市场的对外开放，主要是指各类型的金融产品和服务的对外开放。2019 年，我国金融要素市场无论是内部市场和产品的开放程度，还是外部市场的接受程度，都呈现出双向开放的局面，金融要素市场对外开放是我国建设国际金融中心的必要条件。

#### （一）我国金融市场对外开放

我国金融要素市场对外开放最初可以追溯到中国加入 WTO 时期。2001 年，中国加入 WTO 时，对金融服务领域中的银行、保险、证券实行市场准入原则、国民待遇原则，全面放开市场当中资格业务的无歧视发放，对外资金融机构设立的持股比例、业务范围、地域范围、经营业务内容等不得进行非国民限制。2018 年以来，面对错综复杂的经济形势以及单边主义和贸易保护主义抬头，我国金融市场对外开放却不断加深。在股票市场、债券市场和互联网金融的移动支付等市场，呈现出全面一致的对外开放趋势（见表 5-1）。

#### （二）我国金融产品与服务对外开放

除了金融市场对外不断开放外，我国金融产品与服务等也呈现出加快对外开放的局面（见表 5-1）。

表 5-1 近几年我国金融市场对外开放情况

| 领域 | 放开情况 | 具体内容 |
| --- | --- | --- |
| 银行 | 外资持股比例限制 | 2017 年 12 月,银监会发布《银监会积极稳妥推进银行业对外开放》通知,经国务院批准,取消对中资银行和金融资产管理公司的外资单一持股不超过 20%、合计持股不超过 25%的持股比例限制,实施内外一致的股权投资比例规则 |
| | 外国银行子行与分行 | 2018 年 12 月,银保监会发布修订后的《中华人民共和国外资银行管理条例实施细则》,允许外资银行在我国境内同时设立子行和分行,并进一步扩大了外资银行的业务范围 |
| | 市场准入、货币经纪公司 | 2019 年 7 月,国务院金融稳定发展委员会发布 11 条金融开放政策措施:允许外资银行理财子公司设立、银行间债券市场承销牌照、货币经纪公司 |
| | 业务资质、储蓄门槛 | 2019 年 10 月,国务院发布关于修改《中华人民共和国外资银行管理条例》;2019 年 12 月,银保监会修订了《中华人民共和国外资银行管理条例实施细则》,诸如取消来华设立机构的外国银行总资产要求、取消人民币业务审批、降低外国银行分行吸收人民币零售存款门槛 |
| | 外汇交易 | 2020 年 5 月金融委办公室地方协调机制出台金融服务若干意见,支持跨国公司在上海设立的资金管理中心经批准后进入银行间外汇市场交易 |
| 信托 | 外资持股比例限制 | 2015 年,《中国银监会信托公司行政许可事项实施办法》完全放开外资股东对信托公司的持股比例;<br>2019 年 11 月,《信托公司股权管理暂行办法(征求意见稿)》取消境外金融机构入股信托的限制要求 |
| | 设立门槛 | 2019 年 5 月,银保监会近期拟推出 12 条对外开放新措施,取消境外金融机构投资入股信托公司的 10 亿美元总资产要求 |
| 证券 | 外资持股比例限制 | 2019 年 7 月,国务院金融稳定发展委员会发布 11 条金融开放政策措施,将原定于 2021 年取消证券公司外资股比限制的时点提前到 2020 年;<br>2020 年 3 月,自 2020 年 4 月 1 日起取消证券公司外资股比限制,符合条件的境外投资者可依法提交申请 |
| | 业务范围 | 2018 年 4 月,证监会发布《外商投资证券公司管理办法》允许外资控股合资证券公司,并明确将逐步放开合资证券公司业务范围 |
| | 外国人开户 | 2018 年 8 月,证监会正式发布《关于修改〈证券登记结算管理办法〉的决定》《关于修改〈上市公司股权激励管理办法〉的决定》,进一步放开符合规定的外国人开立 A 股证券账户的权限 |

（续表）

| 领域 | 放开情况 | 具体内容 |
|---|---|---|
| 保险 | 外资持股比例限制 | 2018年4月，银保监会发布实施15条对外开放措施，宣布外资持股比例可放宽至51%，三年后即不再做限制 |
| | 准入条件、国民待遇 | 2019年5月，银保监会推出12条对外开放新措施，诸如允许境外金融机构入股在华外资保险公司；取消外国保险经纪公司在华经营保险经纪业务需满足30年经营年限、总资产不少于2亿美元的要求等 |
| | 准入条件、持股比例、业务范围 | 2019年7月，国务院金融稳定发展委员会办公室发布11条金融业对外开放措施：诸如允许设立由外方控股的理财公司，设立、参股养老金管理公司、人身险外资持股、保险资产管理公司 |
| | 子公司 | 2019年10月，国务院发布关于修改《中华人民共和国外资保险公司管理条例》，外国保险集团公司可以在中国境内设立外资保险公司 |
| | 持股比例 | 2020年5月，金融委办公室地方协调机制出台金融服务若干意见，推进人身险外资股比限制从51%提高到100%在上海率先落地 |
| 基金 | 公募基金外资持股比例限制 | 2018年，中国宣布将合资证券、基金管理和期货公司的外资投资比例限制放宽至51%，三年后不再设限；<br>2019年7月，国务院金融稳定发展委员会办公室宣布将原定于2021年取消基金管理公司的时点提前到2020年 |
| | 私募基金申请注册管理人 | 2016年6月，基金业协会发布《私募基金登记备案相关问题解答（十）》，允许符合条件的外商独资和合资企业申请登记成为私募证券基金管理机构，并开展包括二级市场证券交易在内的私募证券基金管理业务，基金业协会负责开展对外资私募机构的登记工作 |
| 支付 | 第三方支付准入条件 | 2018年3月，中国人民银行对外发布《中国人民银行公告〔2018〕第7号》，明确外商投资支付机构的准入和监管政策 |

资料来源：华宝证券研究创新部

**表5-2　金融产品与服务对外开放**

| 金融产品 | 开放内容 |
|---|---|
| 银行存贷款 | 降低外国银行分行吸收人民币零售存款门槛至50万元，2019年12月，《中华人民共和国外资银行管理条例实施细则》予以实施 |
| 银行理财 | 允许境外资产管理机构与中资银行或保险公司的子公司合资设立由外方控股的理财公司，2019年12月，中国银保监会批准东方汇理资产管理公司和中银理财有限责任公司在上海合资设立理财公司，东方汇理资产管理出资比例为55%，中银理财出资比例为45% |

（续表）

| 金融产品 | 开放内容 |
| --- | --- |
| 债券 | 允许外资机构获得银行间债券市场A类资格。2019年9月，德意志银行（中国）有限公司、法国巴黎银行（中国）有限公司获得外资A类主承销商，可开展非金融企业债务融资工具A类主承销业务。2020年提出逐步推进境内结算代理行向托管行转型，为境外投资者进入银行间债券市场提供多元化服务 |
| 股票（QFII/RQFII） | 额度取消。2019年9月，外汇局决定取消合格境外机构投资者（QFII）和人民币合格境外机构投资者（RQFII）投资额度限制。2020年5月，央行和外汇局决定，大幅简化合格投资者境内证券投资收益汇出手续，取消托管人数量限制。2020年9月，证监会、央行、外汇局发布QFII、RQFII证券期货投资管理办法，稳步有序扩大投资范围，新增允许QFII、RQFII投资全国中小企业股份转让系统挂牌证券、私募投资基金、金融期货、商品期货、期权等，允许参与债券回购、证券交易所融资融券、转融通证券出借交易 |
| 期货 | 目前我国已有原油、铁矿石、PTA、20号胶四个期货品种引入境外交易者。自2018年11月30日至2023年11月29日，对经国务院批准对外开放的货物期货品种保税交割业务，暂免征收增值税 |
| 人寿、理财险 | 2020年1月，中国首家外商独资保险控股公司——安联（中国）保险控股有限公司 |
| 公募 | 2019年8月，中基协欢迎外资私募管理人在合规经营的基础上，进一步扩大在华展业范围，申请开展公开募集基金管理业务。协会将积极做好相关服务 |
| 私募 | 2016年6月中国证监会允许符合条件的外商独资和合资企业申请登记成为私募证券基金管理机构，海外资产管理巨头便开始布局中国市场，富达、贝莱德、瑞银等共有21家外资机构在协会登记 |

资料来源：华宝证券研究创新部

从表5-2可以看出，2019年以来我国金融要素市场放开速度明显加快，金融产品与服务的放开不仅仅表现在产品的布局，还体现在备案简化以及税收优惠。诸如我国债券市场除了简化备案管理和2017年实施的“债券通”，在2019年，外汇管理局决定取消合格境外机构投资者（QFII）和人民币合格境外机构投资者（RQFII）投资额度限制、允许外资机构获得银行间债券市场A类资格，2020年，外汇局决定实施本外币一体化管理，允许合格投资者自主选择汇入资金币种和时机等，以上方案都是更进一步开放的举措。

同时，我们发现金融市场的开放呈现渐进逻辑，依照“准入条件放开”“业务资质放开”“产品服务放开”的顺序逐步开展。以证券行业的对外开放为例，最先对外开放的是外资持股比例限制，随后是业务资格的批复，最后才是各类型金融产品和服务的放开（见图5-1）。

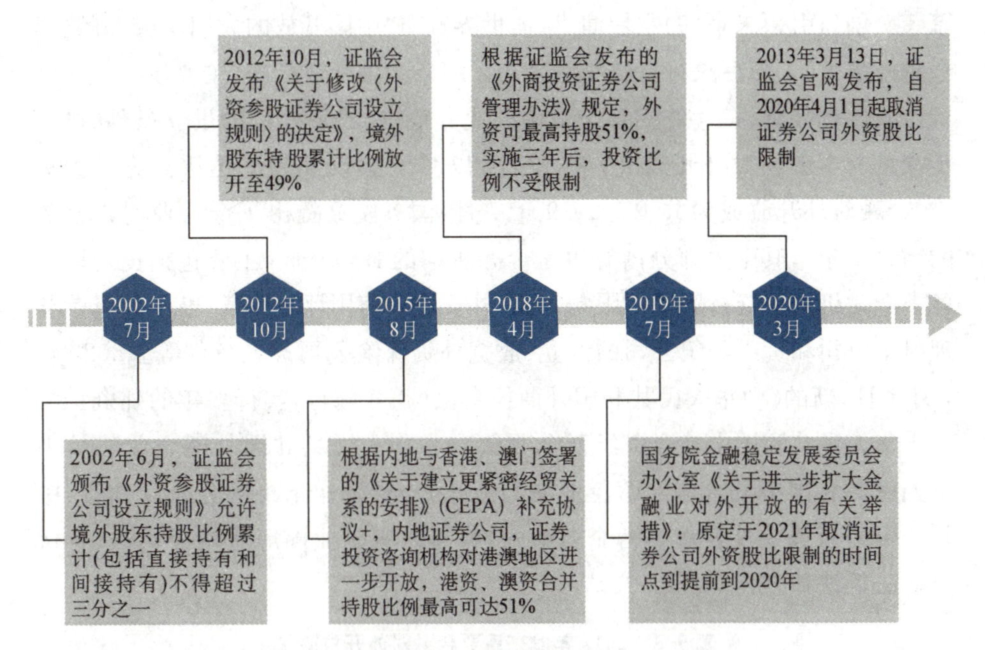


**图 5-1　证券行业外资持股比例对外开放进程**

资料来源：证监会、华宝证券研究创新部

## 二、我国金融行业对外加速开放

我国金融行业对外开放进程从 20 世纪 90 年代至今共经过了三个时期，分别是初步试行金融行业对外开放、WTO 入世后的探索金融开放以及当前的全面金融开放。三个时期的对外开放的政策特点以及表现也各有特点，具体如图 5-2 所示。

| 第一阶段<br>1990—2000年<br>特征：利用外资进行直接投资<br>金融领域开放有限<br>表现：FDI、B股、外资银行进入 | 第二阶段<br>2001—2017年<br>特征：遵循WTO精神<br>外资扩大进入<br>表现：QFII、QDII、银行证券<br>保险持股比例开放 | 第三阶段<br>2018至今<br>特征：全面金融开放<br>表现：持股比例放开、投资环境<br>与条件国内外金融企业一致 |
|---|---|---|

**图 5-2　金融对外开放三阶段**

资料来源：华宝证券研究创新部

2018 年博鳌论坛标志着我国金融行业对外开放进入全面阶段。2018 年 4 月 10 日，习近平总书记在博鳌论坛 2018 年年会开幕式发表题为《开放共创

繁荣　创新引领未来》的主旨演讲，向世界宣布“中国开放的大门不会关闭，只会越开越大”。随后央行行长易刚公布了多条金融开放措施，主要包括放开外资持股比例限制、扩大外资参与机构的业务范围、放宽外资的设立条件、进一步深化资本市场对外开放等。2019 年，以 G20 会议和夏季达沃斯论坛为标志，金融对外开放成为共识。2019 年 7 月，国务院又提出了金融业对外开放的“新 11 条”，其中大部分内容也是金融机构的对外开放，主要包括提前取消各类金融机构外资持股比例限制、允许外资开展信用评级业务、鼓励外资参与理财子公司和货币经纪公司的设立、放宽外资保险公司准入条件等。2020 年 1 月 1 日，新的《中华人民共和国外商投资法》正式施行，实行多年的外资三法（《中华人民共和国中外合资经营企业法》《中华人民共和国外资企业法》《中华人民共和国中外合作经营企业法》）废止，外资企业不再区分外商独资、中外合资经营或中外合作经营企业形式，将与内资企业同等适用公司法、合伙企业法等法律规定（见表 5-3）。

**表 5-3　2018 年以来重要金融对外开放政策**

| 日期 | 讲话者/发布者 | 讲话名称/政策内容 | 相关政策/讲话概述 |
|---|---|---|---|
| 2018 年 4 月 | 习近平 | 博鳌亚洲论坛 2018 年年会开幕式上的主旨演讲《开放共创繁荣　创新引领未来》 | 加大开放力度，加快保险行业开放进程，放宽外资金融机构设立限制，扩大外资金融机构在华业务范围，拓宽中外金融市场合作领域 |
| 2018 年 4 月 | 央行行长易纲 | 博鳌亚洲论坛 2018 年年会分论坛“货币政策正常化”演讲 | 我国进一步扩大金融业对外开放的具体措施和时间表 |
| 2018 年 4 月 | 证监会 | 《外商投资证券公司管理办法》 | 外资可由参股转控股，即日起接受相关申请 |
| 2018 年 4 月 | 银保监会 | 《关于放开外资保险经纪公司经营范围的通知》 | 放开外资保险经纪公司经营范围 |
| 2018 年 4 月 | 银保监会 | 实施 15 条对外开放措施 | 银保监会发布 15 条对外开放措施 |
| 2018 年 4 月 | 银保监会 | 《关于进一步放宽外资银行市场准入相关事项的通知》 | 从 5 个方面进一步扩大银行业对外开放，提升外资银行营商便利度 |
| 2018 年 10 月 | 证监会 | 沪伦通 | 明确了 CDR 发行审核制度等内容 |

（续表）

| 日期 | 讲话者/发布者 | 讲话名称/政策内容 | 相关政策/讲话概述 |
| --- | --- | --- | --- |
| 2019 年 1 月 | 人民银行会同发改委、科技部、工业和信息化部、财政部、银保监会、证监会、外汇局 | 《上海国际金融中心建设行动计划（2018—2020 年）》 | 具体包括三个方面的预期性指标：一是金融国际化程度进一步提升，二是金融服务功能进一步完善，三是金融发展环境进一步优化 |
| 2019 年 3 月 | 李克强 | 博鳌论坛 | 进一步放宽外资市场准入，全面实施准入前国民待遇加负面清单管理制度。持续扩大金融业、现代服务业等领域对外开放 |
| 2019 年 5 月 | 银保监会 | 宣布 12 条新的对外开放措施 | 外资银行对中资商业银行的持股比例上限；取消境外金融机构投资入股信托公司的 10 亿美元总资产要求；允许境外金融机构入股在华外资保险公司等 |
| 2019 年 6 月 | 证监会易会满 | 第十一届陆家嘴论坛 | 推出 9 项对外开放措施 |
| 2019 年 7 月 | 国务院金融稳定发展委员会办公室 | 11 条金融业进一步对外开放的政策措施 | 11 条措施涵盖了银行、证券、征信、保险等多项开放内容 |
| 2019 年 7 月 | 国务院 | 《中国（上海）自由贸易试验区临港新片区总体方案》 | 支持新片区以投资自由、贸易自由、资金自由、运输自由、人员从业自由等为重点，推进投资贸易自由化便利化 |
| 2019 年 9 月 | 外汇管理局 | 取消 QFII 和 RQFII 投资额度限制 | 取消 QFII 和 RQFII 投资额度限制 |
| 2019 年 10 月 | 国务院 | 《外资保险公司管理条例》/《外资银行管理条例》 | 放宽了外资保险公司和外资银行的准入条件，将进一步加快金融业对外开放进程 |
| 2019 年 10 月 | 证监会 | 外资持股放开试点 | |
| 2019 年 11 月 | 国务院 | 《关于进一步做好利用外资工作的意见》 | 20 条内容有：深化对外开放，加大投资促进力度，深化投资便利化改革，保护外商投资合法权益等 |
| 2020 年 1 月 | 国务院 | 《外商投资法》 | 共计 49 个条款约 6 600 字，为外商投资法的实施提供了重要支撑 |

（续表）

| 日期 | 讲话者/发布者 | 讲话名称/政策内容 | 相关政策/讲话概述 |
| --- | --- | --- | --- |
| 2020年5月 | 外汇管理局 | 《境外机构投资者境内证券期货投资资金管理规定》 | 实施本外币一体化管理，大幅简化合格投资者境内证券投资收益汇出手续，取消托管人数限制 |
| 2020年9月 | 证监会、人民银行、外汇管理局 | 《合格境外机构投资者和人民币合格境外机构投资者境内证券期货投资管理办法》 | 一是降低准入门槛，便利投资运作。二是稳步有序扩大投资范围。新增允许QFII、RQFII投资全国中小企业股份转让系统挂牌证券、私募投资基金、金融期货、商品期货、期权等，允许参与债券回购、证券交易所融资融券、转融通证券出借交易。QFII、RQFII可参与金融衍生品等的具体交易品种和交易方式，将本着稳妥有序的原则逐步开放，由中国证监会商中国人民银行、国家外汇管理局同意后公布。三是加强持续监管 |

资料来源：华宝证券研究创新部

## 三、上海金融业对外开放现状

### （一）上海打造全球资产管理中心已具备扎实基础，面临有利时机

上海国际金融中心建设经过多年努力，目前已基本形成较为完备的多功能、多层次的金融市场体系，金融机构和人才加快集聚，金融发展环境持续优化，上海打造我国资产管理中心已具备扎实基础条件。

### （二）较为完备的金融市场体系

上海已形成较为完备的金融市场体系，能够为金融资产高效配置提供基础平台。资产管理和金融市场密切相关，相互促进。资产管理规模越大，通过金融市场进行交易和配置的需求越强；金融市场的运作效率越高、交易规模越大，也将进一步促进资产管理业的发展。

目前，上海已经基本形成包括全国性货币市场、资本市场、外汇市场、商品期货市场、黄金市场、产权市场和金融衍生品市场等在内的较为完备的金融市场体系。2019年全年全市金融市场成交额1 934.31万亿元，比上年增长16.6%。各类金融市场交易品种不断丰富，已成为我国交易品种最全的金融要素市场；各类市场交易主体持续增长，市场结构不断优化。这将为上海加快打造资产管理

中心、促进金融资产优化配置提供充沛的资金支持和平台支撑。

（三）较为健全的金融机构体系

上海已拥有较为健全的金融机构体系，能够为打造资产管理中心提供高效配套服务。资产管理中心的建设离不开金融机构体系为其提供专业化、多样化的金融服务支持；同时，资产管理中心的发展也将为银行、保险公司、信托公司、证券公司、基金公司等各类金融机构提供更加高效的服务，并吸引更多的机构和资金汇聚上海。目前，上海已基本形成较为健全的金融机构体系，商业银行、证券公司、保险公司、基金管理公司、期货公司等金融机构加快集聚，商业银行资金营运中心、信用卡中心、票据营业部、私人银行部、券商直投公司、券商资产管理公司、保险资产管理公司、专业养老保险公司、金融租赁公司、村镇银行、消费金融公司等各类功能性机构和新型金融机构不断涌现，小额贷款公司、融资性担保公司、股权投资企业（基金）、创业投资基金等新型金融机构快速发展。

（四）不断完善的金融基础设施

上海不断完善的金融基础设施，能够为打造全球资产管理中心提供重要的基础保障。金融基础设施主要包括支付清算体系、法律体系、会计标准和监管系统、信息基础设施等。近年来，上海金融基础设施建设取得较大进展，支付清算系统建设不断完善，法律信用环境不断优化，政府服务效率不断提高。这将为加快打造全球资产管理中心提供重要的基础保障。

## 第二节　上海建设全球资产管理中心的战略分析方法论

### 一、上海建设全球资产管理中心的优势

根据估算，截至2018年年底，上海的银行理财、券商、信托、保险、公募、私募六类机构资产管理规模约22.8万亿元人民币，占全国19%。完善的市场体系和金融机构集聚效应为资产管理机构设立发展打下坚实基础。随着上海国际化程度提高，外资持牌金融机构超过500家，占全市的三分之一；全球规模前10位的资产管理机构已落户上海，前20位中有10家参与了上海QDLP、QFLP试点；全国30家外商独资私募证券基金管理人中28家落户上海，这对上海未来建设全球资产管理中心打下了坚实的基础。

### (一) 上海建设全球资产管理中心的地理优势

1. 从全球视角考虑,上海在亚洲影响力与日俱增

上海处于经济蓬勃发展的亚洲地区,具有全球金融中心的地位。随着中国经济和财富的增长,伴随人民币国际化进程,上海具有推进资产管理行业发展,从而成为全球资产管理中心的地理优势。

根据区域和时差的便利性,全球三大经济板块——欧、美、亚板块都需要至少一个全球性的国际金融中心,以支撑本板块的经济发展并连接全球。作为追求全球配置的资产管理行业,在三大经济板块也相应有建立总部的需求,如美洲的纽约、欧洲的伦敦,亚太地区目前是上海,其影响力逐渐放大。

2019 年,上海金融市场成交总额 1 934.3 万亿元,同比增长了 16.6%。金融市场直接融资额达到 12.7 万亿元,占全国直接融资总额的 85%以上。上海证券交易所股票筹资总额位居全球第一,上海原油期货成为全球第三大原油期货,这些都体现了上海建设全球资产管理中心的优势。

2. 从全国角度考虑,上海经济辐射效应明显

(1) 长三角一体化

长三角一体化已经上升为国家战略,苏浙沪皖各地经济发展也都呈现出相应潜力,一体化发展带来的城市交通基础建设、资源要素的相互流通真正实现了区域内的融合发展,从而促进了整个地区经济的发展,给上海带来了财富集聚优势。2019 年 10 月 21 日,瑞信研究院发布 2019 年《全球财富报告》:2019 年,全球新增百万美元富翁 110 万名,美国占一半以上,日本和中国则分别新增 18.7 万人和 15.8 万人。在全球最富裕的 10%的人口当中,2019 年中国有 1 亿人属于这个区间,首次超过了美国的 9 900 万人。整体显示,中国私人财富市场具有规模大且仍具增长潜力的特点。区域分布上,截至 2018 年年底,北京、上海、广东、浙江、江苏五省市高净值人数均超过 10 万人。四大行及股份制银行的私人银行总部主要设于上海;68 家信托公司,虽然仅 7 家注册,但是非上海的信托机构均在上海设置了财富中心。

(2) 环境优势

上海地处北纬 30 度的长江中下游平原,气候温和湿润,生态环境良好、交通便利、文化气息浓郁、营商环境友好。

目前上海已经是外资全资持有的私募基金管理机构的聚集地,包括了 QDLP 管理机构,以及从事公开市场私募基金管理业务的外资私募基金管理机

构，也是合资公募基金管理机构的主要所在地。由此可见，上海对海外机构具有较强的吸引力。

### （二）上海建设全球资产管理中心的营商环境优势

上海率先设立了金融法院，出台全国首部地方综合性信用条例——《上海市社会信用条例》（上海市人民代表大会常务委员会公告第54号），专业中介机构众多，金融从业人员超过47万人。除此之外，世界银行发布的《2019营商环境报告》显示，中国营商环境较上年大幅提升32位，位列全球第46名，这是世界银行营商环境报告发布以来中国的最好名次。值得一提的是，中国还是东亚及太平洋地区唯一一个进入2018年报告中入列十大最佳改革者名单的经济体。

《2019营商环境报告》把上海和北京作为评估中国营商环境的样本城市，其中，上海权重为55%，北京为45%。长期以来，上海推出一系列大力度营商环境改革专项行动，大幅提高了市场主体的营商便利度。通过努力，上海开办企业的办事环节和耗时从2018年全球营商环境报告中的7个环节22天，减少到了2019年报告中认定的4个环节9天。

《2019营商环境报告》向全球推荐了上海实施的国际贸易单一窗口、企业登记“一窗通”服务、电力在线服务系统等改革举措，这些举措在显著提高上海营商便利度的同时，也为全球的营商环境建设提供了中国经验。上海以贸易投资最便利、行政效率最高、服务管理最规范、法制体系最完善为目标，还将持续全面深化推进营商环境改革优化。

### （三）上海建设全球资产管理中心的金融市场建设优势

全球性的资产管理中心，需要五大要素的集聚：金融市场的集聚、资金的集聚、机构的集聚、人才的集聚、服务的集聚。

上海已经建立起了包括全国性货币市场、资本市场、外汇市场、商品期货市场、黄金市场、金融衍生品市场等较为完备的金融市场体系，同时也建立了包括商业银行、保险公司、信托公司、证券公司、基金管理公司、期货公司等在内较为健全的金融机构体系，能够为金融资产的高效配置提供良好的平台。

#### 1. 股票市场规模方面

截至2019年12月31日，沪市上市公司（含科创板公司）达到1 572家，股票总市值35.6万亿元，成交金额54.4万亿元，筹资总额5 145亿元。股票期权累计挂牌交易合约数为724个，成交量62 282万张，成交金额3 389亿元。基金挂牌数308只，总市值6 088亿元，成交金额68 590亿元（见表5-4）。

表 5-4 上海的股票市场情况(2019 年)

| 家数(家) | 总市值(万亿元) | 总市值占全国比例 | 全球排名 | 股票市场筹资额(亿元) | 全国排名 | 累计成交额(万亿元) | 日均成交额(亿元) |
|---|---|---|---|---|---|---|---|
| 1 572 | 35.6 | 60% | 4 | 5 145 | 1 | 54.4 | 2 229 |

资料来源:华宝证券研究创新部

2019 年,上交所"科创板"成功开盘,在全国首推注册制,取消 IPO 盈利要求,交易限制放松,促进了科创企业的发展,激发了市场的活力。此外,新型金融要素市场业务发展迅速,金融市场基础设施安全运行,区域股权市场积极探索转型,均取得较大进展。总体看来,上海是我国金融市场体系最完备、金融要素市场体系相对完整的国际大都市,健全的金融机构服务体系、多样化的金融产品和不断创新的金融服务也为上海建设全球资产管理中心提供了良好的基础。

2. 债券市场方面

在债券市场方面,数据显示,截至 2019 年 12 月,我国债券市场共发行各类债券 45.3 万亿元,较上年增长 3.1%。其中,在沪的银行间债券市场发行债券 38.0 万亿元,同比下降 0.3%。截至 2019 年 12 月末,债券市场托管余额为 99.1 万亿元,其中在沪的银行间债券市场托管余额为 86.4 万亿元。

此外,数据显示,截至 2019 年 12 月,上交所市场债券挂牌量 1.50 万只,托管量 10.14 万亿元,同比增长 20.92%。2019 年,上交所债券市场总成交 221.79 万亿元。其中,现券成交 6.42 万亿元,同比增长 25.15%;回购成交 215.37 万亿元。各类债券发行总量达 5.50 万亿元,同比增长 27.85%。地方政府债券全年发行 1.95 万亿元,超长期限地方债发行增多,认购主体趋于多元化。公司债全年发行 2.77 万亿元,同比增长 53.38%;高评级主体发行量占比提升,发行期限以 3 年期和 5 年期为主,发行利率同比下降。资产支持证券全年发行 0.72 万亿元,同比增长 5.08%,基础资产不断丰富,发行成本有所下降(见图 5-3 和图 5-4)。

3. 外汇市场方面

根据 2020 年 8 月 14 日中国人民银行发布的《2020 年人民币国际化报告》,2019 年,人民币跨境使用逆势快速增长,全年银行代客人民币跨境收付金额合计 19.67 万亿元,同比增长 24.1%,收付金额创历史新高。2019 年,人民币跨境收付金额合计 19.67 万亿元,同比增长 24.1%。其中收款 10.02 万亿元,同比

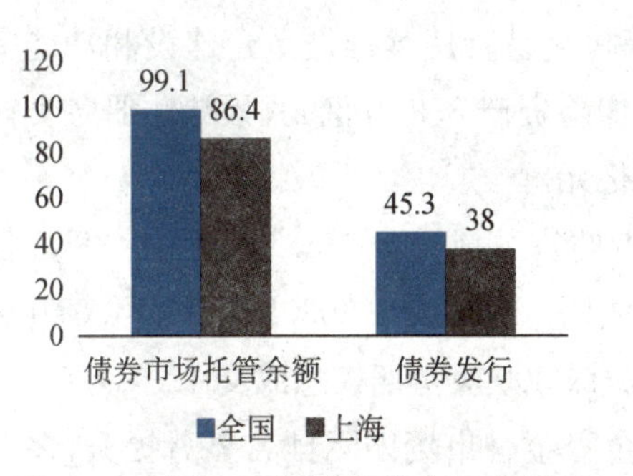


图 5-3 全国和上海的债券市场余额及发行情况对比(单位:万亿元)

资料来源:中国人民银行、华宝证券研究创新部

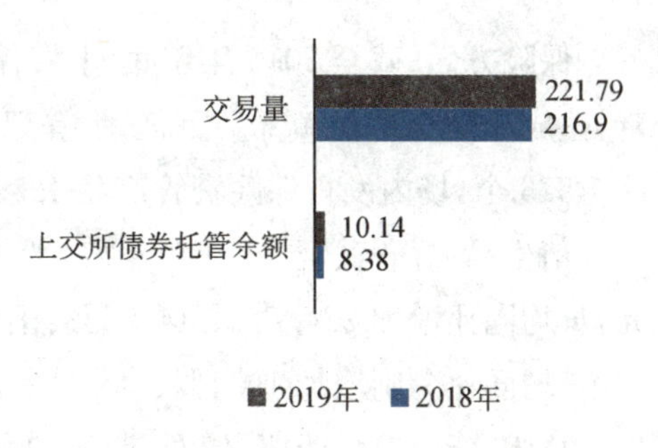


图 5-4 上交所债券交易情况(单位:万亿元)

资料来源:华宝证券研究创新部

增长 25.1%,付款 9.65 万亿元,同比增长 23%,收付比为 1∶0.96,净流入3 606 亿元,2018 年为净流入 1 544 亿元。人民币跨境收付占同期本外币跨境收付总金额的比重为 38.1%,创历史新高,较上年提高 5.5 个百分点。上海、北京、深圳人民币跨境收付量位列全国前三。2019 年,三地人民币跨境收付金额占全国人民币跨境收付总金额的比重分别为 50.1%、14.3%、8.6%,上海地区占比高达一半。

坐落在上海的外汇交易中心,2019 年稳步推进中国银行间市场发展,市场深度、发展动能持续增强,全年市场规模接近 1 500 万亿元,为 30 346 个市场成员(含境外成员 2 732 个)提供服务。

4. 期货市场方面

2019 年,上海期货交易所累计成交 14.5 亿手,成交额 112.5 万亿元,分别占全国市场的 35.5%和 38.7%。

据美国期货业协会(FIA)统计,上期所商品期货和期权成交手数连续四年(2016—2019 年)在全球场内衍生品市场排名首位。

5. 票据、黄金、保险以及衍生品市场

票据方面,截至 2019 年年底,票据市场业务总量达 131.5 万亿元;票据交易系统纸电票业务合计达成交易金额 50.9 万亿元;承兑金额 20.4 万亿元;企业背书 46.5 万亿元;贴现金额 12.5 万亿元;再贴现发生额 1.2 万亿元;全市场系统参与者超 10 万家。

黄金方面,截至 2019 年年底,上海黄金交易所拥有来自 10 个国家和地区的 270 家会员,交易量连续 13 年位居全球场内黄金现货场所之首。

保险方面，截至2019年年底，上海保险交易所持续推进平台建设和功能完善，达成风险交易金额8.7万亿元，登记保险资产8.8万亿元，累计注册各类产品7 516个，场内发行保险资管产品425亿元。

衍生品方面，截至2019年年底，股指期货总成交5 325.1万手、54.8万亿元，日均同比增加224.5%、146.5%；国债期货总成交1 303.2万手、14.8万亿元，日均同比分别增加19.4%、30.2%；沪深300股指期权总成交12.7万手。

总体来看，上海股票、债券、期货、黄金等金融市场国际排名显著提升，多个品种交易量位居全球前列。随着“沪港通”“债券通”“沪伦通”、原油期货、黄金国际板等一系列有影响力的创新功能陆续推动，上海已经成为中国金融市场开放的最前沿，未来有一定发展前景。

### （四）上海建设全球资产管理中心的先发优势

#### 1. 资产管理规模大

上海的资产管理行业规模庞大，截至2018年年底，资产管理规模约为22.86万亿元，占全国120.76万亿元的18.93%。其中，上海注册的保险资产管理公司受托管理余额6.38万亿元，占全国34.8%；公募基金公司54家，占全国45%，规模4.07亿元，占全国31.24%；私募基金管理人占全国20%(4 806家)，规模2.74万亿元，占全国21.56%(见表5-5)。

**表5-5 上海资产管理规模情况**

| | 金额(万亿元) | 占全国的比重 |
|---|---|---|
| 资产管理规模 | 22.86 | 18.93% |
| 保险资产管理公司受托管理金额 | 6.38 | 34.8% |
| 公募基金 | 4.07 | 31.24% |
| 私募基金 | 2.74 | 21.56% |

资料来源：华宝证券研究创新部

#### 2. 先进的政策建设

2011年推出外商股权投资企业试点(QFLP)，共75家企业获得试点资格，规模124亿美元。资产管理规模全球前10的股权投资管理机构中已有4家(TPG、凯雷、黑石、华平)参与试点。多家国际知名资产管理机构正在积极申请试点资格；2013年推出合格境内有限合伙人试点(QDLP)，共有48家国际知名资产管理机构包括大型对冲基金获得试点资格，获批外汇额度50亿美元。全球排名前20的资产管理机构中，已有10家参与试点，多家国际知名资产管理机构正在积极沟通申请事宜。试点呈现出申请主体资质优、全球地区覆盖广、基金产品多样化等特点。2018 年 8 月聚焦建设"专业化、国际化、智能化世界一流金融法院"的上海金融法院成立，是中国唯一一家金融法院，对完善金融审判体系、营造良好的金融法治环境、促进经济健康有序发展，更好地服务保障上海国际金融中心建设具有重要意义，为建设全球资产管理中心提供了良好的环境。

综上所述，上海作为国际金融中心的百年深厚历史沉淀。上海从 1843 年正式开埠，经过 100 多年的发展，逐渐成为中国的贸易、经济、航运、金融、文化中心，成为公认的"东方明珠"。与国内城市相较，上海金融要素市场齐全，人口素质较高、市场化程度和国际化程度较高，具有较好的先发优势。

## 二、上海建设全球资产管理中心的发展空间

### （一）国际化程度未来提升空间较大

有研究表明，我国经济整体自由度与纽约、伦敦、新加坡存在相当大的差距，这些差距突出表现在货币、投资和金融等领域。近几年来，中国的金融对外开放呈现出加速的局面，当前，在银行、证券、保险、基金、评级以及互联网金融支付等领域，金融开放措施已经落地并正在实施。但我们也需要清楚意识到，我国金融行业的开放程度依然有较大的空间。2019 年 8 月经济合作与发展组织(Organization for Economic Co-operation and Development，简称 OECD)发布的 2018 年全球外资限制指数(FDI Regulatory Restrictiveness Index)显示，我国金融服务对外开放度依旧不高，2018 年中国对外资限制指数排在第六位为 0.251，开放程度不及美国、日本、英国等发达国家，甚至开放程度低于印度、老挝等国家(见图 5-5)。

OECD 的外资限制指数衡量的是一个国家对外国直接投资的限制程度，主要通过观察四个主要类型的限制外国直接投资，分别是：外国股权限制、筛选或审批机制、对主要外国人员的限制、操作限制(例如限制分支机构设置等)。指数值介于 0～1 之间，数值越高表示限制程度越高、开放程度越低。近年来，上海稳步推进金融制度创新，自由贸易账户运作顺畅，投融资汇兑便利有所提升，人民币跨境使用得到增强，利率市场化全面试点，外汇管理改革取得成效。但是，资本项目可兑换功能尚未完全实现，个人跨境投资、证券交易所互联互通、资本市场开放、人民币国际使用等项目的开放还处于探索中，自由贸易账户作为金融改革的基础工具，其功能与金融改革创新的目标相比尚不完备，还需进一步深化和拓展。

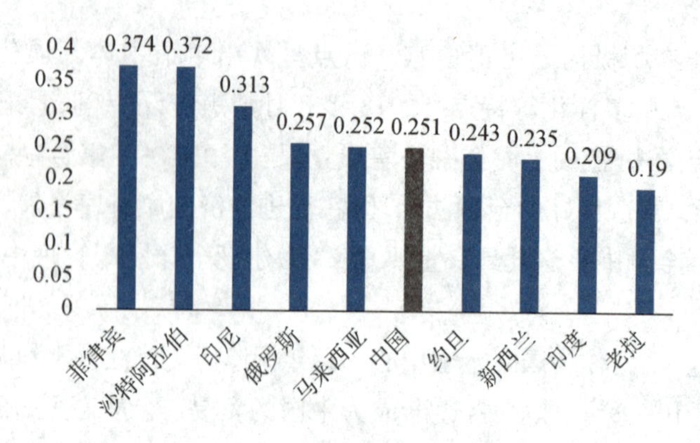


**图 5-5　2018 年 OECD FDI 全球外资限制指数数值最高的十个国家**

资料来源：经济合作与发展组织，华宝证券研究创新部

上海自贸试验区成立以来，发布了多版负面清单，推出了 54 项扩大开放措施，开放度进一步提升，但开放结构还待进一步优化。对照北美新自贸协定中的负面清单，对保留投资限制的领域，详细列出了市场限制、股比限制、当地注册要求、高管与董事要求、所依据的法律法案及其所在章节等事项，具有很强的可操作性。因此，全球化的资产管理中心，需要有更为国际化的办理服务和流程设计，这方面上海还有改善空间。

### （二）金融生态体系尚需进一步完善

上海的金融综合服务体系在国内已经是一流水平，但是在全球化竞争方面，仍有较大的发展空间。主要体现在两个方面：首先，上海金融专业人才还有提升空间。数据显示，上海金融从业人员超过 47 万，约占全市就业人员总数的 3%。而相较于香港、新加坡、纽约等金融从业人员的占比，上海金融人才尚存在较大缺口。其次，上海金融第三方中介服务体系尚不健全。与纽约、伦敦、中国香港、新加坡相比，上海在会计、审计、资信评估、经纪、投资咨询、法律服务等金融第三方中介服务体系方面存在较大差距。

目前，上海金融市场总量和规模已经很大，但各金融市场联动发展还需增强，金融市场功能还需不断提升，金融市场体系的广度和深度需要拓展。例如，上海货币市场发展不均衡，回购市场庞大，但同业拆借和债券市场活跃度还不够高，市场化程度不够发达，短期资金定价与融通能力较弱；上海信贷市场规模大，对间接融资依赖度高。外资金融机构所占信贷份额低，上海金融开放度还不够高，外资金融机构参与度不够。上海金融衍生品市场的成长速度相对滞后，落后于世界成熟资产管理中心城市。价格发现、套期保值、风险管理等功能相对较弱，对上海建设全球资产管理中心的支撑作用还需提升。

### (三) 差异化、专业化竞争梯队尚未建立

整体来看，从大类资产配置到投资组合工具，再到基础金融工具，一个完善的资产管理中心，需要多样化、差异化和专业化的资产管理格局体系，但目前上海尚未形成递进式多层次的资产管理行业有机体系。

从最底层的资本市场层来看，鉴于国内金融要素市场的开放与发展处于循序渐进状态，因此上海金融市场长期性、多样化、量大优质的金融工具和风险对冲工具还不够，一定程度上制约了资产管理行业抗风险能力的提升，以及资产管理机构主动创设资产管理产品的积极性。从中间的资产管理产品层来看，各大资产管理机构推出的产品投资策略和风格趋向同质化，难以满足国际投资者日益增长的个性化资产管理需求。从最上层的资产管理层来看，资产管理机构的业务差异性小、替代性强，缺乏核心竞争优势，整个资产管理行业的集中度不够明显。因此在资产管理竞争梯队建设方面，上海需要从多方面进行优化建设。

## 三、上海建设全球资产管理中心的机遇

当前，世界经济和全球金融行业都进行着深层次变革。一是伴随全球政治经济结构调整，资产管理行业东迁初显。英国脱欧，伦敦国际金融中心、资产管理中心功能面临挑战。跨国税收信息统一报告制度、网络安全、反洗钱、投资者隐私保护等合规监管，瑞士等传统“避税天堂”优势落幕。亚太地区特别是中国经济的快速增长，高净值客户不断增加，资产管理机构加速向亚洲布局。二是资产管理行业优势显现，资产管理产业链不断延伸。负利率时代以传统利差获取收益的空间被逐步挤压，全球主要金融机构均加速向资产管理业务转型。主权财富基金异军突起，不良债券处置等专业资产管理机构脱颖而出。三是新兴科技加速应用，资产管理科技化、投顾化、指数化趋势明显。区块链、大数据、云计算等技术快速渗透，资产管理行业获客和分析能力大幅提升，成本控制得到优化，产品更加丰富，行业整体效能和风险管理水平不断增强。四是 2020 年年初，面对突发新冠肺炎疫情，我国果断有力的防控举措增强了国际资本信心。全国上下勠力同心，疫情防控取得明显进展，我国资本市场走出先抑后扬态势，整体上保持了平稳运行。中国国债等纳入国际主要债券指数，A 股纳入国际三大指数公司指数因子，国际资本持续流入。

### (一) 亚太地区和中国发展的机遇

2001 年中国加入 WTO，进入全球贸易链，承接了欧美大部分的工业。中国

制造业起来后，随之而来的，是中国金融业的机遇。根据国际货币基金组织统计，2019 年，我国国内生产总值接近 100 万亿人民币，折算为美元为 14.34 万亿美元，2019 年，全世界 GDP 总量为 87.75 万亿美元，中国占比为 16.34%，比 2017 年的 15%进一步增加。相对的，2019 年美国 GDP 为 21.43 万亿美元，虽继续居世界第一、占世界 GDP 比重 24.41%，但比 2017 年以来，其占全世界的比例就相对维持在 24%附近。

国家统计局相关负责人表示：截至 2019 年，我国已成为世界经济第二大国、货物贸易第一大国、外汇储备第一大国、服务贸易第二大国、使用外资第二大国、对外投资第二大国。伴随中国 GDP 的增长，中国人民的财富也迅速增加。

随着亚洲财富增长、英国脱欧、瑞士“避税天堂”的落幕，一系列金融机构和高净值客户已经转移向亚洲，目前香港也已经取代纽约，成为全球投资管理模块排名第一(GFIC27)的城市，新加坡则将自己定位为“通往亚洲资产管理机遇的大门”，正在努力取代瑞士。上海如果能成功地抓住地区和全球的机遇，就可能成为亚太地区，甚至全球的资产管理中心。

### （二）抓住全球政治经济变局下的机遇

一方面，全球政治经济变局下，上海建设全球资产管理中心面临难得的机遇：亚太地区财富集聚，有利于上海培养引入一批有影响力的“大块头”机构和有特色的细分领域“标杆性”机构；资产管理领域做深做细，资管新规的出台和新《证券法》的实施，有利于上海打造完整资产管理产业链；先进技术加快应用，上海打造金融科技中心、全球人民币资产配置中心，有利于资产管理发展弯道超车。另一方面，我国经济实力快速提升，上海已处在顺势打造全球资产管理中心的关口。我国已是全球第二大经济体和第一大货物贸易国，人均 GDP 突破 1 万美元，人民币国际化稳步推进，资本项目逐步开放。上海作为我国经济中心、金融中心和长三角区域一体化龙头城市，建设辐射全球、服务国内的资产管理中心，既是贯彻国家战略，增强我国经济、金融国际竞争力的要求；也是满足群众财富保值增值，深化服务实体功能和助推区域经济高质量发展的需要。

### （三）抓紧我国改革开放政策的机遇

当前中国改革开放进一步扩大，其中多项政策利于资产管理发展。2018 年 3 月，习近平总书记在亚洲博鳌论坛上指出，中国改革开放的大门越开越大；2018 年 7 月，上海出台了《上海市贯彻落实国家进一步扩大开放重大举措加快建立开放型经济新体制行动方案》，支持商业银行在沪发起设立不设外资持股比例上限的金融资产投资公司和理财公司，鼓励商业银行将其设立的具有独立法人地位的资产管理子公司落户上海。2019 年 7 月 20 日，国务院金融稳定发展委员会办公室发布了 11 条金融业对外开放措施，其中鼓励境外金融机构参与设立、投资入股商业银行理财子公司；允许境外资产管理机构与中资银行或保险公司的子公司合资设立由外方控股的理财公司两项措施，有利于进一步吸引国际资产管理机构进入中国市场，对于进一步丰富金融产品，满足投资者多元化的需求，增强市场活力有着重要的意义，同时也体现了中国进一步加快深化金融改革，推进市场开放的步伐。随后中国银保监会、中国证监会陆续发布外资入股包括资产管理在内的更多金融开放政策（见表 5-6）。

**表 5-6　有利于资管行业发展的政策梳理**

| 时间 | 发布主体 | 事件 | |
|---|---|---|---|
| 2018 年 3 月 | 习近平总书记 | 习近平总书记在亚洲博鳌论坛上主旨演讲："改革开放的大门越开越大" | |
| 2018 年 7 月 | 上海市政府 | 《上海市贯彻落实国家进一步扩大开放重大举措加快建立开放型经济新体制行动方案》 | 支持商业银行在沪发起设立不设外资持股比例上限的金融资产投资公司和理财公司，鼓励商业银行将其设立的具有独立法人地位的资产管理子公司落户上海 |
| 2019 年 7 月 20 日 | 国务院 | 11 条金融业对外开放措施 | 鼓励境外金融机构参与设立、投资入股商业银行理财子公司；允许境外资产管理机构与中资银行或保险公司的子公司合资设立由外方控股的理财公司等 |

资料来源：华宝证券研究创新部

上海地处亚洲核心区域，乘着我国国民财富快速增长的快车，具有作为亚洲资产管理中心、从而跻身全球资产管理中心的天时与地利。因此上海需要把握全球财富增长向亚洲倾斜和我国国民财富快速增长的重要机遇，提升上海配置全球金融资源的能力，进一步深化金融对外开放，吸引具有全球影响力的投资管理和财富管理的机构集聚，发挥资产管理对上海国际金融中心建设和中国经济转型发展的重要支撑作用。

## 四、上海建设全球资产管理中心的压力与挑战

### （一）来自全球的挑战

#### 1. 从资产管理行业角度

中国的现代资产管理行业，相较欧美国家和地区，由于起步晚，资产管理行

业系统的方方面面都存在一定不足之处，主要表现在：一是从投资者角度，存在居民理财价值观尚未端正问题，机构投资者数量和质量待培育，个人税收递延型商业养老保险、公募基金纳入税延型个人养老账户体系待落实。二是从监管角度，监管政策尚不够完善。三是从资产管理机构角度，职业素养和投资管理能力尚需提升，机构和人才的国际化程度不足。四是从金融市场角度，中国的金融要素市场发展尚不充分。现代资产管理所需要的法治化、专业化、市场化环境尚未形成。中国现代资产管理的发展之路，还充满挑战。

2. 从营商环境角度

资产管理行业是一个对营商环境相对敏感的行业。资产管理机构主要以专业人士为核心，对固定资产的依赖程度低，资产管理机构在投资运营中，高度追求资产的流动和回报，因此对营商环境非常敏感。

根据世界银行发布的《2019营商环境报告》，中国营商环境较上年大幅提升了32位，位列全球第46名，这是世界银行营商环境报告发布以来中国的最好名次。但从全球角度看，中国排名46的营商环境，对于处于服务业顶端的资产管理行业来说，是有一定的差距的。全球主流资金流向全球顶尖资产管理机构，全球顶尖的资产管理机构需要汇聚全球的顶尖人才，全球的顶尖人才集聚于全球最顶尖的区域，如纽约、伦敦、新加坡等资产管理中心，在营商环境评价中都是排名前列的区域（见表5-7）。

表5-7　全球顶尖资产管理中心的优势概况

| 地区 | 优势 | 事项 |
| --- | --- | --- |
| 卢森堡 | 政策开放随和 | 实施严格的银行保密法，私人银行业务高度发达，资金出入没有特殊限制 |
| | 中介服务发达 | 聚集了理财、审计、税务等咨询服务专业，保险服务完善，便于风险投保 |
| | 税收优惠大 | 总税率20.2%，全球排名第20位，欧盟内税率最低；税务处理便利度全球排名第5位，欧盟内用时最短 |
| 中国香港、新加坡 | 人才优势 | 中国香港和新加坡国际化程度高于上海，英语普及程度高，城市制度等各项软件优于上海；普遍被认为是自由港，容易得到很多西方公司高管的认同 |
| | 税收优势 | 这点差距很大，现在如果将高管从香港、新加坡改派到上海，资产管理公司是需要考虑补贴税收损失的。具体见国际资产管理中心的税收政策对比表（表5-9） |
| | 监管优势 | 基于对资产管理行业高度的定位，市场化、法治化、国际化的监管，能够得到全球资产管理机构的认同；资产管理机构对两地在人员和资本的自由流动方面充满信心 |

（续表）

| 地区 | 优势 | 事项 |
| --- | --- | --- |
| 英国 | 综合优势 | 2016年6月23日英国脱欧公投至今，时区优势、法律优势、人才优势、语言优势、制度优势、文化优势、经济优势和服务优势并未因此发生实质性改变，良好的营商环境保障伦敦仍然是国际金融中心，并保持着世界第一的外汇交易中心地位 |

资料来源：华宝证券研究创新部

3. 从国家城市对比来看

与全球具竞争力的金融中心城市相比，存在一定差距。以下列举具有全球竞争力的几大城市（国家）的优势，我们可以从中看出上海与其的差距与不足。

卢森堡的资产管理发展得益于三大方面：一是政策开放随和，实施严格的银行保密法，私人银行业务高度发达，资金出入没有特殊限制；二是中介服务发达，聚集了理财、审计、税务等咨询服务专业，保险服务完善，便于风险投保；三是税收优惠大，总税率为20.2%，全球排名第20位，欧盟内税率最低；税务处理便利度全球排名第5位，欧盟内用时最短。中国香港、新加坡的资产管理具有三大优势：一是人才优势，中国香港和新加坡国际化程度高于上海，英语普及程度高，城市制度等各项软件优于上海；普遍被认为是自由港，容易得到很多西方公司高管的认同。二是税收优势，这点差距很大，现在如果将高管从中国香港、新加坡改派到上海，资产管理公司是需要考虑补贴税收损失的。具体见国际资产管理中心的税收政策对比表（表5-9）。三是监管优势，基于对资产管理行业高度的定位，市场化、法治化、国际化的监管，能够得到全球资产管理机构的认同；资产管理机构对两地在人员和资本的自由流动方面充满信心（见表5-8）。

表5-8 全球主要资产管理中心情况（统计日期：2018年12月31日，单位：万亿美元）

| | 纽约 | 伦敦 | 东京 | 爱尔兰 | 卢森堡 | 瑞士 | 新加坡 | 上海 |
| --- | --- | --- | --- | --- | --- | --- | --- | --- |
| 资产管理规模 | 12.9 | 11 | 6 | 4.9 | 4.8 | 3.3 | 2.5 | 3.3 |
| 所在国家资产管理规模（其中公募规模） | 30 | 11.8 | 20.1 | 4.9 | 4.8 | 3.3 | 2.5 | 17.3 |
| | (21.4) | (1.7) | (1.8) | (2.8) | (4.6) | (1.1) | — | (1.9) |
| 所在国家GDP | 20.5 | 2.8 | 5.1 | 0.4 | 0.1 | 0.7 | 0.4 | 13.1 |
| 所在国家人口（亿人） | 3.3 | 0.6 | 1.3 | 0.05 | 0.006 | 0.09 | 0.06 | 14 |

(续表)

| | 纽约 | 伦敦 | 东京 | 爱尔兰 | 卢森堡 | 瑞士 | 新加坡 | 上海 |
|---|---|---|---|---|---|---|---|---|
| 所在国家资产管理规模与GDP之比 | 1.5 | 4.2 | 4 | 12.3 | 48 | 4.7 | 6.3 | 1.3 |
| 所在国家人均资产管理规模(万美元/人) | 9.1 | 20 | 15.5 | 98 | 807 | 36.7 | 41.7 | 1.3 |

资料来源:公募规模数据来源于国际投资基金协会(IIFA)官网,国家资产管理规模数据根据各国资产管理协会报告整理;国家人口数据来源于世界银行官网,华宝证券研究创新部

4. 税收政策缺乏国际竞争力

从全球范围来看,营商环境中,高税率是影响中国和上海营商环境评价的重要因素。尤其对于具有全球配置能力、税收敏感的资产管理行业,选择哪里建立机构、配置资产,在很大程度上取决于其对税收的考量。中国较高的企业所得税降低了对国际资产管理机构的吸引力,而上海在税收方面的区域优惠政策较弱,也成为海外资产管理机构注册选择时的障碍。

目前上海企业所得税税率为25%,与纽约(联邦税+州税)基本持平,比伦敦高6%,比新加坡高8%,比中国香港高8.5%。总体来看,我国企业所得税处于较高的水平,缺乏国际竞争力。对比亚太地区的新加坡及中国香港,我国企业所得税和业主缴纳社会保险税率达57.9%,是亚太地区平均税率的近两倍。高税率使上海在引进国际资产管理机构时处于不利地位。除企业所得税外,上海金融服务增值税相比其他国际资产管理中心也处于高位。上海的金融服务增值税为6%,考虑到增值税基础上的附加税(7%的城市维护建设税,3%的教育费附加和2%的地方教育费附加),每笔交易的实际税率约为6.66%;而纽约、新加坡均无增值税;伦敦则免征增值税,但不能抵扣进项税额(见表5-9)。

**表5-9 主要国际资产管理中心所在地及中国主要税种和税率的对比(2018)**

| 地区 | 公司所得税税率 | 业主缴纳社会保险税率 | 个人所得税税率 | 雇员缴纳社会保险税率 | 间接税率 |
|---|---|---|---|---|---|
| 美国 | 27% | 7.65% | 37% | 7.65% | 0 |
| 英国 | 19% | 13.8% | 45% | 2% | 20% |
| 新加坡 | 17% | 17% | 22% | 20% | 7% |
| 上海 | 25% | 32.9% | 45% | 10.5% | 17% |

资料来源:华宝证券研究创新部

## （二）来自国内的挑战

GFCI评估中，上海的资产管理行业继纽约、香港、伦敦之后排在第四位。从国内来看，上海已经是国内当之无愧的金融中心和资产管理中心，但也面临着北京、深圳、青岛等城市的激烈竞争。尤其北京是中国银行、保险、全国社保、中投公司等大体量资产管理总部机构云集的地方，上海如何与北京错位竞争发展是一大挑战。深圳和杭州发展政策灵活友好，深圳作为大湾区的核心城市，金融创新十分活跃，“大市场、小政府”的市场环境适合有活力的金融机构的发展。上海如何借鉴发展，也是一大挑战（见表5-10）。

**表5-10　国内主要城市促进资产管理行业发展政策比较**

**（统计日期：2019年12月31日，单位：人民币）**

<table>
<tr><th colspan="3">资产管理</th><th>上海</th><th>北京</th><th>深圳</th></tr>
<tr><td colspan="3">GFCI资产管理排名（第26期）</td><td>第4</td><td>第7</td><td>第11</td></tr>
<tr><td colspan="3">GFCI资产管理排名（27期）</td><td>第2</td><td>第6</td><td>第14</td></tr>
<tr><td rowspan="3">相关数据</td><td colspan="2">城市GDP规模</td><td>3.8万亿元</td><td>3.5万亿元</td><td>2.7万亿元</td></tr>
<tr><td rowspan="2">本外币存贷款余额</td><td>存款</td><td>13.2万亿元</td><td>17.1万亿元</td><td>8.4万亿元</td></tr>
<tr><td>贷款</td><td>7.9万亿元</td><td>7.7万亿元</td><td>5.9万亿元</td></tr>
<tr><td colspan="3">金融业GDP及占比</td><td>6 600亿元（17%）</td><td>6 544亿元（18%）</td><td>3 500亿元（13%）</td></tr>
<tr><td colspan="3">资产管理特色</td><td>基金、保险资产管理规模全国领先，率先开展QDLP、QFLP试点，集聚一批全球知名资产管理机构，私募基金管理人备案数量全国第一</td><td>集聚一批金融机构总部，发挥中基协等全国性行业协会作用，加强资产管理领域教育与职业培训，举办全球财富管理论坛等活动</td><td>创新氛围活跃，拥有深创投等知名机构，积极吸引各类资产管理机构投资和落户</td></tr>
<tr><td>人才政策</td><td colspan="2">持牌机构</td><td>1. 高管个税25%以上的地方留存，最高全额返还，临港新片区境外人才个税15%以上给予补贴<br>2. 提供金融人才公寓<br>3. 提供高管子女教育、医疗等便利</td><td>1. 高管个税的地方留存，返还80%<br>2. 建立外资金融机构人才引进“绿色通道”，保障其教育及医疗品质<br>3. 配偶户口随调，子女可借读及在北京参加高考</td><td>1. 境外（含港澳台）高端紧缺人才，实际个税税率15%<br>2. 拥有国际金融从业资格，最高5万元/人补贴<br>3. 每年100名高端金融人才，最高5万</td></tr>
</table>

（续表）

| 资产管理 | | 上海 | 北京 | 深圳 |
| --- | --- | --- | --- | --- |
| 人才政策 | 持牌机构 | 4. 每年20名海外金才、40名领军金才和60名青年金才，提供资金资助、出入境、子女教育、医疗等便利服务 | | 元/人资助；1 000名骨干，最高1万元/人资助<br>4. 对培养深圳金融人才做出突出贡献的机构，最高给予100万元一次性奖励<br>5. 对引才育才成效突出的协会，最高给予50万元一次性奖励 |
| | 非持牌机构 | 1. 非持牌机构不享受高管税收、人才公寓、子女教育、医疗等便利<br>2. 私募股权基金等有备案的非持牌机构高管，允许申报三类金才 | 满足一定条件的管理机构，人才政策参照持牌机构执行：一是本地注册的股权基金，累计实收资本5亿元以上；二是投资领域符合国家和本市产业政策 | 资产管理列为紧缺人才重点培养。适用境外（含港澳台）高端紧缺人才实际个税税率15% |
| 财税政策 | 持牌机构 | 1. 开办扶持：按实缴资本给予一次性开办扶持补贴，最高5 000万元，临港新片区最高6 000万元<br>2. 增资补贴：按实缴资本最高补贴1 500万元<br>3. 租房扶持：最高每年87.6万元，期限三年；临港新片区持租房补贴100%，持续三年<br>4. 购地、购房补贴：临港新片区购地补贴30%，自建房最高补贴6 000万元 | 1. 开办扶持：金融机构新设或迁入，按实缴资本给予一次性补贴最高1 000万元<br>2. 购房扶持：每平方米1 000元<br>3. 租房扶持：持续三年租金补贴，最高50%，入驻创新基地的金融机构3年免房租 | 1. 开办扶持：按实缴资本给予一次性开办扶持补贴，市级最高5 000万元<br>2. 增资补贴：市级按实缴资本最高补贴1 000万元<br>3. 租房扶持：前3年补贴租金最高50%，后2年补贴租金最高25%<br>4. 购地、购房和自建房补贴：购地奖励地价款30%，购房补贴最高5 000万元 |

(续表)

| 资产管理 | | 上海 | 北京 | 深圳 |
|---|---|---|---|---|
| 财税政策 | 非持牌机构 | 新设国际金融组织、国际行业协会、全国性金融行业协会给予最高1 000万元开办补贴 | 《关于促进股权投资基金业发展的意见》(京金融办〔2009〕5号)规定,股权投资管理企业自获利年度起,前2年企业所得税地方部分全额奖励,后3年地方部分减半奖励 | 1. 新设最高补贴1 500万元,购租房补贴最高500万元;盈利后前2年奖励地方留成税收100%、后3年奖励50%<br>2. 内资、外资、中外合资股权投资基金、股权投资基金管理企业以及私募证券投资基金管理企业、征信评估评级、金融媒体、保险配套等均在扶持范围 |
| 营商环境 | | 1. 成立上海国际金融中心建设领导小组、国际金融中心专家咨询委员会<br>2. 率先设立上海金融法院<br>3. 出台全国首部地方综合性信用条例《上海市社会信用条例》<br>4. 虹口区举办北外滩财富和文化论坛,区政府给予补贴100万元 | 1. 成立首都金融发展顾问委员会<br>2. 成立北京资产管理行业联合会<br>3. 举办全球财富管理论坛,成立北京国际财富管理研究院等智库 | 1. 成立金融发展咨询委员会<br>2. 成立深圳资产管理学会等智库<br>3. 支持举办各类创投论坛,市级最高补贴100%;每季度定期举办深港金融合作交流活动,市级每场最高20万元补助 |

资料来源:华宝证券研究创新部

### (三) 来自自身的挑战

1. 上海资产管理机构的能级不够高,总部集聚度不够

受多种因素影响,上海在引入资管市场新主体——各类资产管理子公司等方面的力度还不足。比如上海公募基金管理规模虽占全国逾3成,但真正有实力的大型公募基金不多;国有五大行理财子公司仅交行理财落户在上海,股份制银行理财子公司入驻上海的也不多;上海在中基协备案的私募基金数量虽然各省排名第一,但管理规模落在北京之后。

2. 风险管控能力有待提升，政策扶持有待统一

P2P问题与私募违规问题相互渗透，对上海市场形成一定影响。增量资产管理业务，由于风险把控尚难准确甄别，一定程度也影响了资管机构注册变更的便利性。如根据市金融工作局开展的私募股权投资瓶颈问题的调研，出于风险防范考虑，政府部门对该类企业审批较为审慎，有些企业排队时间较长，导致私募GP多于外省注册，上海属地化率仅为20%。另外，市级层面对于资产管理行业的统一扶持还不够，税收和资金扶持力度还可以进一步增强，各区出台区级支持政策争抢企业资源，导致机构落户和团队落户存在分离现象。

3. 资产管理行业专业人才不足

从包括上海的各主要资产管理地区报告中，可以看到，资产管理行业特点是人才精英化，从业人员少。如统计显示，上海的公募机构管理公募基金1 919只，规模4.07万亿元，从业仅1.39万人，从业占比4.23%；上海的私募机构管理私募基金20 524只，规模2.74万亿元，从业仅3 414人，从业占比仅1.04%；上海的信托资产规模2.33万亿元，从业仅约2 000人；银行、保险、证券的资产管理模块类似，银行、保险、证券机构中，仅很少的部分精英人员直接从事投资管理业务。上海已经有意识地开展相关工作，目前上海各区已对金融机构及其从业人员实施一定的公司所得税和个人所得税的返还政策。未来，如针对上海的资产管理人员尤其投资管理机构的从业人员，能在企业和个人所得税方面加大优惠力度，将更有助于吸引更多资管人才。

4. 生活配套力度仍不够

资产管理机构的核心竞争力是人才，但是上海高门槛的落户政策导致资产管理行业很难引入外地人才。高管如果不能落户，其子女就不能到重点公立学校就读，教学质量高的国际学校、私立学校数量偏少，导致一些资产管理行业的中青年高管，放弃来上海发展，一定程度上影响了机构的集聚、人才的集聚、服务的集聚，成为资产管理行业发展的重要阻碍因素。

2018年7月《上海市贯彻落实国家进一步扩大开放重大举措加快建立开放型经济新体制行动方案》(扩大开放100条)中表示要持续深化营商环境改革："2018年组织实施上海营商环境改革年系列行动，以打造投资环境最便利、政府服务效率最高、服务管理最规范、法治环境最完善为核心，集中推出一批务实管用的改革举措，表彰一批改革创新项目和内外资优秀企业家。借鉴兄弟省市营商环境改革有益经验做法，着力提高行政审批和服务的透明度和便利度，大幅提升企业和群众对营商环境改革获得感。""对标国际营商环境表现领先的经济体，

在世界银行营商环境报告的重点指标实施系列专项行动，使开办企业、获得施工许可、获得电力、跨境贸易、财产登记等领域，企业平均办事时间缩短一半，手续环节平均减少40%。”“主动争取国家营商环境改革试点举措在上海先行先试。”这其中，营商环境改革的阳光并没有照到资产管理行业，众多资产管理机构对上海营商环境改革没有获得感。

总体来说，上海要建设全球资产管理中心，需要正视压力与挑战，把压力变动力，大力推进管理转型，努力缩小与领先国际资产管理中心的差距。

## 第三节　上海建设全球资产管理中心的思路与推进

上海加快发展资产管理业、打造资产管理中心的基本思路是：抓住我国国民财富快速增长和金融业改革开放机遇，顺应上海国际金融中心建设战略要求，以提升金融资源配置能力为核心，大力吸引和集聚一批国际顶级财富管理机构，加快培育和壮大一批本土资产管理机构，推动国内外重要机构投资者向上海集聚，促进各类金融资产加速向上海集中，吸引和培育一批资产管理人才，促进为资产管理机构配套、为机构投资者服务的各类专业服务业发展，着力构建和完善有利于机构投资者运作和发展的政策、体制和法制环境，充分发挥资产管理对金融中心建设和经济发展的支撑作用，努力把上海打造成为我国一流的资产管理中心，建设全球资产管理中心。

### 一、资产管理建设战略高度的再次提升

着眼于满足我国国民财富需求，服务于实体经济发展要求，资产管理作为一项投资实体，融通居民财富的一项直接投资业务，其战略高度需要再次提升。与发达国家资产管理重业绩利润，对风险收益的放大容易引发金融泡沫不同，上海打造资产管理中心要立足和服务于我国实体经济发展，更加注重通过资产管理来引导社会流动资金进入实体经济，提高金融自主创新能力，优化金融要素资源配置，切实增强我国经济发展的金融推动力。因此，推进上海建设全球资产管理中心，将资产管理业务上升到金融服务实体，政策全面支持的高度，是首要思路。

### 二、培育并引进专业化资产管理机构

从组织模式上，上海建设全球资产管理中，要将重点放在促进资产管理机构

的培育发展上，充分发挥有上海政策红利，利用各项便利，培育实现资产管理机构的高效规范运作。从发展重心上，要将重点放在大力引进和培育顶尖投资顾问公司上，充分发挥投资顾问公司对投资管理、财富管理的核心带动作用。同时，顺应我国金融业开放趋势，研究制定有吸引力的政策，重点引进一批全球知名证券投资机构、股权投资机构、私人银行部门、独立三方机构等，引入先进的资产管理理念、技能和服务，带动我国资产管理水平的整体提升。

## 三、推进上海建设全球资产管理中心的具体工作

### （一）探索降低资产管理公司准入门槛

为促进资产管理业的发展，国际上对投资咨询、资产管理以及财富管理公司注册登记普遍实行低门槛、强监管的做法，同时对所有相关公司都要求预先缴纳一定比例的风险保证金，并将其集中起来形成风险拨备资金，以防范可能出现的金融风险。

上海建设全球资产管理中心，一方面要继续保持正常的吸引力，同时加强对资产管理公司经营活动的监管，另一方面，对资产管理机构的注册落地，要采用绿色通道等模式，降低资产管理公司准入门槛和要求。

### （二）鼓励金融创业企业发展

将金融创业作为鼓励创业的重要内容，加快研究制定鼓励金融创业企业发展的政策举措，吸引海内外金融人才到上海投资创业，设立投资顾问公司、投资管理公司等。

### （三）丰富工商注册登记允许行业类别

将“财富管理”“资产管理”等纳入工商注册登记允许行业类别，允许设立财富管理、资产管理类企业法人，资质审核需要监管部门审批。

### （四）探索推进开放式有限合伙基金

开放式有限合伙基金作为有限合伙基金的新兴模式，既有有限合伙制的优点，又方便申购赎回，对于保险资金、企业年金等机构投资者而言是理想的投资渠道。

### （五）率先探索推进系统性金融税制改革，整体降低金融业税负

以推进上海打造资产管理中心为抓手，抓住先行先试机遇，向国家财政、税收部门积极反映，力争在国内率先探索相关税制改革，降低金融业实际税负，优

化金融业税收结构。一是积极推进金融业营业税改革。争取将金融业纳入增值税扩围试点，有效降低金融业间接税税负。二是提高金融业税前扣除项目金额。针对金融业从业人员收入普遍较高特点，提高税前工资扣除金额；缩短金融企业应收未收利息、本金税前抵扣期限，有效降低金融业实际税负。三是为鼓励资产管理业发展，建议对资产管理企业投资活动收益所缴纳税收的地方部分进行减免。四是探索进一步简化税种，优化税制结构。如探索降低或取消金融业城市建设税和教育费附加，探索印花税转型为交易税，探索简化金融业个人所得税征收模式等。

### （六）率先探索设立机构投资者运作中心

机构投资者运作中心和金融市场交易中心是国际金融中心城市的两大核心支撑，是金融要素资源配置的两大基础平台。在上海设立机构投资者运作中心，有利于充分汇聚我国金融资源，配置到最需要资金的相关领域，实现财富管理和融资需求的有效对接；有利于充分集聚各类机构投资者，提供集中、高效、规范的配套政策和服务；有利于集中开展金融创新和金融运作，提高金融活动的效率。与市场交易中心不同，机构投资者运作中心不需建在商业成本高的黄金地段，更适宜建在政策环境好、配套服务完善、交通通信方便、容易管理的行政区域。上海要率先探索设立机构投资者运作中心，并从整体上设计这一中心所需要的政策环境、政府服务、工商登记、税收政策、人才引进计划等，大力吸引各类机构投资者到上海集聚发展，增强上海金融资源配置能力。

### （七）加大人才引进和培育力度

资产管理属于金融高端领域，对金融人才要求很高。目前，上海资产管理人才不足，尤其是具有丰富管理经验、掌握资产管理技能的高端人才严重匮乏，远远不能适应打造资产管理中心的要求。一是加快引进一批金融管理业高端领军人才。重点引进一批熟悉资产管理运作规律、拥有国际经验、熟悉中国国情的高端领军人才，带动上海资产管理中心建设。二是将金融创业纳入上海“千人计划”创业人才专业领域，以鼓励海外高层次金融人才来沪创立金融类企业。三是定期举办高端金融人才、金融企业家咨询会，征求他们对上海国际金融中心建设的政策建议，解决其在沪发展遇到的瓶颈问题。四是做好海外归国金融人才的保障工作。针对海外金融人才回国后参保时间短、与境外保障水平差距大等特点，加快研究设计针对性的保障方案，解除高端金融人才回国发展的后顾之忧。

### （八）促进为机构投资者服务的各类专业服务业发展

发达的专业服务业是打造资产管理中心的重要保障。上海建设全球资产管理中心，必须加快推进专业服务业发展，更好地为各类机构投资者服务。一是加快引进一批具有世界水准的律师事务所，培养一批高素质金融律师人才，为机构投资者投资并购、资产交易、跨境业务、税务策划等方面提供法律咨询和法律服务。二是加快引进一批会计、审计事务机构，加快高端会计、审计人才培养，更好地为资产管理机构和机构投资者提供审计、税务、担保、咨询和金融服务。三是加快引进一批人力资源服务机构，为资产管理业提供高层次人才引进和猎头顾问、金融人才培训、领导力提升、薪酬计划、保障安排等服务，为上海打造资产管理中心提供有力人才支撑。四是积极推动商务与管理咨询、市场研究等专业服务业企业发展，为机构投资者提供相关专业服务。

## 第四节　上海建设全球资产管理中心的重要意义

### 一、高效管理国民财富、提高我国金融资源配置效率

改革开放40多年来，我国已经积累起并正在创造庞大的国民财富。2019年我国国民生产总值已突破99万亿人民币，增速达6.1%。另外，我国还拥有总额超过3万亿美元的外汇储备，占全球外汇储备总额的近1/3。如此庞大的国民财富必然有相当部分以各类金融资产的形式存在。从发达国家经验来看，有相当比重的国民财富是以金融资产的形式进行配置和管理的，如美国财富管理资产总额相当于其GDP的2倍，欧洲国家财富管理规模相当于其GDP总量的80%以上。

加快打造资产管理中心，有助于更好地管理我国庞大的国民财富，优化金融资源配置，实现国民财富的保值增值，同时也是提高我国居民财产性收入的需要。随着我国居民收入的持续较快增长，百姓投资理财需求明显上升，部分富裕阶层已从简单的财富资产保值增值需求转向更加全面和综合性的资产管理需求。

从国家战略角度看：中国是世界第二大经济体、第一大货物贸易国、拉动全球经济增长的重要引擎，居民财富持续增长，养老金市场潜力巨大。上海建设成为国际金融中心已上升为国家战略，2020年将上海基本建成与我国经济实力和

人民币国际地位相适应的国际金融中心。

## 二、壮大机构投资者队伍,促进金融市场稳健发展

近年来,随着我国金融业改革开放的稳步推进,机构投资者队伍不断壮大,已初步形成以证券投资基金为主,证券公司、信托公司、保险公司、合格境外机构投资者、社保基金、企业年金等其他机构投资者相结合的多元化格局。在银行间市场,机构投资者已占主导地位;在证券市场,机构投资者持股市值占比超过50%。但与成熟资本市场相比,我国资本市场上的机构投资者比重仍然偏低。特别是社保资金、企业年金、保险资金等重量级机构投资者资本市场参与程度不高。

散户主导的资本市场格局容易出现非理性的投资行为,导致市场波动大,抗风险能力弱。这和目前我国可供投资的金融产品仍然不够丰富有关,也和机构投资者缺乏稳妥、高效、便捷的投资渠道有关。加快发展资产管理业,打造全球资产管理中心,不仅能够为机构投资者提供专业化、多元化、低风险的投资渠道,培育和壮大机构投资者队伍,加快形成以机构投资者为主导的合理化资本市场格局,而且有助于降低资本市场非理性波动风险,促进资本市场持续稳健发展。

# 第六章
# 上海建设全球资产管理中心发展宏图

## 第一节　金融监管与政策制定更加科学

### 一、金融监管效率的创新模式

随着未来更多国内以及全球知名的资产管理机构落户上海，上海向建设全球资产管理中心的发展目标又将迈进一步。在未来发展道路方面，上海提出了几大重大战略任务：五个中心、上海自贸试验区临港新片区建设等。这些任务的完成有利于提升上海金融地位，有利于摸索一套有特色的金融监管创新模式。

上海金融监管属于全国领先水平，对于上海建设全球资产管理中心而言，创新相应的金融监管模式是重要内容：一是抓住重点。将资源重点配置到资本市场顶层设计以及对违规行为进行事后追查、全程跟踪，把强监管集中于增强信息披露，查处内幕交易、操纵市场、利益输送等重大问题上来。二是加强授权。依法依规赋予行业协会等部分监管功能，明确金融协会、交易所的监管职责，做到授权有理有据。三是强调效率。对一些细小的事项规定进行缩减，完善负面清单制度、事后备案流程，将发行、定价等资源配置交给市场，将公司规范、治理、经营范畴等微观事项的制定权交于证券机构自身（见图 6-1）。

#### （一）上海地区资产管理机构注册更加便利

前期，国家层面已经发布了相应制度，对于资产管理行业的注册提出了系统性的要求。2020 年 2 月又进一步细化，发布了《关于进一步加快推进上海国际金融中心建设和金融支持长三角一体化发展的意见》，鼓励商业银行理财子公司在上海设立专业子公司等。上海正采取措施，为资产管理机构以及各类型专业投资公司落户提供更加便利的服务。

#### （二）上海地区探索实行功能监管

我们知道，从事金融业务的机构必须取得与之相对应的金融机构许可证才

| 事前管得多 | 行政监管多 | 微观事项管得多 |
| --- | --- | --- |
| •抓住重点<br>•将资源重点配置到资本市场顶层设计以及对违法违规行为事中监控和事后稽查，把强监管集中于增强信息披露，查处内幕交易、操纵市场、利益输送等重大问题上来 | •加强授权<br>•充分发挥行业自律监管功能，明确行业协会、交易所的事中、事后监管职责 | •强调效率<br>•对一些细小的事项规定进行缩减，完善负面清单制度、事后备案流程，将公司规范、治理、经营范畴等微观事项的制定权交还给证券机构自身，不再对企业自身经营发展做出限制 |

**图 6-1　金融监管的困境及对策**

资料来源：华宝证券研究创新部

可以持牌经营。未来上海可以探索建立资产管理机构持牌经营模式，放松对持牌机构的相应资金和指标限制等。另外，还需要强化分级管理制度的建立和相关透明度的要求，在一定限额之上放开经营的限制。

根据“资产管理新规”提出的监管原则，未来上海对资产管理业务要更加注重功能监管和行为监管，不断转变监管理念与方式，提升监管效能，实际操作时要确保监管的广度和深度。可依托金融稳定发展委员会办公室地方协调机制（上海市），在监管信息、监管尺度等方面加强互通和协调，从而在不改变分业监管模式的前提下，建立起功能性监管框架。

本质上，多数金融机构的资产管理业务是相似的，所以统一制度设计将有利于行业长远发展，对金融机构监管和业务功能监管两者要积极配合，各自扮演不同角色：功能监管的重点要放在制定行业标准方面，防止监管套利。机构监管要在功能监管的背景下，制定各类金融机构资产管理业务的监管细则，监管细则不能违背功能监管规则，监管细则的标准也不能低于功能监管规则。

## 二、资产管理业务监管有效性

资产管理具有综合金融属性，从发展起源看，其信托特点类似高端金融服务业务，即资产管理机构通过资产名义所有权与投资者之间建立起信托责任关系。但是经过多年发展，资产管理业务具有跨行业、市场、国界等配置资金的特点，资产管理业务的融合性越来越强。对于资产管理业务投资者本身而言，不仅要求投资者具有较强的风险承受能力和较高的风险偏好，还要对资产管理业务具有极强的风险识别能力。资产管理业务的融合性以及复杂性，对资产管理机构的监管有效性要求就更高。尤其是对监管方式、力度也提出更高要求。不仅要对资产管理业务的监管合规性加强一个级别，还要对一些违法违规操作加以道德上的约束和法律上的处罚。未来，上海可以完善监管制度辅以合规性的业务操作为基础，全方位地提升资产管理业务的监管高效性(见图6-2)。

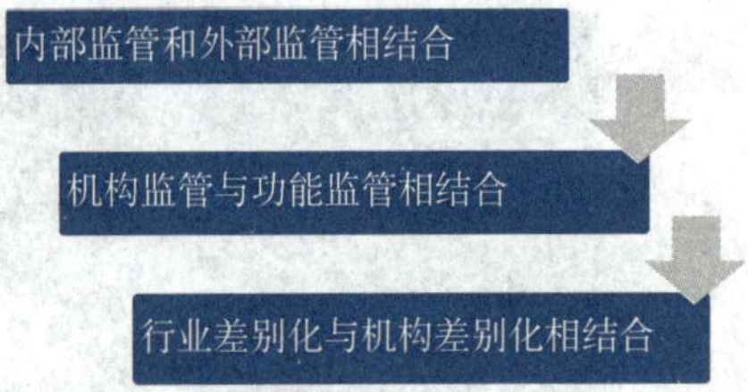

内部监管和外部监管相结合

机构监管与功能监管相结合

行业差别化与机构差别化相结合

图6-2 金融监管的三大结合

资料来源：华宝证券研究创新部

### (一) 内部监管和外部监管相结合

高效率的资产管理业务管理必须是内部约束和外部监管的有效统一。因此，健全资产管理机构内控制度与强化监管层对资产管理机构的监督力度缺一不可。上海地区的监管部门可以对资产管理机构通过对客户按照不同的标准进行分类，建立起机构对客户的内部监管；监管层通过对资产管理机构所处的具体行业进行分类，对不同行业实行差别化金融调控，以建立起监管层对机构的外部监管。

外部监管是规范资产管理机构的有力推动。资产管理机构内部控制制度是金融监管最基本的约束机制，是防范金融风险与危机的基础性制度，是整个资产管理监管体系的基础，也是资产管理机构稳健经营的前提条件。因此，必须建立灵活的、富有弹性的、与时俱进的内部约束机制并严格执行。资产管理机构应对客户的具体情况进行深度分析，针对客户的年龄、资产规模、投资经验、职业背景以及风险偏好等，进行严格的分类，深入理解和洞察客户理财行为，加强对客户特征的识别。

从监管层的角度出发，上海未来可以尝试对资产管理机构进行分类，按照机构不同的特征进行差别化金融调控，对商业银行、证券公司、信托公司、保险公司应实行差别化的资本金要求，改进资本监管、流动性监管等监管规则，放松为维护金融稳定和防范系统性风险而要求的资本金和流动性指标，优化调整存贷比、流动性等指标的计算口径和监管要求。强化专属服务属性的分级管理和有限透明要求，并在一定限额之上放开分业经营的限制。

### (二) 机构监管与功能监管相结合

长期以来，我国金融监管部门一直注重机构监管和合规性监管，注重对特定机构进入门槛和业务种类的审批，但对于业务经营过程以及由于金融业混业经营和综合经营所产生的交叉产品，监管力度还不够。资产管理业务具有很强的金融混业特性，传统金融监管体系已经无法适应此类业务的发展，应当尽快转变监管方式，逐步实现由机构性监管向功能性监管的转变，即针对金融产品所实现的基本功能而非金融机构的业务分工来确定相应的监管规则，尽量减少监管职能的冲突、交叉重叠和盲区，保持监管政策的协调性、连续性和一致性。

上海未来可以尝试建立起功能性监管框架，对于业务不同的发展阶段，利用资产管理监督管理系统，尝试进行功能监管，诸如上海资产管理机构在产品设立发行时，需通过监管的资产管理系统进行提前报备。退一步说，如果不能够在短期内建立功能性监管框架、建立统一的监管服务系统，上海实施的功能性监管可以表现在监管协调上，在实际业务中尽量减少监管职能的冲突，尤其是解决相同业务不同监管部门的统一口径，保证监管政策对业务发展不会起到负面作用。

### （三）行业差别化与机构差别化相结合

差别化金融监管工具主要是围绕资本金要求。差别化的资本金制度可以分为两个层面，一是针对特定资产管理行业的差别资本金，二是针对特定资产管理机构的差别资本金。对特定行业，比如希望支持的行业可以采取较低的资本金要求，以鼓励该行业的发展，对于风险较高、尚需严格监管的行业，采取较高的资本金要求。对特定资产管理机构，实施差别的资本金制度。

未来，上海地区对资产管理机构就可以尝试差异化监管，对于一些创新机构，可以规定较低的资本金，以此鼓励专业性金融机构在一定的资本金规模下发放更多的专业性贷款和提供更多的金融产品，甚至可以针对特定资产管理机构注资，增加其资本规模，加速资产管理机构的培育壮大(见表 6-1)。

**表 6-1　不同情况下的差别化举措**

| 行业 | 举措 | 后果 |
| --- | --- | --- |
| 风险较高、尚需严格监管的行业 | 采取较高的资本金要求 | — |
| 特定资产管理机构 | 实施差别的资本金制度 | 对专业性金融机构，可以规定较低的资本金，以此鼓励专业性金融机构在一定的资本金规模下发放更多的专业性贷款和提供更多的金融产品 |
| 特定行业 | 采取较低的资本金要求 | 以鼓励该行业的发展 |

资料来源：华宝证券研究创新部

## 三、更加开放和包容的政策

### （一）加大开放，面向国际

上海建设全球资产管理中心要立足国内、面向国际。未来，在投资开放性、贸易便利性、金融要素流动性和功能集成化等方面，上海都将是我国开放度最高的金融中心。基本框架，首先打造成为国内综合开放度、国际单项实务开放度最高的资产管理区域。未来，资产管理业务可尝试依托上海自贸试验区制度创新优势，加快探索资本项下开放力度：一是探索允许上海资产管理机构、私人银行机构在区内设立并管理“境内关外人民币、外币均可认购的全球投资基金”；二是探索打造国际资产交易平台，满足区内个人和企业的证券期货产品转让交易需求和融资需求，满足实体经济的投融资需求。

#### （二）灵活方便政策

借鉴全球成熟资产管理中心城市的经验，在支持资产管理机构入驻等方面加大力度，诸如给予适当补贴、地方税返还等系列配套激励政策，吸引国际国内大型资产管理公司来沪注册、运营。当前，中国资产管理规模较大的银行，诸如工行、农行、中行这三大银行已在北京设立理财公司总部，建行已在深圳设立理财公司总部，上海地区可制定系列配套政策，大力吸引四大银行的理财子公司在上海设立运营公司、资金公司、投研公司或技术公司——相当于在上海设立理财子公司二总部，吸引国际大型投资银行、保险公司、独立资产管理机构来上海设立资产管理公司，开展保险、证券、公募、私募等相关理财业务。

## 第二节　市场参与主体更加丰富多样

### 一、推动上海高校、金融机构加强合作

加强知名高校和研究机构、金融机构的合作，推动资产管理人才储备和学历教育体系构建。依托上海知名院校如复旦大学、上海交通大学等综合性大学及上海财经大学、上海对外经贸大学等财经类院校的人才培养平台，以优化金融人才结构为核心，打造国内领先的金融人才发展环境。

上海高校在构建上海全球资产管理中心的蓝图中扮演着十分重要的角色，高校要发挥自身的教学力量，提供科研支持，与金融机构交流的过程中加强自身理论研究基础。与此同时，金融机构也需要发挥其就业市场的实践优势，扩大学生就业中心的招聘数量，或者让金融机构的金融从业人员去高校开设资产管理业务实务课程，以此促进双方交流、合作，共同绘就未来发展蓝图，让各大高校师生可以享受到资产管理中心建设带来的红利。

另外，高校还可以探索设立资产管理专业，这既是对上海改革资产管理发展的大胆探索，也是瞄准一流目标，打造全球资产管理中心的重要推手。要以服务上海特色金融业务发展为主要功能定位，立足于上海资产管理发展的业务方向，围绕开展资产管理学历教育、构建资产管理的学科体系建设以及人才库建设、优化资产管理课题研究、推进资产管理业务创新、加大对外交流合作等，为上海全球资产管理中心的建设提供发展和创新的综合解决方案。

中国特色的资产管理究竟应该如何，内外资金融机构是否应有所区别，怎样开展混业经营以及如何监管，如何进行资产管理从业人员资格认证，采取何种税收及保密措施等，都需要进行全面、深入的研究论证，在理论的指导下科学地推进。要组织国内外的官员、专家、实际从业人员，举办专题研讨会、论坛，统一认识，明确思路。要建立相应的研究机构，出版专题刊物、系列书籍和研究报告。

## 二、推进多元化跨国资产管理公司入驻

积极引进跨国资产管理公司，加快培育本土资产管理机构。我国需要增加实力型本土资产管理机构，需要增加创新力强的新型资产管理机构，需要增加在各个子领域具有特殊专长的功能型资产管理机构，需要增加世界级的大型资产管理公司。

### （一）从机制设计上

推进世界级的大型资产管理公司入驻，可借鉴新加坡全球贸易商计划(Global Trader Programme，简称GTP)，在税收、财政扶持、贸易便利化、机构准入等方面建立个性化支持体系，支持跨国资产管理公司在入驻后形成亚太区的客户服务中心、投资交易中心、产品管理中心、资金结算中心，努力把入驻地区建成全球资产管理机构亚太地区总部集聚地，以此带动上海全球资产管理中心建设。

### （二）从组织模式上

要将重点放在促进有限合伙制的资产管理机构发展上，充分发挥有限合伙制对资产管理人的激励和约束作用，实现资产管理的高效规范运作。

### （三）从发展重心上

要将重点放在大力引进和培育顶尖投资顾问公司上，充分发挥投资顾问公司对投资管理、资产管理的核心带动作用。同时，顺应我国金融业开放趋势，研

究制定有吸引力的政策，重点引入先进的资产管理理念、技能和服务，带动上海资产水平的整体提升。

### 三、形成上海资产论坛品牌效应

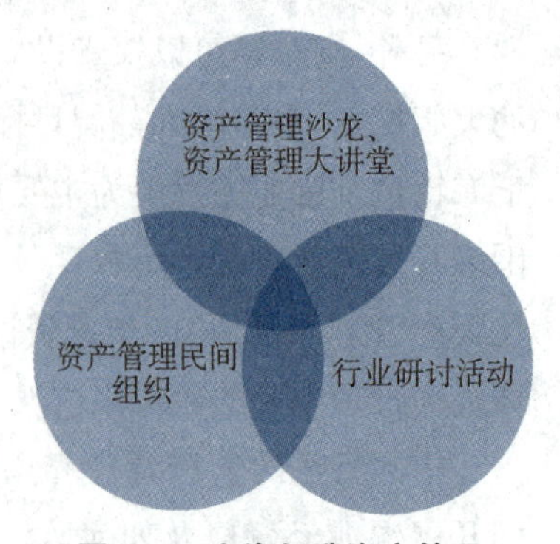


**图 6-3　上海打造资产管理发展风向标**

资料来源：华宝证券研究创新部

邀请国内外知名专家学者，举办资产管理沙龙、资产管理大讲堂等系列活动，塑造以资产管理为鲜明特色的国际顶尖金融论坛品牌，打造中国资产管理发展风向标。除此之外，还可以培育资产管理民间组织。按照“政府引导、各方统筹、行业为主、跨业整合”的原则，成立资产管理民间组织，开展丰富多样的行业研讨活动，加强信息交流共享，提升行业发展的凝聚力和向心力(见图 6-3)。

## 第三节　营商环境融入全球资产管理网络

### 一、建设更高水平的金融生态环境

#### (一) 出台上海资管发展专项支持政策

经济、金融、财税政策的公开、透明、明确、稳定、实操性强，这些都是构成良好金融生态和良好营商环境的重要条件。建议上海尽早出台关于鼓励支持境外金融机构在上海投资注册设立资产管理公司的相关细则，包括机构与个人税收先征后奖、办公楼费用补贴、紧缺人才公寓等鼓励激励政策。

2020 年，上海正建设形成“6＋1”格局的国际金融中心。“6＋1”格局中“六大中心”中的第一个中心即在上海建设全球资产管理中心。资产管理作为重点发展行业，在资产管理公司(尤其是外资资产管理公司)设立、取得资产管理资质时，可考虑外资母公司的经济实力，在母公司愿意为其担保的情况下，尝试探索减少申请设立外资资产管理公司的注册资金要求和人员数量要求。

#### (二) 采用中英文双语同步发布相关政策

国际化、市场化、专业化，是上海建设国际金融中心和全球资产管理中心应达到的基本条件，建议上海以后在颁布新的对外开放政策文件之前，聘请相关专家学者提供支持，将政策文件同步翻译成英文。申明中英文内容一致，如有任何歧义，以中文版本为准。

### （三）建议上海率先出台对金融领域知识产权保护的指导原则

知识产权保护一直以来是上海金融发展的重要一环，随着国际化程度的提高，知识产权的重视程度也要相应提升。目前在资产管理、智能投顾等金融细分领域里，要尊重各机构在算法、模型等方面所拥有、注册的知识产权。推动整个金融领域重视知识产权保护，引导金融从业人员自觉遵守资产管理行业的规则或准则。

## 二、推进资产管理规则制度与国际接轨

世界银行发布的《2019年营商环境报告：强化培训，促进改革》显示：中国在过去一年时间里，所实施的营商环境改革措施在全球营商环境改善排名中位列前十。但与营商环境排名较高的一些发达国家比起来，目前中国的营商环境依然有较大的改善空间。营商环境由软实力和硬实力两部分组成。营商环境硬实力包括基础设施、物流等，营商环境软实力则包括法律、法规、政策执行能力等。目前，中国营商环境在硬实力方面已取得国际领先的地位，但在营商环境软实力方面还有待加强。

### （一）优化城市营商环境，提升城市能级及全球竞争力

我们应该主动对照国际营商惯例，加速优化城市营商环境，提升城市能级和全球竞争力。在开放条件下，营商环境的竞争实质上是全球性的，上海、北京等一线大城市作为中国最典型的、最大的国际化城市，是代表中国参与全球经济竞争的不二选择。增强配置全球资源能力，同时也是服务国家战略的本质要求，体现城市集聚效应，方能更加彰显其在全球的地位和功能。

将优化营商环境或推进营商环境建设放在推进资产管理与国际接轨的特殊位置，营商环境涉及面较宽，且一直以来都是推进创新的导引线。营商环境的建设是与整个体制机制的改革创新紧密联系在一起的。我们要在整体上完善营商环境，就要做到给予投资者方便，更重要的是给投资者信心。因此，上海应加大知识产权保护，促进信用水平提升、维护公平的市场环境。

### （二）持续优化营商环境，提升对金融机构服务水平

要持续优化营商环境，提升对金融机构服务水平。比如，加强对资管机构的“一对一”精准式、保姆式服务，对每家重点金融机构设立市区两级服务管家，机

构有任何需政府协调解决的事项都可以随时联系服务管家；建立外资金融机构登记注册和人才引进“绿色通道”，解决机构痛点难点；对标国际一流标准，加快配套基础设施建设，推动优质资产管理机构入驻。

## 三、金融开放与资产管理衔接

随着国家金融业的开放力度持续加强，外资机构参与我国资产管理市场迎来了黄金窗口期。2019 年 7 月，国务院金稳委发布的 11 条金融业对外开放措施中，明确鼓励境外金融机构参与设立、投资入股商业银行理财子公司；允许境外资产管理机构与中资银行或保险公司的子公司合资设立由外方控股的理财公司等多条资产管理领域的开放政策。在这样的历史条件下，我们要充分发挥首都金融资源聚集、资产聚集优势，积极丰富资产管理领域市场主体，引进国际先进的资产管理实践和专业经验，满足投资者多元化服务需求（见表 6-2）。

表 6-2 11 条金融业对外开放措施

| 三大方面 | 具体措施 |
| --- | --- |
| 债券市场方面 | 允许外资机构在华开展信用评级业务时，可以对银行间债券市场和交易所债券市场的所有种类债券评级 |
| | 允许外资机构获得银行间债券市场 A 类主承销牌照 |
| | 进一步便利境外机构投资者投资银行间债券市场 |
| 银行保险市场 | 鼓励境外金融机构参与设立、投资入股商业银行理财子公司 |
| | 允许境外资产管理机构与中资银行或保险公司的子公司合资设立由外方控股的理财公司 |
| | 允许境外金融机构投资设立、参股养老金管理公司 |
| | 支持外资全资设立或参股货币经纪公司 |
| | 人身险外资股比限制从 51%提高至 100%的过渡期，由原定 2021 年提前到 2020 年 |
| | 取消境内保险公司合计持有保险资产管理公司的股份不得低于 75%的规定，允许境外投资者持有股份超过 25% |
| | 放宽外资保险公司准入条件，取消 30 年经营年限要求 |
| 证券市场方面 | 将原定于 2021 年取消证券公司、基金管理公司和期货公司外资股比限制的时点提前到 2020 年 |

资料来源：华宝证券研究创新部

要持续优化营商环境，提升金融机构服务水平。例如，北京市推出了服务管家制度,对每家重点金融机构将设立市区两级服务管家,机构有任何需政府协调解决的事项都可以随时联系服务管家;北京市还建立外资金融机构登记注册和人才引进"绿色通道",解决机构痛点难点;对标国际一流标准,加快城市副中心配套基础设施建设,推动优质资产管理机构入驻。这些政策措施可为以后上海优化资管行业营商环境提供借鉴参考。

### 四、产业分工更加明确

新时期的高质量对外开放是为了提升经济内涵、完善外商投资环境、提升出口产品竞争力,从而实现区域产业升级,增强国际竞争优势。上海在推进对外开放战略中,应当抓住全球化发展机会,充分利用优势资源实现现代化新兴产业融合发展。要注意的是,长三角城市之间应立足于本土优势和自身产业基础,聚焦自身产业链发展中有比较优势的特殊产品,培育出自身的特色产业。

### 五、为中外资产管理及金融机构高管提供优质服务

支持专业的第三方服务机构设立和拓展业务。由于国际资产管理机构与国内机构在沟通交流、操作流程及管理制度等方面有着较为明显的差异,国内第三方服务机构并不能满足外资机构的工作要求。应出台相关措施鼓励支持国际、国内第三方服务机构在上海设立并开展业务。尽快解决人才公寓的相关问题,上海的人才公寓在总体数量上与需求相比还有较大缺口。建议市有关部门会同各区为中外资资产管理机构高级人才围绕工作地周围就近安排人才公寓。通过各种有效方式,为中外资资产管理机构高级人才解决子女入托入学问题。

## 第四节　搭建资产管理行业生态圈

### 一、建立资产管理聚集效应生态圈

某一区域内同一行业的产业链聚集在一起,相互交流、紧密合作,从而升级整个区域内产业链的发展,体现了聚集效应所带来的优势。上海要不断强化资产管理的聚集效应,例如,虹口区有专门的对冲基金产业园区、对应的特色对冲基金小镇;闵行区也有专门的创业特色基金小镇等。上海今后可以探索建立资产管理小镇,带动资产管理行业的发展。成功设立资产管理小镇的要素中,要有

多方面的配套设施加以扶持：一是加大对产业园区内专业人才的扶持，就买房落户、子女教育、就医等现实问题给予帮助，这样可以使专业人才在这聚集。二是加大对企业的扶持力度，降低企业在此经营的成本，例如租金、税收减免，金融补贴等措施。鼓励园区内资产管理等新型金融企业参与市场拓展和产业交流，可对标国际各类博览人才交流会，对实际发生的展位费用给予一次性补贴。三是加大配套服务的推进力度。对一些新引进国家、国际层面研究课题，学术交流，项目实践等的人员或企业进行奖励。同时优化办公环境、交通便利程度等，例如加大周围公共交通的覆盖面积，以便利化的交通服务产业园区，根据实际需求增加人性化设施。

### （一）降低资产管理公司工商注册门槛

为促进资产管理业的发展，国际上对投资顾问公司注册登记普遍实行低门槛、强监管的做法，同时对所有投资顾问公司都要求预先缴纳一定比例的风险保证金，并将其集中起来形成风险拨备资金，以防范可能出现的金融风险。上海应率先探索进一步增加投资顾问公司注册资金途径，降低投资顾问业准入门槛，同时加强对其经营活动的监管。

### （二）鼓励金融创业企业发展

一是将金融创业作为鼓励创业的重要内容，加快研究制定鼓励金融创业企业发展的政策举措，吸引海内外金融人才到上海投资创业，设立投资顾问公司、投资管理公司等。二是探索将“资产管理”等纳入工商注册登记允许行业类别，允许设立资产管理类企业法人。三是探索推进开放式有限合伙基金，开放式有限合伙基金作为有限合伙基金的新兴模式，既有有限合伙制的优点，又方便申购赎回，对于保险资金、企业年金等机构投资者而言是理想的投资渠道。

## 二、形成国际化人才聚集新高地

人才问题依旧是中国资产管理面临的突出问题。资产管理是专业性很强的金融服务。当前，我国接受过这方面专门培训的人员数量十分有限；这其中主要又是境外培训，而国内培训相对规模小、层次低、不规范。资产管理中，金融产品等技术层面的服务固然很重要，但相比之下与客户沟通等人文层面的服务更为重要。由于中外文化的差异，境外的培训对国内的资产管理而言往往缺乏针对性。面对资产管理人才的大量需求，我们必须立足国内，充分借鉴瑞士和新加坡等地的经验，建立中国特色的专门的资产管理学院。同时，相应地建立完善的、权威的理财师等资格认证制度。

**（一）资产管理人才培养的具体措施**

一是加快引进一批资产管理业高端领军人才。重点引进一批熟悉资产管理运作规律、拥有资产管理国际经验、掌握资产管理运作技能、熟悉中国国情的高端领军人才，带动我国资产管理业发展和上海资产管理中心建设。二是将金融创业纳入我国“千人计划”创业人才专业领域，以鼓励海外高层次金融人才来沪创立金融类企业。三是定期举办高端金融人才、金融企业家咨询会，征求他们对上海国际金融中心建设的政策建议，解决其在沪发展遇到的瓶颈问题。四是做好海外归国金融人才的保障工作。调研发现，许多在海外发展多年、已享受较完备保障体系的高端金融人才，回国后面临保障水平不够等问题，这不仅导致许多高端金融人才在是否回国发展问题上有所顾虑，也使不少金融人才短暂回国后又再次离开。因此，要针对海外金融人才回国后参保时间短、与境外保障水平有差距等现实问题，加快研究设计针对性的保障方案，解除高端金融人才回国发展的后顾之忧（见表 6-3）。

**表 6-3　资产管理人才培养的具体措施**

| 序号 | 举措 | 具体内容 |
| --- | --- | --- |
| 1 | 加快引进一批资产管理业高端领军人才 | 重点引进一批熟悉资产管理运作规律、拥有资产管理国际经验、掌握资产管理运作技能、熟悉中国国情的高端领军人才 |
| 2 | 将金融创业纳入我国高层次创业人才专业领域 | 鼓励海外高层次金融人才来沪创立金融类企业 |
| 3 | 定期举办高端金融人才、金融企业家咨询会 | 征求他们对上海国际金融中心建设的政策建议，解决其在沪发展遇到的瓶颈问题 |
| 4 | 做好海外归国金融人才的保障工作 | 要针对海外金融人才回国后参保时间短、与境外保障水平差距大等特点，加快研究设计针对性的保障方案，解除高端金融人才回国发展的后顾之忧 |

资料来源：华宝证券研究创新部

**（二）搭建全球视野的资产管理人才培育平台**

出台与国际接轨的海外人才引进政策，率先探索海外人才永久居留的市场化认定标准和便利服务措施。完善人才引进政策，有力地推出一套合适的留沪方案，全方位为外来人才提供便利，力争在金融、航运、法律、会计、审计和其他专业服务的国际化、复合化高端人才引进方面有所突破。

搭建全球视野的资产管理人才培育平台。具有全球视野、掌握国际先进知识技能、熟悉国际规则及具有国际化运作能力和管理水平的高端资产管理人才，是全球资产管理中心的核心竞争力之一。

1. 优化国内工作、生活环境

不应仅限于受过国外教育、拥有国外工作经验的本土人才，也应该包括真正经历过境外国际金融中心、资产管理中心的建设和发展，具有高级管理才能的外籍人士，探索试点特殊的个人税收优惠机制，吸引其参与到上海资产管理中心的建设中来。同时，优化高端人才聚集区域的生活环境，解决子女教育、家人生活等关键性问题，解决高端人才的后顾之忧。

2. 加速资产管理行业国际化人才流动

结合落实金融服务业等领域开放措施，在国际化人才流动、资质互认等方面进行试点。同时，创新出入境优惠政策和便利措施，完善境外人员服务平台和海外人才离岸金融创新创业基地的功能，为海外高层次金融人才到国内发展提供便利。

3. 制定人才培养和引进计划

对上海资产管理行业人才进行子行业细分、层次需求细分，作出长、中、短期的人才需求规划。根据不同期间的人才需求，制定合理的人才培养、引进规划。鼓励和扶持各类金融机构，依托高校、科研院所、咨询机构，树立中国资产管理行业高端人才的行业标准，实施资产管理从业人员的培训工程，尽快形成开放式、多渠道的资产管理专业人才培养体系。

4. 加强资产管理专业人才的后续培训

加强资产管理专业人才的后续培训，为建设全球化资产管理中心续航。一方面，可采取优惠政策引导和鼓励资产管理从业人员参与国际上成熟的高端资产管理业务相关培训；另一方面，金融业协会包括银行、保险、证券等行业协会，应利用上海国际金融中心建设引入高端国际金融人才的契机，加大对本土资产管理从业人员的持续培训，提高我国整体资产管理专业人才的素质和水平。

## 三、建立健全法律法规及行业标准

不以规矩不能成方圆，资产管理的发展也需要建立一套完整的法律法规体系，以规范资产管理行业市场的发展，这是资产管理顺利发展的重要保障。

### （一）加强法制保障，满足业务多样化需求

纽约、伦敦、东京、新加坡、苏黎世等城市发展的历史经验表明，全球资产管

理中心建设离不开一个健康的法治环境。目前，我国尚未建立针对国际金融中心、全球资产管理中心的法律，管理缺乏上位法支撑，有些改革创新措施不能及时落地。全球资产管理中心的法律建设，是国家金融法制建设的一部分，国家层面立法可以给予资管发展更有力支持。可梳理我国金融法律法规的空白及不完善之处，如存款保险制度、金融消费者保护、金融控股公司、对中外金融机构适用两套不同的法律等，向立法部门积极反映，力争加快金融法律法规完善步伐，适应金融创新瞬息万变的节奏。

### （二）资产管理中心建设与上海金融法治环境优化

#### 1. 推动立法，为上海建设成为国际金融中心、全球资产管理中心提供法治保障

推动制定中国国际金融中心（全球资产管理中心）基本法。建议借鉴国际经验，按照“先立法、再完善”的原则，在研究成熟全球资产管理中心所在国家、城市的相关法律、充分评估立法效应的基础上，推动制定符合我国实际情况的国际金融中心（全球资产管理中心）基本法，赋予国际金融中心（全球资产管理中心）所在城市特殊法律地位，并在上海先行试点，为上海成为国际金融中心、全球资产管理中心提供法治保障。

#### 2. 争取授权，给予上海在金融领域一定的立法权及监管权

一行两会、五家国有商业银行等重要机构总部大部分设在北京，上海缺乏对金融经济政策制定的影响力。同时，金融较发达地区的金融制度的供给与需求之间，存在不匹配的现象。上海要建设成为国际金融中心、全球资产管理中心，需要争取中央更大的支持，授予上海在金融领域一定的立法权，并赋予在沪国家金融监管部门更大的监管权。同时，在上海国际金融中心、全球资产管理中心建设过程中，金融风险呈现出跨界、混业等特点，金融监管权的下放将提高监管效率，牢固守住不出现系统性金融风险的底线。建议可探索由全国人大授权，赋予上海市人大根据自贸试验区发展、国际金融中心建设、全球资产管理中心建设的要求，开展一定权限的立法工作权力。

## 四、探索成立上海资产管理业协会

在上海建立资产管理业同业公会或者协会，发挥协会的组织功能，邀请上海当地的银行、证券、保险等金融机构加入协会，促进上海地区资产管理行业健康快速发展，为资产管理行业转型发展贡献更大力量。

## 第五节 明确资产管理风控中心和金融科技中心地位

### 一、健全资产管理风险防控体系

风险无处不在,资产管理过程就是风险防控过程。自下而上、由内而外,资产管理风险有操作不当、违规违法引发的操作风险;有人为故意、内外勾结等引发的道德风险;有网络瘫痪、系统遇袭等导致的系统风险;有市场要素变化引发的市场风险;有对手方或相关方违约失信引发的信用风险;有合同契约签订运管存在问题带来的法律风险,以及政治、政策环境突变带来的政治、政策风险。这些风险如果控制、处置不力,都有可能引发声誉风险。资产管理风险防控是一个系统工程,应着眼于事前、事中、事后三个阶段,着重在识别、计量、预警、管控、处置、跟踪等环节上下足功夫。

#### (一) 建立资产管理风险控制中心

建立资产管理风险控制中心,我们可对标新加坡企业信用评级系统,以信息共享服务为基础,以风险分类管理和评估应用为重点,拓展资产管理机构管理系统的应用功能,支持第三方机构通过设置一定的评价指标和计算方法,形成资产管理机构综合评级评价指数,机构法人、自然人等市场主体可以通过系统查询资产管理机构信息和交易对象信用信息,为政府协同监管和金融机构防范风险提供参考。

#### (二) 健全风险防控体系

健全风险防控体系,保障行业持续健康发展。推进投资者权益保护,支持上海金融法院加强服务,建立与国际规则接轨的多层次金融纠纷解决机制。打破刚性兑付,强化居民风险识别能力和风险防范意识。把握资产管理跨行业跨市场特征,发挥监管部门和地方政府的监管合力,健全风险防控体系,利用技术手段提升资产管理业务风险监测、识别能力,持续防范化解民间借贷(Peer to Peer,简称 P2P)纠纷、互联网资产管理和各类私募基金等风险,保持安全稳定的行业发展环境。

### 二、金融科技推动资产管理发展的作用

#### (一) 科技赋能,服务行业长尾客户

目前智能金融产业方兴未艾,投资者对智能科技在理财方面的运用接受度

逐年升高，同时随着智能手机的普及，移动银行等手机端金融服务逐渐进入大众视野。且随着1980、1990年后更为依赖移动手机的年轻人开始逐渐积累起一定规模的财产，人们对智能金融的接受度越来越高，智能金融服务的市场需求也逐渐扩大。数据显示，接近半数的80、90后的年轻人愿意接受完全由人工智能提供的金融建议服务。

资产管理业务转型应强调金融科技的应用，借助科技赋能，发展智能投顾，加快资产管理平台建设。传统投顾主要聚焦于服务高净值人群，低中端长尾客户的理财需求未能得到有效满足，而基于金融科技发展起来的智能投顾凭借其自身门槛费用低、服务效率高等特点在开拓长尾客户市场时独具优势。通过计算机程序进行简易的资产配置优化、自动资产再平衡等服务，不仅能够满足大多拥有少量资产的客户的理财需求，又能大大地节约人工成本，提高管理效率，从而能够提供便捷、实惠的资产管理服务。

**（二）加大金融科技服务中心的建设**

鼓励金融科技、智能投顾平台落户上海。人工智能（AI）的应用和金融科技（Fin-tech）的发展是全球资产管理行业不可逆转的趋势。从全球来看，排名前5位的智能投顾平台诸如贝塔曼（Betterment）等，管理资产规模上升迅速，2015—2017年，均保持了同比200%以上的增速；从国内来看，中国已有8家估值超过10亿美元的金融科技独角兽：蚂蚁集团、腾讯、百度、陆金所、京东金融、趣分期、众安保险、趣360，这些大型金融科技机构的智能投顾，或上线运行，或研发突破的发展势头日新月异。上海要借“科技创新中心”建设的红利，吸引全球领先的智能投顾平台落户，同时鼓励本土金融机构及时跟进、加大创新力度，尤其是加大在金融科技方面的投入。

加强金融科技应用，提高资产管理服务效率。加强移动互联、人工智能、大数据、云计算等新兴技术在资产管理前、中、后台的场景应用，推动资产管理与金融科技的产业链融合创新。支持资产管理机构、金融科技企业在依法合规和风险可控前提下开展合作，通过金融科技提高对资金端客户的综合金融服务能力，推动资产管理业务转型，提供更加精准的差异化和定制化服务和产品，有效提升服务效率和客户体验。

# 第七章
# 海外资产管理机构赴上海投资指南[①]

## 第一节　中国证券投资基金业协会

### 一、协会简介

中国证券投资基金业协会成立于2012年6月6日，是依据《中华人民共和国证券投资基金法》和《社会团体登记管理条例》，经国务院批准，在国家民政部登记的社会团体法人，是证券投资基金行业的自律性组织，接受中国证监会和国家民政部的业务指导和监督管理。根据《中华人民共和国证券投资基金法》，基金管理人、基金托管人应当加入协会，基金服务机构可以加入协会。

### 二、协会职责

协会主要职责包括以下八点。

① 教育和组织会员遵守有关证券投资的法律、行政法规，维护投资人合法权益。

② 依法维护会员的合法权益，反映会员的建议和要求。

③ 制定和实施行业自律规则，监督、检查会员及其从业人员的执业行为，对违反自律规则和协会章程的，按照规定给予纪律处分。

④ 制定行业执业标准和业务规范，组织基金从业人员的从业考试、资质管理和业务培训。

⑤ 提供会员服务，组织行业交流，推动行业创新，开展行业宣传和投资人教育活动。

⑥ 对会员之间、会员与客户之间发生的基金业务纠纷进行调解。

⑦ 依法办理非公开募集基金的登记、备案。

---

① 本章内容由中国证券投资者基金业务协会和上海市基金同业公会提供。

⑧ 协会章程规定的其他职责。

### 三、协会宗旨

协会秉承“服务、自律、创新”理念，自觉接受会员大会和理事会的监督，严格按照国家有关法律规定和协会章程开展工作。主要宗旨是：提供行业服务，促进行业交流和创新，提升行业执业素质，提高行业竞争力；发挥行业与政府间桥梁与纽带作用，维护行业合法权益，促进公众对行业的理解，提升行业声誉；履行行业自律管理，促进会员合规经营，维持行业的正当经营秩序；促进会员忠实履行受托义务和社会责任，推动行业持续稳定健康发展。

## 第二节　国内基金相关法律法规及监管政策

### 一、公募基金

#### （一）公募基金相关法律法规

中国公募基金行业的法律基石是《中华人民共和国证券投资基金法》（以下称“《基金法》”），2003 年 10 月 28 日十届全国人大常委会第五次会议通过，自 2004 年 6 月 1 日起施行。现行版本为 2015 年 4 月 24 日第十二届全国人民代表大会常务委员会第十四次会议修正版。《基金法》是中国基金行业的基本法，是为了规范证券投资基金活动，保护投资人及相关当事人的合法权益，促进证券投资基金和资本市场的健康发展而制定的法律。基金管理人和基金的运作必须限于《基金法》的框架之内。此外，相关投资活动还需要遵守《证券法》等相关法律法规。

#### （二）公募基金监管政策

根据《基金法》的规定，中国证监会依法对证券投资基金活动实施监督管理，其派出机构依照授权履行职责。作为监管者，在《基金法》的框架内，中国证监会制定了若干监管规定（见表 7-1）。

表 7-1　公募基金主要监管政策

| 监管规定 | 主要内容 |
| --- | --- |
| 《证券投资基金管理公司管理办法》 | 规范公募基金管理公司的运作 |
| 《证券投资基金托管业务管理办法》 | 规范基金托管 |

(续表)

| 监管规定 | 主要内容 |
| --- | --- |
| 《公开募集证券投资基金运作管理办法》 | 规范基金的投资限制和运作 |
| 《证券投资基金销售管理办法》 | 规范基金的销售 |
| 《公开募集证券投资基金信息披露管理办法》 | 规范基金的信息披露 |
| 《证券投资基金行业高级管理人员任职管理办法》 | 规定公募基金管理公司高级管理人员的任职资格与行为规范 |
| 《关于规范金融机构资产管理业务的指导意见》 | 指引未来理财产品向净值化、打破刚性兑付、投资资产透明化和标准化等方向发展 |

资料来源:中国证券投资基金业协会、华宝证券研究创新部

### (三)公募基金自律规则

作为行业自律组织,中国证券投资基金业协会根据法律授权及中国证监会的业务指导,制定自律规则。自律规则涉及公司监管、从业人员管理、基金托管、基金销售、基金投资、交易、基金信息披露、基金会计核算、税收与分红、信息技术等问题,对于基金行业的经营实务具有非常重要的指导意义。基金管理人依法应当加入中国证券投资基金业协会成为会员,接受协会章程的约束(见图7-1)。

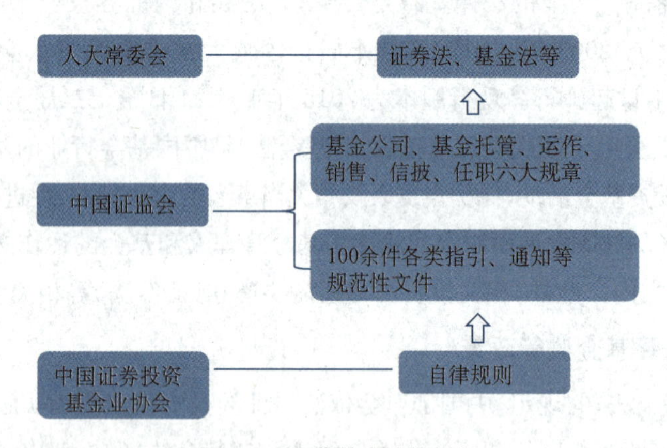


图7-1　公募基金法律框架

资料来源:中国证券投资基金业协会、华宝证券研究创新部

## 二、证券期货经营机构私募资产管理业务

私募资产管理产品领域的两部主要监管规定《证券期货经营机构私募资产管理业务管理办法》及《证券期货经营机构私募资产管理计划运作管理规定》均

表明其上位法为《基金法》。因此,《基金法》也是私募资产管理产品领域的基本法。同样的,私募资产管理领域也要遵守《证券法》等相关法律。

作为监管机构和自律组织,中国证监会和中国证券投资基金业协会分别发布了大量适用于私募资产管理产品的监管规定和自律规则,广泛涉及私募资产管理产品的产品募集、投资运作规范等领域。2018 年 10 月发布的《资产管理细则》,从七大方面加强私募业务监管,部分指标略有放松(见表 7-2)。

表 7-2 资产管理新规细则七大重点

| 具体方面 | 主要内容 |
| --- | --- |
| 法律及原则方面 | 统一法律关系,明确基本原则。依法明确各类私募资产管理产品均依法设立,并依此确立"卖者尽责、买者自负"等基本原则 |
| 业务形式及资产类别方面 | 系统界定业务形式,厘清资产类别。统一现有规则"术语体系",系统界定业务形式、产品类型,以及标准化、非标准化资产 |
| 监管标准方面 | 基本统一监管标准,覆盖机构展业的资格条件、管理人职责、运作规范和内控机制要求等 |
| 运作方面 | 适当借鉴公募经验,健全投资运作制度体系,包括组合投资、强制托管、充分披露、独立运作等方面的要求 |
| 经营机构主体责任方面 | 压实经营机构主体责任,专设一章,系统规定证券期货经营机构开展私募资产管理业务的风险管理与内部控制机制要求 |
| 风险防控方面 | 强化重点风险防控,补齐制度短板。重点加强流动性风险防控,以及利用关联交易向管理人或者托管人的控股股东、实控人输送利益的风险 |
| 过渡期安排方面 | 立足当前市场运行特点和存量资产管理业务情况,设置与《指导意见》相同的过渡期,并做"新老划断"的柔性安排,向标准化等方向发展 |

资料来源:据公开资料整理,华宝证券研究创新部

## 三、私募证券投资基金

### (一)私募证券投资基金法律法规

私募证券投资基金 2012 年首次被纳入修订版《基金法》规制范围。这标志着可以自主发行并管理基金的私募证券投资基金管理人正式诞生。《基金法》亦为私募基金领域的基本法。此外,相关投资活动还需要遵守《证券法》等相关法律法规。

### (二)私募证券投资基金监管政策

据《基金法》的规定,中国证监会是基金行业的监管者。在《基金法》的框架内,中国证监会制定了《私募投资基金监督管理暂行办法》。另外,中国证监会制

定的某些特定领域的规范性文件也适用于私募证券投资基金(例如《证券期货投资者适当性管理办法》)。

### (三) 私募证券投资基金自律规则

根据《基金法》的规定,中国证券投资基金业协会是基金行业的自律组织。与公募基金类似的是,作为自律组织,中国证券投资基金业协会应根据法律及中国证监会的授权,根据市场发展情况制定或更新自律规则。

与公募基金不同的是,中国证券投资基金业协会对私募基金的自律管理更为全面。根据《基金法》的规定,中国证券投资基金业协会还负责依法办理私募证券投资基金管理人的登记以及私募证券投资基金的备案。据此,中国证券投资基金业协会制定并发布了关于基金募集、基金服务、信息披露等方面的诸多自律规则,包括但不限于《私募投资基金管理人内部控制指引》《私募投资基金合同指引》《私募投资基金募集行为管理办法》等。

## 第三节　行政审批流程指引

### 一、公募基金审批流程

### (一) 公募基金公司设立条件

经中国证监会批准设立的公募基金管理公司可以募集和管理公募基金。根据《基金法》的规定,基金财产应当用于下列投资:①上市交易的股票、债券;②中国证监会规定的其他证券及其衍生品种。同时,设立公募基金公司应当满足一定的条件(见表7-3)。

**表7-3　公募基金公司设立条件**

| 具体方面 | 主要内容 |
| --- | --- |
| 股东方面 | 公募基金公司股东可以区分为四类,即主要股东(持股25%以上且占比最高的股东)、持股5%以上的非主要股东、持股5%以下的股东以及外资股东。另外,公募基金公司成立后变更5%以上股东的,包括受让5%以上股权或者认购5%以上新增注册资本,也均需要中国证监会对新股东的资格进行事前审批 |
| 资本方面 | 公募基金公司以公司形式(而不能是合伙或其他形式)设立,其注册资本不得低于1亿元人民币,且必须以货币资金实缴。外资股东应当以可自由兑换货币出资 |

(续表)

| 具体方面 | 主要内容 |
| --- | --- |
| 人员方面 | 公募基金公司需要有法定代表人、总经理、督察长、必要的副总经理等高级管理人员。这些高级管理人员再加上从事研究、投资、估值、营销等业务的人员合计不能少于15人,并且这些人员都必须取得基金从业资格 |
| 软硬件设施 | 公募基金公司必须具备足以支持经营的场地和信息技术系统,这些技术系统通常需要包括投资管理、基金销售、注册登记、会计核算、办公系统(OA)等方面 |
| 申请程序 | 分为申请设立及现场检查两个阶段 |

资料来源:中国证券投资基金业协会、华宝证券研究创新部

其中,对外商独资公募基金公司唯一股东的资格要求详细介绍如下:

① 依所在国家或者地区法律设立并合法存续。

② 所在国家或者地区具有完善的证券法律和监管制度,其证券监管机构已与中国证监会或者中国证监会认可的其他机构签订证券监管合作谅解备忘录,并保持着有效的监管合作关系。

③ 具有金融资产管理经验的金融机构,且具有经营金融业务的良好业绩。其中,金融资产管理经验主要是指公募基金、养老基金、慈善基金、捐赠基金等管理经验。

④ 财务稳健,资信良好。

⑤ 净资产不低于2亿元人民币的等值可自由兑换货币。

⑥ 企业治理健全,内部监控制度完善。

⑦ 没有挪用客户资产等损害客户利益的行为。

⑧ 没有因违法违规行为正在被监管机构调查,或者正处于整改期间。

⑨ 具有良好的社会信誉,最近3年没有受到监管机构或者司法机关的处罚,最近3年在自律管理、商业银行等机构亦无不良记录。

### (二) 公募基金公司设立程序

目前公募基金公司设立采取先批后筹的形式,即先向中国证监会申请设立公募基金公司,这期间需经历中国证监会受理申请、审查股东资质、反馈意见等流程。待中国证监会核准设立后,进入筹备阶段,所谓筹备,即在于完成人员配备、技术系统、办公场所及设施等开展管理公募基金等业务所需工作。筹备完成并经中国证监会现场检查合格后,中国证监会向设立的公募基金公司颁发业务许可证,此后公司方可开展相关业务。

上述流程所需的时间由于股东数量、股东背景复杂程度、公司筹备组工作进度等而有所不同。目前中国证监会要求公募基金公司自获得核准设立批复起6个月内完成筹备工作(见图7-2)。

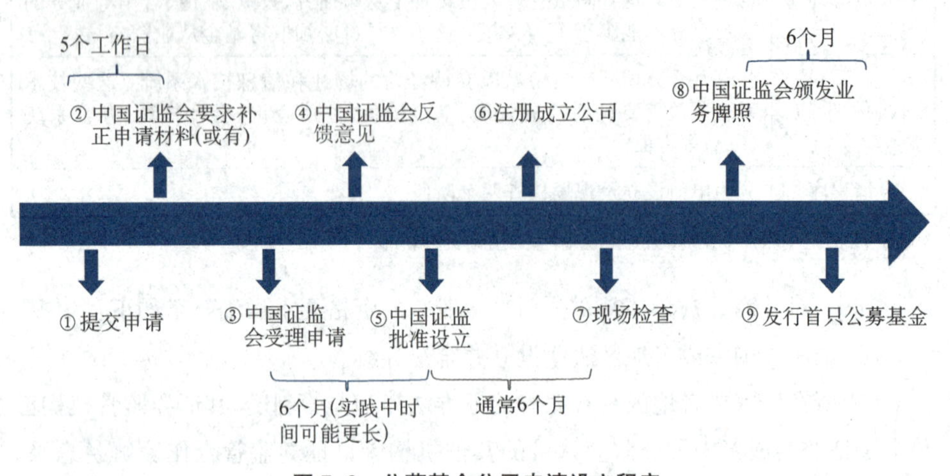


**图7-2 公募基金公司申请设立程序**

资料来源:中国证券投资基金业协会、华宝证券研究创新部

## 二、公募基金公司的私募资产管理业务审批流程

### (一) 私募资产管理业务设立条件

公募基金公司可以在申请设立阶段申请私募资产管理业务资格,也可以在成立后另行向中国证监会申请。公募基金公司从事私募资产管理业务,应当依法经中国证监会批准。

公募基金公司从事私募资产管理业务,应当符合以下六个条件:

① 净资产、净资本等财务和风险控制指标符合法律、行政法规和中国证监会的规定。

② 法人治理结构良好,内部控制、合规管理、风险管理制度完备。

③ 具备符合条件的高级管理人员和3名以上投资经理。

④ 具有投资研究部门,且专职从事投资研究的人员不少于3人。

⑤ 具有符合要求的营业场所、安全防范设施、信息技术系统。

⑥ 最近两年未因重大违法违规行为被行政处罚或者刑事处罚,最近一年未因重大违法违规行为被监管机构采取行政监管措施,无因涉嫌重大违法违规正受到监管机构或有权机关立案调查的情形。

### （二）私募资产管理产品的备案

公募基金公司应当在私募资产管理产品成立之日起五个工作日内，将资产管理合同、投资者名单与认购金额、验资报告或者资产缴付证明等材料报中国证券投资基金业协会备案，并抄报中国证监会相关派出机构。

## 三、私募证券投资基金审批流程

### （一）私募证券投资基金登记条件

私募证券投资基金管理人可以发行并管理私募证券投资基金。根据《证券投资基金法》《私募投资基金监督管理暂行办法》《私募投资基金管理人登记和基金备案办法（试行）》及其他法律法规规定，中国证券投资基金业协会开展私募基金管理人登记，并通过相关自律规则、操作指引等确立了私募证券投资基金管理人登记的诸多规范要求（见表7-4）。

**表7-4　私募证券投资基金登记一般条件**

| 具体方面 | 主要内容 |
| --- | --- |
| 内控 | 应当建立健全内部控制机制，明确内部控制职责，完善内部控制措施，强化内部控制保障，持续开展内部控制评价和监督 |
| 资本金 | 应确保有足够的资本金保证机构有效运转。中国证券投资基金业协会通常要求申请机构的资本金应覆盖一段时间内申请机构的合理人工薪酬、房屋租金等日常运营开支 |
| 场所 | 申请机构应具有开展私募基金管理业务所需的办公场所且办公场所应具备独立性 |
| 人员 | 法定代表人/执行事务合伙人（委派代表）、合规/风控负责人属于必备的高管人员，申请机构员总人数不应低于5人。私募基金管理人（含高管）的基金从业人员应当具备基金从业资格 |
| 专业化经营 | 分为申请设立及现场检查两个阶段 |

资料来源：中国证券投资基金业协会、华宝证券研究创新部

特别地，外商独资和合资私募证券基金管理人的境外股东、实际控制人应当为所在国家或者地区金融监管当局批准或者许可的金融机构，且境外股东所在国家或者地区的证券监管机构已与中国证监会或者中国证监会认可的其他机构签订证券监管合作谅解备忘录；另外，境外股东、实际控制人最近三年应当未受到监管机构和司法机构的重大处罚。

外商独资和合资私募证券投资基金管理人的资本金及其结汇所得人民币资

金的使用，应当符合国家外汇管理部门的相关规定，应当在境内从事证券及期货交易，应当独立进行投资决策，不得通过境外机构或者境外系统下达交易指令。中国证监会另有规定的除外。

### （二）私募基金管理人登记程序

公司成立后，在中国证券投资基金业协会登记为私募证券投资基金管理人后方可发行私募证券投资基金。向中国证券投资基金业协会申请登记时，需要由中国律师事务所出具一份法律意见书。中国证券投资基金业协会核查通过后，在其官方网站公示登记结果（见图 7-3）。

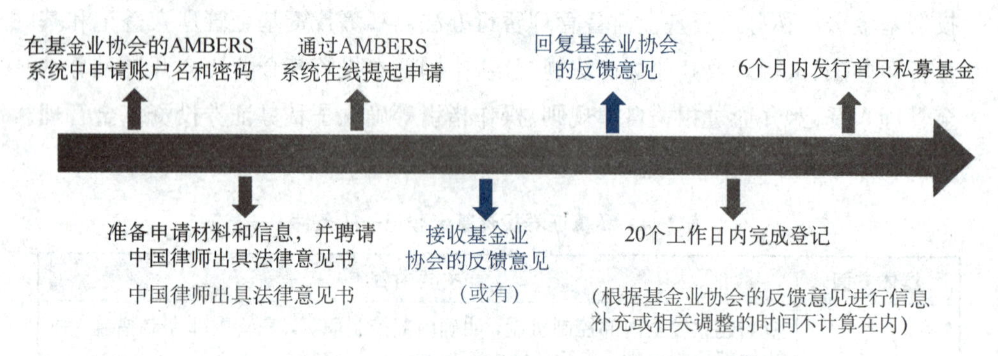


**图 7-3　私募基金管理人申请登记程序**

资料来源：中国证券投资基金业协会、华宝证券研究创新部

### （三）私募基金备案

私募基金管理人应当在私募基金募集完毕后 20 个工作日内向中国证券投资基金业协会申请基金备案。私募基金管理人应当提供私募基金登记和备案所需的文件和信息，保证所提供文件和信息的真实性、准确性、完整性。私募基金备案材料完备且符合要求的，中国证券投资基金业协会将在自收齐备案材料之日起 20 个工作日内，以通过网站公示私募基金基本情况的方式，为私募基金办结备案手续。

新登记的私募基金管理人应在办结登记手续之日起 6 个月内备案首只私募基金产品。

## 四、QDLP 试点审批流程

2012 年起在上海推行的 QDLP 试点政策，允许符合条件的海外资产管理机构向上海市政府主管部门（上海市地方金融监督管理局）申请 QDLP 试点资格。QDLP基金管理机构属于私募基金管理机构、QDLP基金属于私募基金，除了地方试点资格管理外，还应遵守私募基金监管部门（中国证监会）的监管要求以及遵守私募基金行业协会（中国证券投资基金业协会）的自律管理（见图7-4）。

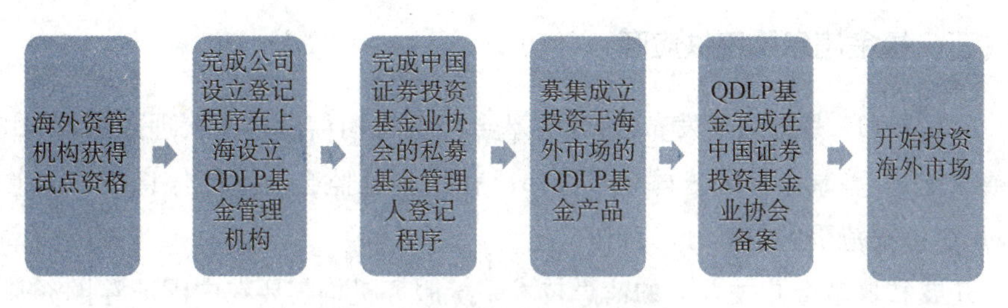


**图7-4　QDLP运行具体程序**

资料来源：中国证券投资基金业协会、华宝证券研究创新部

目前，已经获得QDLP试点资格的QDLP基金均采取联接基金结构，直接投资于海外资产管理机构在境外设立的基金，海外基金类型灵活多样，涵盖公募基金、私募对冲基金、私募股权基金。

## 第四节　中国资产管理行业服务机构

### 一、资产管理服务机构概述

#### （一）基金运营服务机构

从事公募基金的销售、销售支付、份额登记、估值、投资顾问、评价、信息技术系统服务等基金服务业务的机构，根据《基金法》的规定，应当按照中国证监会的规定进行注册或者备案。

私募基金的服务机构需要向中国证券投资基金业协会申请相应服务类型的备案资格，根据《基金法》及协会相关自律规则，由中国证券投资基金业协会进行自律管理。截至2019年12月，在中国证券投资基金业协会登记在册的私募基金运营服务机构共45家。

#### （二）证券期货经纪商

基金管理人可以通过证券期货经营机构提供的经纪服务从事交易所上市的证券期货交易，其中证券交易应通过证券公司来进行，期货交易通过期货公司来进行。在中国境内开展经纪业务的证券公司和期货公司应事先获得中国证监会的核准。

截至2019年12月,共有133家证券公司和149家期货公司获得了证监会的核准,可以开展经纪服务业务。

## 二、基金信息系统供应商

2018年12月证监会发布的《证券基金经营机构信息技术管理办法》第四十四条规定,公募基金管理公司应当选择已在中国证监会备案的信息技术服务机构,并在备案范围内与其开展合作。

开展私募基金相关业务的信息技术系统服务机构需要在中国证券投资基金业协会进行备案。截至2019年12月,共有5家信息技术服务机构在中国证券投资基金业协会完成了备案,其中3家主要提供各类业务系统,2家提供数据通信服务等基础服务。

## 三、会计师及律师事务所

### (一) 会计师事务所

根据《关于会计师事务所从事证券、期货相关业务有关问题的通知》相关规定,会计师事务所从事证券、期货相关业务,应当按照规定经财政部和证监会联合审批后,取得证券、期货相关业务资格。实际业务运作过程中,基金管理人及其管理的基金需要经具备证券期货业务资格的会计师事务所进行验资、审计、咨询等业务工作。另外,基金在运作过程中,如遇到改变估值技术、启用侧袋机制等对基金净值产生重大影响的情况,也需临时咨询会计师事务所的专业意见,并由其出具专项审计报告。

截至2019年12月,共有40家会计师事务所取得了证券期货业务资格,其中1家依照中国证券投资基金业协会的自律规则《中国证券投资基金业协会会员管理办法》成为其联席会员。

### (二) 律师事务所

公开募集证券投资基金的发行需要律师或律师事务所出具法律意见书。私募证券投资基金、私募股权和创投基金在中国证券投资基金业协会进行管理人登记和产品备案需要律师或律师事务所出具法律意见书。司法部和证监会于2002年12月取消了关于律师及律师事务所从事证券法律业务资格的审批,任何满足《律师事务所从事证券法律业务管理办法》有关规定的律师或律师事务所均可以为基金管理人提供出具法律意见书的服务。

中国证券投资基金业协会于2012年公布行业自律规则《中国证券投资基金业协会会员管理办法》，其中第九条规定，联席会员包括为基金业务提供法律专业服务的律师事务所。截至2019年12月，共有16家律师事务所担任中国证券投资基金业协会的联席会员。

## 四、其他主体

### (一) 合格境内机构投资者

根据《基金法》等有关规定，基金管理人可以聘请符合条件的相关机构作为投资顾问。合格境内机构投资者可以委托符合下列条件的投资顾问进行境外证券投资：

① 在境外设立，经所在国家或地区监管机构批准从事投资管理业务；

② 所在国家或地区证券监管机构已与中国证监会签订双边监管合作谅解备忘录，并保持着有效的监管合作关系；

③ 经营投资管理业务达5年以上，最近一个会计年度管理的证券资产不少于100亿美元或等值货币；

④ 有健全的治理结构和完善的内控制度，经营行为规范，最近5年没有受到所在国家或地区监管机构的重大处罚，没有重大事项正在接受司法部门、监管机构的立案调查。

境内证券公司在境外设立的分支机构担任投资顾问的，可以不受前款第③项规定的限制。截至2019年6月，共有11家机构在合格境内机构投资者相关信息披露中被列示为投资顾问。

### (二) 港股通业务下证券基金经营机构

根据《证券基金经营机构使用香港机构证券投资咨询服务暂行规定》《关于为提供港股投资顾问服务的香港机构开展备案的通知》等相关规定，港股通业务下证券基金经营机构可使用香港机构证券投资咨询服务，服务范围如下：

① 经香港机构授权，证券公司或者其子公司(以下统称证券公司)将香港机构发布的就港股通股票提供投资分析意见的证券研究报告(以下称港股研究报告)转发给客户。

② 证券基金经营机构委托香港机构，为证券基金经营机构管理的参与港股

通的证券投资基金，提供关于港股通股票的投资建议服务。

截至2019年12月，共有58家机构在中国证券投资基金业协会完成港股投资顾问服务备案。

**（三）证券期货经营机构从事私募资产管理业务**

根据《证券期货经营机构私募资产管理业务管理办法》《证券期货经营机构私募资产管理计划运作管理规定》等相关规定，证券期货经营机构从事私募资产管理业务，可以聘请符合中国证监会规定条件并接受国务院金融监督管理机构监管的机构为其提供投资顾问服务。

证券期货经营机构私募资产管理计划的投资顾问应当为依法可以从事资产管理业务的证券期货经营机构、商业银行资产管理机构、保险资产管理机构以及中国证监会认可的其他金融机构，或者同时符合以下条件的私募证券投资基金管理人：

① 在中国证券投资基金业协会登记满1年、无重大违法违规记录的会员；

② 具备3年以上连续可追溯证券、期货投资管理业绩且无不良从业记录的投资管理人员不少于3人；

③ 中国证监会规定的其他条件。

**（四）境内外服务机构服务模式差异**

与境外常见服务模式相比，中国境内的托管机构和基金服务机构原则上不应为同一家机构，托管机构承担受托责任而非基金服务业务。托管机构在履行受托责任时，有义务对管理人计算的净值进行复核。

《中华人民共和国证券投资基金法》第三十六条规定，基金托管人承担受托责任，有义务"复核、审查基金管理人计算的基金资产净值和基金份额申购、赎回价格"。

在很多境外市场，基金净值通常由基金管理人自行计算和发布，或者由基金行政服务商计算，管理人审核发布，基金净值的正确性通常依靠会计师事务所的定期审计，托管人并不承担基金净值的复核义务。

# 附　录

## 附录一　资产管理相关重要制度

### 《关于规范金融机构资产管理业务的指导意见》(2018 年 4 月)

2018 年 4 月 27 日,中国人民银行、中国银行保险监督管理委员会 中国证券监督管理委员会 国家外汇管理局联合发布《关于规范金融机构资产管理业务的指导意见》:

近年来,我国资产管理业务快速发展,在满足居民和企业投融资需求、改善社会融资结构等方面发挥了积极作用,但也存在部分业务发展不规范、多层嵌套、刚性兑付、规避金融监管和宏观调控等问题。按照党中央、国务院决策部署,为规范金融机构资产管理业务,统一同类资产管理产品监管标准,有效防控金融风险,引导社会资金流向实体经济,更好地支持经济结构调整和转型升级,经国务院同意,现提出以下意见:

一、规范金融机构资产管理业务主要遵循以下原则:

(一) 坚持严控风险的底线思维。把防范和化解资产管理业务风险放到更加重要的位置,减少存量风险,严防增量风险。

(二) 坚持服务实体经济的根本目标。既充分发挥资产管理业务功能,切实服务实体经济投融资需求,又严格规范引导,避免资金脱实向虚在金融体系内部自我循环,防止产品过于复杂,加剧风险跨行业、跨市场、跨区域传递。

(三) 坚持宏观审慎管理与微观审慎监管相结合、机构监管与功能监管相结合的监管理念。实现对各类机构开展资产管理业务的全面、统一覆盖,采取有效监管措施,加强金融消费者权益保护。

(四) 坚持有的放矢的问题导向。重点针对资产管理业务的多层嵌套、杠杆不清、套利严重、投机频繁等问题,设定统一的标准规制,同时对金融创新坚持趋利避害、一分为二，留出发展空间。

（五）坚持积极稳妥审慎推进。正确处理改革、发展、稳定关系，坚持防范风险与有序规范相结合，在下决心处置风险的同时，充分考虑市场承受能力，合理设置过渡期，把握好工作的次序、节奏、力度，加强市场沟通，有效引导市场预期。

二、资产管理业务是指银行、信托、证券、基金、期货、保险资产管理机构、金融资产投资公司等金融机构接受投资者委托，对受托的投资者财产进行投资和管理的金融服务。金融机构为委托人利益履行诚实信用、勤勉尽责义务并收取相应的管理费用，委托人自担投资风险并获得收益。金融机构可以与委托人在合同中事先约定收取合理的业绩报酬，业绩报酬计入管理费，须与产品一一对应并逐个结算，不同产品之间不得相互串用。

资产管理业务是金融机构的表外业务，金融机构开展资产管理业务时不得承诺保本保收益。出现兑付困难时，金融机构不得以任何形式垫资兑付。金融机构不得在表内开展资产管理业务。

私募投资基金适用私募投资基金专门法律、行政法规，私募投资基金专门法律、行政法规中没有明确规定的适用本意见，创业投资基金、政府出资产业投资基金的相关规定另行制定。

三、资产管理产品包括但不限于人民币或外币形式的银行非保本理财产品，资金信托，证券公司、证券公司子公司、基金管理公司、基金管理子公司、期货公司、期货公司子公司、保险资产管理机构、金融资产投资公司发行的资产管理产品等。依据金融管理部门颁布规则开展的资产证券化业务，依据人力资源社会保障部门颁布规则发行的养老金产品，不适用本意见。

四、资产管理产品按照募集方式的不同，分为公募产品和私募产品。公募产品面向不特定社会公众公开发行。公开发行的认定标准依照《中华人民共和国证券法》执行。私募产品面向合格投资者通过非公开方式发行。

资产管理产品按照投资性质的不同，分为固定收益类产品、权益类产品、商品及金融衍生品类产品和混合类产品。固定收益类产品投资于存款、债券等债权类资产的比例不低于80%，权益类产品投资于股票、未上市企业股权等权益类资产的比例不低于80%，商品及金融衍生品类产品投资于商品及金融衍生品的比例不低于80%，混合类产品投资于债权类资产、权益类资产、商品及金融衍生品类资产且任一资产的投资比例未达到前三类产品标准。非因金融机构主观因素导致突破前述比例限制的，金融机构应当在流动性受限资产可出售、可转让或者恢复交易的15个交易日内调整至符合要求。

金融机构在发行资产管理产品时，应当按照上述分类标准向投资者明示资产管理产品的类型，并按照确定的产品性质进行投资。在产品成立后至到期日前，不得擅自改变产品类型。混合类产品投资债权类资产、权益类资产和商品及金融衍生品类资产的比例范围应当在发行产品时予以确定并向投资者明示，在产品成立后至到期日前不得擅自改变。产品的实际投向不得违反合同约定，如有改变，除高风险类型的产品超出比例范围投资较低风险资产外，应当先行取得投资者书面同意，并履行登记备案等法律法规以及金融监督管理部门规定的程序。

五、资产管理产品的投资者分为不特定社会公众和合格投资者两大类。合格投资者是指具备相应风险识别能力和风险承担能力，投资于单只资产管理产品不低于一定金额且符合下列条件的自然人和法人或者其他组织。

（一）具有 2 年以上投资经历，且满足以下条件之一：家庭金融净资产不低于 300 万元，家庭金融资产不低于 500 万元，或者近 3 年本人年均收入不低于 40 万元。

（二）最近 1 年年底净资产不低于 1 000 万元的法人单位。

（三）金融管理部门视为合格投资者的其他情形。

合格投资者投资于单只固定收益类产品的金额不低于 30 万元，投资于单只混合类产品的金额不低于 40 万元，投资于单只权益类产品、单只商品及金融衍生品类产品的金额不低于 100 万元。投资者不得使用贷款、发行债券等筹集的非自有资金投资资产管理产品。

六、金融机构发行和销售资产管理产品，应当坚持“了解产品”和“了解客户”的经营理念，加强投资者适当性管理，向投资者销售与其风险识别能力和风险承担能力相适应的资产管理产品。禁止欺诈或者误导投资者购买与其风险承担能力不匹配的资产管理产品。金融机构不得通过拆分资产管理产品的方式，向风险识别能力和风险承担能力低于产品风险等级的投资者销售资产管理产品。

金融机构应当加强投资者教育，不断提高投资者的金融知识水平和风险意识，向投资者传递“卖者尽责、买者自负”的理念，打破刚性兑付。

七、金融机构开展资产管理业务，应当具备与资产管理业务发展相适应的管理体系和管理制度，公司治理良好，风险管理、内部控制和问责机制健全。

金融机构应当建立健全资产管理业务人员的资格认定、培训、考核评价和问责制度，确保从事资产管理业务的人员具备必要的专业知识、行业经验和管理能力，充分了解相关法律法规、监管规定以及资产管理产品的法律关系、交易结构、主要风险和风险管控方式，遵守行为准则和职业道德标准。

对于违反相关法律法规以及本意见规定的金融机构资产管理业务从业人员，依法采取处罚措施直至取消从业资格，禁止其在其他类型金融机构从事资产管理业务。

八、金融机构运用受托资金进行投资，应当遵守审慎经营规则，制定科学合理的投资策略和风险管理制度，有效防范和控制风险。

金融机构应当履行以下管理人职责：

（一）依法募集资金，办理产品份额的发售和登记事宜。

（二）办理产品登记备案或者注册手续。

（三）对所管理的不同产品受托财产分别管理、分别记账，进行投资。

（四）按照产品合同的约定确定收益分配方案，及时向投资者分配收益。

（五）进行产品会计核算并编制产品财务会计报告。

（六）依法计算并披露产品净值或者投资收益情况，确定申购、赎回价格。

（七）办理与受托财产管理业务活动有关的信息披露事项。

（八）保存受托财产管理业务活动的记录、账册、报表和其他相关资料。

（九）以管理人名义，代表投资者利益行使诉讼权利或者实施其他法律行为。

（十）在兑付受托资金及收益时，金融机构应当保证受托资金及收益返回委托人的原账户、同名账户或者合同约定的受益人账户。

（十一）金融监督管理部门规定的其他职责。

金融机构未按照诚实信用、勤勉尽责原则切实履行受托管理职责，造成投资者损失的，应当依法向投资者承担赔偿责任。

九、金融机构代理销售其他金融机构发行的资产管理产品，应当符合金融监督管理部门规定的资质条件。未经金融监督管理部门许可，任何非金融机构和个人不得代理销售资产管理产品。

金融机构应当建立资产管理产品的销售授权管理体系，明确代理销售机构的准入标准和程序，明确界定双方的权利与义务，明确相关风险的承担责任和转移方式。

金融机构代理销售资产管理产品，应当建立相应的内部审批和风险控制程序，对发行或者管理机构的信用状况、经营管理能力、市场投资能力、风险处置能力等开展尽职调查，要求发行或者管理机构提供详细的产品介绍、相关市场分析和风险收益测算报告，进行充分的信息验证和风险审查，确保代理销售的产品符合本意见规定并承担相应责任。

十、公募产品主要投资标准化债权类资产以及上市交易的股票，除法律法规和金融管理部门另有规定外，不得投资未上市企业股权。公募产品可以投资商品及金融衍生品，但应当符合法律法规以及金融管理部门的相关规定。

私募产品的投资范围由合同约定，可以投资债权类资产、上市或挂牌交易的股票、未上市企业股权（含债转股）和受（收）益权以及符合法律法规规定的其他资产，并严格遵守投资者适当性管理要求。鼓励充分运用私募产品支持市场化、法治化债转股。

十一、资产管理产品进行投资应当符合以下规定：

（一）标准化债权类资产应当同时符合以下条件：

1. 等分化，可交易。

2. 信息披露充分。

3. 集中登记，独立托管。

4. 公允定价，流动性机制完善。

5. 在银行间市场、证券交易所市场等经国务院同意设立的交易市场交易。

标准化债权类资产的具体认定规则由中国人民银行会同金融监督管理部门另行制定。

标准化债权类资产之外的债权类资产均为非标准化债权类资产。金融机构发行资产管理产品投资于非标准化债权类资产的，应当遵守金融监督管理部门制定的有关限额管理、流动性管理等监管标准。金融监督管理部门未制定相关监管标准的，由中国人民银行督促根据本意见要求制定监管标准并予以执行。

金融机构不得将资产管理产品资金直接投资于商业银行信贷资产。商业银行信贷资产受（收）益权的投资限制由金融管理部门另行制定。

（二）资产管理产品不得直接或者间接投资法律法规和国家政策禁止进行债权或股权投资的行业和领域。

（三）鼓励金融机构在依法合规、商业可持续的前提下，通过发行资产管理产品募集资金投向符合国家战略和产业政策要求、符合国家供给侧结构性改革政策要求的领域。鼓励金融机构通过发行资产管理产品募集资金支持经济结构转型，支持市场化、法治化债转股，降低企业杠杆率。

（四）跨境资产管理产品及业务参照本意见执行，并应当符合跨境人民币和外汇管理有关规定。

十二、金融机构应当向投资者主动、真实、准确、完整、及时披露资产管理产品募集信息、资金投向、杠杆水平、收益分配、托管安排、投资账户信息和主要投资风险等内容。国家法律法规另有规定的，从其规定。

对于公募产品，金融机构应当建立严格的信息披露管理制度，明确定期报告、临时报告、重大事项公告、投资风险披露要求以及具体内容、格式。在本机构官方网站或者通过投资者便于获取的方式披露产品净值或者投资收益情况，并定期披露其他重要信息：开放式产品按照开放频率披露，封闭式产品至少每周披露一次。

对于私募产品，其信息披露方式、内容、频率由产品合同约定，但金融机构应当至少每季度向投资者披露产品净值和其他重要信息。

对于固定收益类产品，金融机构应当通过醒目方式向投资者充分披露和提示产品的投资风险，包括但不限于产品投资债券面临的利率、汇率变化等市场风险以及债券价格波动情况，产品投资每笔非标准化债权类资产的融资客户、项目名称、剩余融资期限、到期收益分配、交易结构、风险状况等。

对于权益类产品，金融机构应当通过醒目方式向投资者充分披露和提示产品的投资风险，包括产品投资股票面临的风险以及股票价格波动情况等。

对于商品及金融衍生品类产品，金融机构应当通过醒目方式向投资者充分披露产品的挂钩资产、持仓风险、控制措施以及衍生品公允价值变化等。

对于混合类产品，金融机构应当通过醒目方式向投资者清晰披露产品的投资资产组合情况，并根据固定收益类、权益类、商品及金融衍生品类资产投资比例充分披露和提示相应的投资风险。

十三、主营业务不包括资产管理业务的金融机构应当设立具有独立法人地位的资产管理子公司开展资产管理业务，强化法人风险隔离，暂不具备条件的可以设立专门的资产管理业务经营部门开展业务。

金融机构不得为资产管理产品投资的非标准化债权类资产或者股权类资产提供任何直接或间接、显性或隐性的担保、回购等代为承担风险的承诺。

金融机构开展资产管理业务，应当确保资产管理业务与其他业务相分离，资产管理产品与其代销的金融产品相分离，资产管理产品之间相分离，资产管理业务操作与其他业务操作相分离。

十四、本意见发布后，金融机构发行的资产管理产品资产应当由具有托管资质的第三方机构独立托管，法律、行政法规另有规定的除外。

过渡期内，具有证券投资基金托管业务资质的商业银行可以托管本行理财产品，但应当为每只产品单独开立托管账户，确保资产隔离。过渡期后，具有证券投资基金托管业务资质的商业银行应当设立具有独立法人地位的子公司开展资产管理业务，该商业银行可以托管子公司发行的资产管理产品，但应当实现实质性的独立托管。独立托管有名无实的，由金融监督管理部门进行纠正和处罚。

十五、金融机构应当做到每只资产管理产品的资金单独管理、单独建账、单独核算，不得开展或者参与具有滚动发行、集合运作、分离定价特征的资金池业务。

金融机构应当合理确定资产管理产品所投资资产的期限，加强对期限错配的流动性风险管理，金融监督管理部门应当制定流动性风险管理规定。

为降低期限错配风险，金融机构应当强化资产管理产品久期管理，封闭式资产管理产品期限不得低于 90 天。资产管理产品直接或者间接投资于非标准化债权类资产的，非标准化债权类资产的终止日不得晚于封闭式资产管理产品的到期日或者开放式资产管理产品的最近一次开放日。

资产管理产品直接或者间接投资于未上市企业股权及其受(收)益权的，应当为封闭式资产管理产品，并明确股权及其受(收)益权的退出安排。未上市企业股权及其受(收)益权的退出日不得晚于封闭式资产管理产品的到期日。

金融机构不得违反金融监督管理部门的规定，通过为单一融资项目设立多只资产管理产品的方式，变相突破投资人数限制或者其他监管要求。同一金融机构发行多只资产管理产品投资同一资产的，为防止同一资产发生风险波及多只资产管理产品，多只资产管理产品投资该资产的资金总规模合计不得超过 300 亿元。如果超出该限额，需经相关金融监督管理部门批准。

十六、金融机构应当做到每只资产管理产品所投资资产的风险等级与投资者的风险承担能力相匹配，做到每只产品所投资资产构成清晰，风险可识别。

金融机构应当控制资产管理产品所投资资产的集中度：

（一）单只公募资产管理产品投资单只证券或者单只证券投资基金的市值不得超过该资产管理产品净资产的 10%。

（二）同一金融机构发行的全部公募资产管理产品投资单只证券或者单只证券投资基金的市值不得超过该证券市值或者证券投资基金市值的 30%。其中，同一金融机构全部开放式公募资产管理产品投资单一上市公司发行的股票不得超过该上市公司可流通股票的 15%。

（三）同一金融机构全部资产管理产品投资单一上市公司发行的股票不得超过该上市公司可流通股票的 30%。

金融监督管理部门另有规定的除外。

非因金融机构主观因素导致突破前述比例限制的，金融机构应当在流动性受限资产可出售、可转让或者恢复交易的10个交易日内调整至符合相关要求。

十七、金融机构应当按照资产管理产品管理费收入的10%计提风险准备金，或者按照规定计量操作风险资本或相应风险资本准备。风险准备金余额达到产品余额的1%时可以不再提取。风险准备金主要用于弥补因金融机构违法违规、违反资产管理产品协议、操作错误或者技术故障等给资产管理产品财产或者投资者造成的损失。金融机构应当定期将风险准备金的使用情况报告金融管理部门。

十八、金融机构对资产管理产品应当实行净值化管理，净值生成应当符合企业会计准则规定，及时反映基础金融资产的收益和风险，由托管机构进行核算并定期提供报告，由外部审计机构进行审计确认，被审计金融机构应当披露审计结果并同时报送金融管理部门。

金融资产坚持公允价值计量原则，鼓励使用市值计量。符合以下条件之一的，可按照企业会计准则以摊余成本进行计量：

（一）资产管理产品为封闭式产品，且所投金融资产以收取合同现金流量为目的并持有到期。

（二）资产管理产品为封闭式产品，且所投金融资产暂不具备活跃交易市场，或者在活跃市场中没有报价、也不能采用估值技术可靠计量公允价值。

金融机构以摊余成本计量金融资产净值，应当采用适当的风险控制手段，对金融资产净值的公允性进行评估。当以摊余成本计量已不能真实公允反映金融资产净值时，托管机构应当督促金融机构调整会计核算和估值方法。金融机构前期以摊余成本计量的金融资产的加权平均价格与资产管理产品实际兑付时金融资产的价值的偏离度不得达到5%或以上，如果偏离5%或以上的产品数超过所发行产品总数的5%，金融机构不得再发行以摊余成本计量金融资产的资产管理产品。

十九、经金融管理部门认定，存在以下行为的视为刚性兑付：

（一）资产管理产品的发行人或者管理人违反真实公允确定净值原则，对产品进行保本保收益。

（二）采取滚动发行等方式，使资产管理产品的本金、收益、风险在不同投资者之间发生转移，实现产品保本保收益。

（三）资产管理产品不能如期兑付或者兑付困难时，发行或者管理该产品的金融机构自行筹集资金偿付或者委托其他机构代为偿付。

（四）金融管理部门认定的其他情形。

经认定存在刚性兑付行为的，区分以下两类机构进行惩处：

（一）存款类金融机构发生刚性兑付的，认定为利用具有存款本质特征的资产管理产品进行监管套利，由国务院银行保险监督管理机构和中国人民银行按照存款业务予以规范，足额补缴存款准备金和存款保险保费，并予以行政处罚。

（二）非存款类持牌金融机构发生刚性兑付的，认定为违规经营，由金融监督管理部门和中国人民银行依法纠正并予以处罚。

任何单位和个人发现金融机构存在刚性兑付行为的，可以向金融管理部门举报，查证属实且举报内容未被相关部门掌握的，给予适当奖励。

外部审计机构在对金融机构进行审计时，如果发现金融机构存在刚性兑付行为的，应当及时报告金融管理部门。外部审计机构在审计过程中未能勤勉尽责，依法追究相应责任或依法依规给予行政处罚，并将相关信息纳入全国信用信息共享平台，建立联合惩戒机制。

二十、资产管理产品应当设定负债比例（总资产/净资产）上限，同类产品适用统一的负债比例上限。每只开放式公募产品的总资产不得超过该产品净资产的 140%，每只封闭式公募产品、每只私募产品的总资产不得超过该产品净资产的 200%。计算单只产品的总资产时应当按照穿透原则合并计算所投资资产管理产品的总资产。

金融机构不得以受托管理的资产管理产品份额进行质押融资，放大杠杆。

二十一、公募产品和开放式私募产品不得进行份额分级。

分级私募产品的总资产不得超过该产品净资产的 140%。分级私募产品应当根据所投资资产的风险程度设定分级比例（优先级份额/劣后级份额，中间级份额计入优先级份额）。固定收益类产品的分级比例不得超过 3∶1，权益类产品的分级比例不得超过 1∶1，商品及金融衍生品类产品、混合类产品的分级比例不得超过 2∶1。发行分级资产管理产品的金融机构应当对该资产管理产品进行自主管理，不得转委托给劣后级投资者。

分级资产管理产品不得直接或者间接对优先级份额认购者提供保本保收益安排。

本条所称分级资产管理产品是指存在一级份额以上的份额为其他级份额提供一定的风险补偿，收益分配不按份额比例计算，由资产管理合同另行约定的产品。

二十二、金融机构不得为其他金融机构的资产管理产品提供规避投资范围、杠杆约束等监管要求的通道服务。

资产管理产品可以再投资一层资产管理产品，但所投资的资产管理产品不得再投资公募证券投资基金以外的资产管理产品。

金融机构将资产管理产品投资于其他机构发行的资产管理产品，从而将本机构的资产管理产品资金委托给其他机构进行投资的，该受托机构应当为具有专业投资能力和资质的受金融监督管理部门监管的机构。公募资产管理产品的受托机构应当为金融机构，私募资产管理产品的受托机构可以为私募基金管理人。受托机构应当切实履行主动管理职责，不得进行转委托，不得再投资公募证券投资基金以外的资产管理产品。委托机构应当对受托机构开展尽职调查，实行名单制管理，明确规定受托机构的准入标准和程序、责任和义务、存续期管理、利益冲突防范机制、信息披露义务以及退出机制。委托机构不得因委托其他机构投资而免除自身应当承担的责任。

金融机构可以聘请具有专业资质的受金融监督管理部门监管的机构作为投资顾问。投资顾问提供投资建议指导委托机构操作。

金融监督管理部门和国家有关部门应当对各类金融机构开展资产管理业务实行平等准入、给予公平待遇。资产管理产品应当在账户开立、产权登记、法律诉讼等方面享有平等的地位。金融监督管理部门基于风险防控考虑，确实需要对其他行业金融机构发行的资产管理产品采取限制措施的，应当充分征求相关部门意见并达成一致。

二十三、运用人工智能技术开展投资顾问业务应当取得投资顾问资质，非金融机构不得借助智能投资顾问超范围经营或者变相开展资产管理业务。

金融机构运用人工智能技术开展资产管理业务应当严格遵守本意见有关投资者适当性、投资范围、信息披露、风险隔离等一般性规定，不得借助人工智能业务夸大宣传资产管理产品或者误导投资者。金融机构应当向金融监督管理部门报备人工智能模型的主要参数以及资产配置的主要逻辑，为投资者单独设立智能管理账户，充分提示人工智能算法的固有缺陷和使用风险，明晰交易流程，强化留痕管理，严格监控智能管理账户的交易头寸、风险限额、交易种类、价格权限等。金融机构因违法违规或者管理不当造成投资者损失的，应当依法承担损害赔偿责任。

金融机构应当根据不同产品投资策略研发对应的人工智能算法或者程序化交易，避免算法同质化加剧投资行为的顺周期性，并针对由此可能引发的市场波动风险制定应对预案。因算法同质化、编程设计错误、对数据利用深度不够等人工智能算法模型缺陷或者系统异常，导致羊群效应、影响金融市场稳定运行的，金融机构应当及时采取人工干预措施，强制调整或者终止人工智能业务。

二十四、金融机构不得以资产管理产品的资金与关联方进行不正当交易、利益输送、内幕交易和操纵市场，包括但不限于投资于关联方虚假项目、与关联方共同收购上市公司、向本机构注资等。

金融机构的资产管理产品投资本机构、托管机构及其控股股东、实际控制人或者与其有其他重大利害关系的公司发行或者承销的证券，或者从事其他重大关联交易的，应当建立健全内部审批机制和评估机制，并向投资者充分披露信息。

二十五、建立资产管理产品统一报告制度。中国人民银行负责统筹资产管理产品的数据编码和综合统计工作，会同金融监督管理部门拟定资产管理产品统计制度，建立资产管理产品信息系统，规范和统一产品标准、信息分类、代码、数据格式，逐只产品统计基本信息、募集信息、资产负债信息和终止信息。中国人民银行和金融监督管理部门加强资产管理产品的统计信息共享。金融机构应当将含债权投资的资产管理产品信息报送至金融信用信息基础数据库。

金融机构于每只资产管理产品成立后 5 个工作日内，向中国人民银行和金融监督管理部门同时报送产品基本信息和起始募集信息；于每月 10 日前报送存续期募集信息、资产负债信息，于产品终止后 5 个工作日内报送终止信息。

中央国债登记结算有限责任公司、中国证券登记结算有限公司、银行间市场清算所股份有限公司、上海票据交易所股份有限公司、上海黄金交易所、上海保险交易所股份有限公司、中保保险资产登记交易系统有限公司于每月 10 日前向中国人民银行和金融监督管理部门同时报送资产管理产品持有其登记托管的金融工具的信息。

在资产管理产品信息系统正式运行前，中国人民银行会同金融监督管理部门依据统计制度拟定统一的过渡期数据报送模板；各金融监督管理部门对本行业金融机构发行的资产管理产品，于每月 10 日前按照数据报送模板向中国人民银行提供数据，及时沟通跨行业、跨市场的重大风险信息和事项。

中国人民银行对金融机构资产管理产品统计工作进行监督检查。资产管理产品统计的具体制度由中国人民银行会同相关部门另行制定。

二十六、中国人民银行负责对资产管理业务实施宏观审慎管理，会同金融监督管理部门制定资产管理业务的标准规制。金融监督管理部门实施资产管理业务的市场准入和日常监管，加强投资者保护，依照本意见会同中国人民银行制定出台各自监管领域的实施细则。

本意见正式实施后，中国人民银行会同金融监督管理部门建立工作机制，持续监测资产管理业务的发展和风险状况，定期评估标准规制的有效性和市场影响，及时修订完善，推动资产管理行业持续健康发展。

二十七、对资产管理业务实施监管遵循以下原则：

（一）机构监管与功能监管相结合，按照产品类型而不是机构类型实施功能监管，同一类型的资产管理产品适用同一监管标准，减少监管真空和套利。

（二）实行穿透式监管，对于多层嵌套资产管理产品，向上识别产品的最终投资者，向下识别产品的底层资产（公募证券投资基金除外）。

（三）强化宏观审慎管理，建立资产管理业务的宏观审慎政策框架，完善政策工具，从宏观、逆周期、跨市场的角度加强监测、评估和调节。

（四）实现实时监管，对资产管理产品的发行销售、投资、兑付等各环节进行全面动态监管，建立综合统计制度。

二十八、金融监督管理部门应当根据本意见规定，对违规行为制定和完善处罚规则，依法实施处罚，并确保处罚标准一致。资产管理业务违反宏观审慎管理要求的，由中国人民银行按照法律法规实施处罚。

二十九、本意见实施后，金融监督管理部门在本意见框架内研究制定配套细则，配套细则之间应当相互衔接，避免产生新的监管套利和不公平竞争。按照“新老划断”原则设置过渡期，确保平稳过渡。过渡期为本意见发布之日起至2020年年底，对提前完成整改的机构，给予适当监管激励。过渡期内，金融机构发行新产品应当符合本意见的规定；为接续存量产品所投资的未到期资产，维持必要的流动性和市场稳定，金融机构可以发行老产品对接，但应当严格控制在存量产品整体规模内，并有序压缩递减，防止过渡期结束时出现断崖效应。金融机构应当制定过渡期内的资产管理业务整改计划，明确时间进度安排，并报送相关金融监督管理部门，由其认可并监督实施，同时报备中国人民银行。过渡期结束后，金融机构的资产管理产品按照本意见进行全面规范（因子公司尚未成立而达不到第三方独立托管要求的情形除外），金融机构不得再发行或存续违反本意见规定的资产管理产品。

三十、资产管理业务作为金融业务，属于特许经营行业，必须纳入金融监管。非金融机构不得发行、销售资产管理产品，国家另有规定的除外。

非金融机构违反上述规定，为扩大投资者范围、降低投资门槛，利用互联网平台等公开宣传、分拆销售具有投资门槛的投资标的、过度强调增信措施掩盖产品风险、设立产品二级交易市场等行为，按照国家规定进行规范清理，构成非法集资、非法吸收公众存款、非法发行证券的，依法追究法律责任。非金融机构违法违规开展资产管理业务的，依法予以处罚；同时承诺或进行刚性兑付的，依法从重处罚。

三十一、本意见自发布之日起施行。

本意见所称“金融管理部门”是指中国人民银行、国务院银行保险监督管理机构、国务院证券监督管理机构和国家外汇管理局。“发行”是指通过公开或者非公开方式向资产管理产品的投资者发出认购邀约，进行资金募集的活动。“销售”是指向投资者宣传推介资产管理产品，办理产品申购、赎回的活动。“代理销售”是指接受合作机构的委托，在本机构渠道向投资者宣传推介、销售合作机构依法发行的资产管理产品的活动。

## 《关于进一步明确规范金融机构资产管理业务指导意见有关事项的通知》(2018 年 7 月)

《关于规范金融机构资产管理业务的指导意见》(银发〔2018〕106 号文，以下简称《指导意见》)自 2018 年 4 月 27 日发布实施以来，对于规范资产管理市场秩序、防范金融风险发挥了积极作用。为了指导金融机构更好地贯彻执行《指导意见》，确保规范资产管理业务工作平稳过渡，为实体经济创造良好的货币金融环境，经人民银行、银保监会、证监会共同研究，现将有关事项进一步明确如下：

一、按照《指导意见》第十条的规定，公募资产管理产品除主要投资标准化债权类资产和上市交易的股票，还可以适当投资非标准化债权类资产，但应当符合《指导意见》关于非标准化债权类资产投资的期限匹配、限额管理、信息披露等监管要求。

二、过渡期内，金融机构可以发行老产品投资新资产，优先满足国家重点领域和重大工程建设续建项目以及中小微企业融资需求，但老产品的整体规模应当控制在《指导意见》发布前存量产品的整体规模内，且所投资新资产的到期日不得晚于 2020 年底。

三、过渡期内，对于封闭期在半年以上的定期开放式资产管理产品，投资以收取合同现金流量为目的并持有到期的债券，可使用摊余成本计量，但定期开放式产品持有资产组合的久期不得长于封闭期的 1.5 倍；银行的现金管理类产品在严格监管的前提下，暂参照货币市场基金的“摊余成本＋影子定价”方法进行估值。

四、对于通过各种措施确实难以消化、需要回表的存量非标准化债权类资产，在宏观审慎评估（MPA）考核时，合理调整有关参数，发挥其逆周期调节作用，支持符合条件的表外资产回表。支持有非标准化债权类资产回表需求的银行发行二级资本债补充资本。

五、过渡期结束后，对于由于特殊原因而难以回表的存量非标准化债权类资产，以及未到期的存量股权类资产，经金融监管部门同意，采取适当安排妥善处理。

六、过渡期内，由金融机构按照自主有序方式确定整改计划，经金融监管部门确认后执行。

## 《优化资管新规过渡期安排引导资管业务平稳转型》（2020年7月）

2018年4月《关于规范金融机构资产管理业务的指导意见》（银发〔2018〕106号）发布以来，在党中央、国务院的领导下，人民银行会同有关部门不断完善资管行业监管制度体系，持续推动资管业务平稳转型、规范整改。在各方共同努力下，资管乱象得到有效遏制，影子银行风险显著收敛，资管业务逐步回归本源，呈现稳健发展的态势。

按照既有工作安排，资管新规过渡期将于2020年底结束。考虑到2020年以来新冠肺炎疫情对经济金融带来的冲击，金融机构资产管理业务规范转型面临较大压力。为平稳推动资管新规实施和资管业务规范转型，经国务院同意，人民银行会同发展改革委、财政部、银保监会、证监会、外汇局等部门审慎研究决定，资管新规过渡期延长至2021年底。

过渡期延长不涉及资管新规相关监管标准的变动和调整。为做好过渡期存量资管业务整改工作，金融管理部门将建立健全激励约束机制，夯实金融机构主体责任，在锁定存量资产的基础上，继续由金融机构自主调整整改计划，按季监测实施，切实防范道德风险。同时，完善配套政策安排，加大创新支持力度，为存量资产处置提供更多的方式和渠道。

下一步，金融管理部门将认真贯彻落实好党中央、国务院的决策部署，加强监管协调、监测分析和督促落实，统筹把握政策实施节奏和力度，确保各项工作平稳有序进行。

# 附录二　国家层面支持上海建设国际金融中心的政策措施

## 《关于推进上海加快发展现代服务业和先进制造业建设国际金融中心和国际航运中心的意见》(2009年4月)

各省、自治区、直辖市人民政府,国务院各部委、各直属机构:

上海有比较完备的金融市场体系、金融机构体系和金融业务体系,有雄厚的制造业基础和技术创新能力,有先进的现代航运基础设施网络。推进上海加快发展现代服务业和先进制造业,加快建设国际金融中心、国际航运中心和现代国际大都市,是我国现代化建设和继续推动改革开放的重要举措;是贯彻落实科学发展观,转变经济发展方式,突破资源环境承载能力制约,实现全面协调可持续发展,继续发挥上海在全国的带动和示范作用的必然选择。在当前应对国际金融危机的关键时期,要站在全局和战略的高度,充分认识加快上海国际金融中心和国际航运中心建设的重要性,努力推进上海率先实现产业结构优化和升级,率先实现经济发展方式的转变。为此,提出以下意见:

**一、推进上海加快发展现代服务业和先进制造业,建设国际金融中心和国际航运中心的重大意义**

(一)推进上海加快发展现代服务业和先进制造业,建设国际金融中心和国际航运中心,既是上海实现又好又快发展的需要,也是更好地服务于全国发展的需要。现代服务业和先进制造业发展水平,是衡量一个国家经济社会发达程度的重要标志,是一个国家综合实力、国际竞争力和抗风险能力的集中体现。提高现代服务业和先进制造业就业比重和产值比重,提升产业附加值和国际竞争力,是推进产业结构升级、加快转变经济发展方式的必由之路;是适应全球化新格局和对外开放新形势,加快构筑新的竞争优势,提高国家整体竞争力的有效途径。推进上海加快发展现代服务业和先进制造业,建设国际金融中心和国际航运中心,有利于上海突破资源环境承载力逐渐下降的制约,增强可持续发展的能力;有利于拓展金融资源运作空间,提高金融资产配置效率,更好地维护国家经济金融安全;有利于强化航运枢纽中心地位,更好地满足周边地区和全国的国际航运要求;有利于通过改革开放和创新的先行先试,加快形成更具活力、更富效率、更加开放的体制机制,奠定科学发展的体制基础。

（二）推进上海加快发展现代服务业和先进制造业，建设国际金融中心和国际航运中心，有利于更好地夯实并充分发挥上海的比较优势。上海具有比较完善的现代市场体系、现代金融体系、先进的港口基础设施、高效的航运服务体系，以及便捷的交通运输网络；有广泛参与全球竞争的周边经济腹地，具有加快形成国际金融中心和国际航运中心的有利条件。采取有力措施，加快推进上海国际金融中心和国际航运中心建设，大力发展金融业、航运业等现代服务业和先进制造业，率先转变经济发展方式，可以使上海更好地发挥综合优势，更好地发挥带动示范作用，更好地服务长三角地区、服务长江流域、服务全国。

**二、推进上海加快发展现代服务业和先进制造业，建设国际金融中心和国际航运中心的指导思想和原则**

（三）指导思想：高举中国特色社会主义伟大旗帜，以邓小平理论和“三个代表”重要思想为指导，深入贯彻落实科学发展观，进一步解放思想，进一步改革开放，进一步发挥优势，继续当好全国改革开放的排头兵，充分发挥对长三角地区乃至全国的带动和示范作用。要坚持科学发展，不断扩大发展规模，完善发展机制，提高发展水平；要在发展中优化经济结构，优先发展金融、航运等现代服务业，以及以高端制造和研发为主的先进制造业，不断增强服务功能，提高核心竞争力；要在发展中创新发展思路，坚持先行先试，不断创新体制机制，提高体制运行效率；要在发展中坚持市场化、国际化和法治化，不断改善投资环境，提高对外吸引力；要在发展中发挥比较优势，努力完善区域分工，不断扩大辐射带动效应，提高专业分工和协作水平。

（四）把握的原则：处理好深化改革与加快发展的关系，坚持以改革促发展，以改革解难题，以改革建制度，为现代服务业和先进制造业发展营造良好体制环境；处理好先行先试与制度规范的关系，通过创新和探索，加快与国际惯例接轨，为全国性的制度规范奠定实践基础，发挥示范作用；处理好突出重点与全面推进的关系，以金融业、航运业和先进制造业为重点，不断创新服务业态，不断提高制造业的核心竞争力和附加值，全面提升现代服务业和先进制造业的发展水平；处理好加快发展现代服务业与发展先进制造业的关系，形成现代服务业与先进制造业相互支撑、相互带动的产业发展格局；处理好推进金融创新与完善金融监管的关系，在推进金融改革、创新和开放过程中，努力维护金融体系的安全和稳定；处理好推进上海自身发展与区域协作发展的关系，按照国家明确的战略定位和分工，加强上海与长三角地区以及国内其他中心城市的相互协作和支持，加强与香港的优势互补和战略合作，形成分工合理、相互促进、共同发展的格局。

**三、国际金融中心和国际航运中心建设的总体目标**

（五）国际金融中心建设的总体目标是：到2020年，基本建成与我国经济实力以及人民币国际地位相适应的国际金融中心；基本形成国内外投资者共同参与、国际化程度较高，交易、定价和信息功能齐备的多层次金融市场体系；基本形成以具有国际竞争力和行业影响力的金融机构为主体、各类金融机构共同发展的金融机构体系；基本形成门类齐全、结构合理、流动自由的金融人力资源体系；基本形成符合发展需要和国际惯例的税收、信用和监管等法律法规体系，以及具有国际竞争力的金融发展环境。

（六）国际航运中心建设的总体目标是：到2020年，基本建成航运资源高度集聚、航运服务功能健全、航运市场环境优良、现代物流服务高效，具有全球航运资源配置能力的国际航运中心；基本形成以上海为中心、以江浙为两翼，以长江流域为腹地，与国内其他港口合理分工、紧密协作的国际航运枢纽港；基本形成规模化、集约化、快捷高效、结构优化的现代化港口集疏运体系，以及国际航空枢纽港，实现多种运输方式一体化发展；基本形成服务优质、功能完备的现代航运服务体系，营造便捷、高效、安全、法治的口岸环境和现代国际航运服务环境，增强国际航运资源整合能力，提高综合竞争力和服务能力。

**四、国际金融中心建设的主要任务和措施**

（七）加强金融市场体系建设。上海国际金融中心建设的核心任务是，不断拓展金融市场的广度和深度，形成比较发达的多功能、多层次的金融市场体系。不断丰富金融市场产品和工具，大力发展企业（公司）债券、资产支持债券，开展项目收益债券试点，研究发展外币债券等其他债券品种；促进债券一、二级市场建设及其协调发展；加快银行间债券市场和交易所债券市场互联互通，推进上市商业银行进入交易所债券市场试点。根据投资者资产配置和风险管理的需要，按照高标准、稳起步和严监管的原则，研究探索并在条件成熟后推出以股指、汇率、利率、股票、债券、银行贷款等为基础的金融衍生产品。加大期货市场发展力度，做深做精现有期货品种，有序推出新的能源和金属类大宗产品期货，支持境内期货交易所在海关特殊监管区内探索开展期货保税交割业务。拓宽上市公司行业和规模覆盖面，适应多层次市场发展需要，研究建立不同市场和层次间上市公司转板机制，逐步加强上海证券交易所的主板地位和市场影响力。研究探索推进上海服务长三角地区非上市公众公司股份转让的有效途径。优化金融市场参与者结构，积极发展证券投资基金、社保基金、保险资产、企业年金、信托计划等各类机构投资者。根据国家资本账户和金融市场对外开放的总体部署，逐步扩大境外投资者参与上海金融市场的比例和规模，逐步扩大国际开发机构发行人民币债券规模，稳步推进境外企业在境内发行人民币债券，适时启动符合条件的境外企业发行人民币股票。在内地与香港金融合作框架下，积极探索上海与香港的证券产品合作，推进内地与香港的金融合作和联动发展。积极发展上海再保险市场，鼓励发展中资和中外合资的再保险公司，吸引国际知名的再保险公司在上海开设分支机构，培育发展再保险经纪人，积极探索开展离岸再保险业务。

（八）加强金融机构和业务体系建设。根据金融市场体系建设的需要，大力发展各类金融机构，重点发展投资银行、基金管理公司、资产管理公司、货币经纪公司、融资租赁公司、企业集团财务公司等有利于增强市场功能的机构。积极推进符合条件的金融企业开展综合经营试点，培育和吸引具有综合经营能力和国际竞争力的金融控股集团，在试点过程中探索建立金融监管协调机制。鼓励发展各类股权投资企业（基金）及创业投资企业，做好上海金融发展投资基金试点工作。积极拓展各类金融业务，推动私人银行、券商直投、离岸金融、信托租赁、汽车金融等业务的发展，有序开发跨机构、跨市场、跨产品的金融业务。开展商业银行并购贷款业务，为企业并购活动提供资金支持。鼓励个人购买商业养老保险，由财政部、税务总局、保监会会同上海市研究具体方案，适时开展个人税收递延型养老保险产品试点。根据国家金融对外开放总体进程，稳步推进金融服务业对外开放，支持设在上海的合资证券公司、合资基金公司率先扩大开放范围。

（九）提升金融服务水平。健全金融服务方式和手段，大力发展电子交易，促进各类金融信息系统、市场交易系统互联互通，降低交易成本，提高交易效率。完善金融服务设施和布局规划，进一步健全为市场交易服务的登记、托管、清算、结算等统一高效的现代化金融支持体系，提高上海金融市场效率和服务能力。加强陆家嘴等重要金融集聚区的规划和建设，全面提升金融集聚区的服务功能。规范发展中介服务，加快发展信用评级、资产评估、融资担保、投资咨询、会计审计、法律服务等中介服务机构，加强监管，增强行业自律，规范执业行为。在上海建立我国金融资讯信息服务平台和全球金融信息服务市场。充分发挥上海金融市场种类齐全、金融机构体制健全、金融发展环境良好的优势，先行在上海开展金融市场、金融机构、金融产品等方面的改革和创新。制定并完善促进金融创新的政策，形成以市场需求为导向、金融市场和金融企业为主体的金融创新机制。

（十）改善金融发展环境。加强金融法制建设，加快制定既切合我国实际又符合国际惯例的金融税收和法律制度。完善金融执法体系，建立公平、公正、高效的金融纠纷审理、仲裁机制，探索建立上海金融专业法庭、仲裁机构。加强社会信用体系建设，以金融业统一征信平台为载体，完善企业和个人信用信息基础数据库建设，促进信用信息共享。适应上海金融改革和创新的需要，不断完善金融监管体系，改进监管方式，建立贴近市场、促进创新、信息共享、风险可控的金融监管平台和制度。加强跨行业、跨市场监管协作，加强地方政府与金融管理部门的协调，维护金融稳定和安全。

**五、国际航运中心建设的主要任务和措施**

（十一）优化现代航运集疏运体系。适应区域经济一体化要求，在继续加强港口基础设施建设基础上，整合长三角港口资源，形成分工合作、优势互补、竞争有序的港口格局，增强港口综合竞争能力。加快洋山深水港区等基础设施建设，扩大港口吞吐能力。推进内河航道、铁路和空港设施建设，优化运输资源配置，适当增加高速公路通道，大力发展中远程航空运输，增强综合运输能力。促进与内河航运的联动发展，充分利用长江黄金水道，加快江海直达船型的研发和推广，从船舶技术和安全管理方面采取措施，推动洋山深水港区的江海直达，大力发展水水中转。充分发挥上海芦潮港集装箱中心站及铁路通道作用，做好洋山深水港区铁路上岛规划研究，逐步提高铁水联运比例。

（十二）发展现代航运服务体系。积极研究采取措施，降低国际集装箱中转成本，鼓励我国外贸集装箱在上海国际航运中心转运。充分发挥上海靠近国际主航线的区位优势，以及工业基础、人才资源、商务环境等方面的综合优势，大力发展船舶交易、船舶管理、航运经纪、航运咨询、船舶技术等各类航运服务机构，拓展航运服务产业链，延伸发展现代物流等关联产业，不断完善航运服务功能。完善航运服务规划布局，进一步拓展洋山保税港区的功能，发展北外滩、陆家嘴、临港等航运服务集聚区。引导和规范船舶交易市场健康发展，充分发挥上海航运交易所的船舶交易和运价信息发布功能，加快建设全国性船舶交易信息平台，在上海形成具有示范作用的船舶交易市场。建立上海国际航运中心综合信息共享平台，促进形成便捷高效的长三角区域及长江干线港口、航运信息交换系统。

（十三）探索建立国际航运发展综合试验区。研究借鉴航运发达国家（地区）的航运支持政策，提高我国航运企业的国际竞争力。实施国际航运相关业务支持政策。将中资“方便旗”船特案减免税政策的执行截至日期由 2009 年 6 月 30 日延长至 2011 年 6 月 30 日。对注册在洋山保税港区内的航运企业从事国际航运业务取得的收入，免征营业税；对注册在洋山保税港区内的仓储、物流等服务企业从事货物运输、仓储、装卸搬运业务取得的收入，免征营业税。允许企业开设离岸账户，为其境外业务提供资金结算便利。在完善相关监管制度和有效防止骗退税措施前提下，实施启运港退税政策，鼓励在洋山保税港区发展中转业务。探索创新海关特殊监管区域的管理制度，更好地发挥洋山保税港区的功能。

（十四）完善现代航运发展配套支持政策。加快发展航运金融服务，支持开展船舶融资、航运保险等高端服务。积极发展多种航运融资方式，探索通过设立股权投资基金等方式，为航运服务业和航运制造业提供融资服务。允许大型船舶制造企业参与组建金融租赁公司，积极稳妥鼓励金融租赁公司进入银行间市场拆借资金和发行债券。积极研究有实力的金融机构、航运企业等在上海成立专业性航运保险机构。优化航运金融服务发展环境，对注册在上海的保险企业从事国际航运保险业务取得的收入，免征营业税。积极研究从事国际航运船舶融资租赁业务的融资租赁企业的税收优惠政策，条件具备时，可先行在上海试点。研究进出口企业海上货物运输保费的有关税收政策问题。丰富航运金融产品，加快开发航运运价指数衍生品，为我国航运企业控制船运风险创造条件。

（十五）促进和规范邮轮产业发展。允许境外国际邮轮公司在上海注册设立经营性机构，开展经批准的国际航线邮轮服务业务。鼓励境外大型邮轮公司挂靠上海及其他有条件的沿海港口，逐步发展为邮轮母港。为邮轮航线经营人开展业务提供便利的经营环境。研究建立邮轮产业发展的金融服务体系，在保险、信贷等方面开设邮轮产业专项目录，促进邮轮产业健康有序发展。

**六、加快推进先进制造业和技术先进型服务企业的发展**

（十六）以现有制造能力为基础，以调整、优化和提高为方向，以研发、创新和增值为重点，不断提高制造业的核心竞争力和产业附加值。大力发展先进制造技术，着力提升汽车、装备、船舶、电子信息等优势制造业的研发能力和核心竞争力；加快发展航空航天、生物医药、新能源、新材料等新兴制造业和战略产业；优化发展精品钢材、石油化工等基础制造业；增强先进制造业发展的技术支撑和服务能力。在浦东新区开展鼓励技术先进型服务企业发展政策试点工作，支持从事软件研发及服务、产品技术研发及工业设计服务、信息技术研发及外包服务、技术性业务流程外包服务等业务的技术先进型服务企业的发展。自2009年1月1日起至2013年12月31日止，对符合条件的技术先进型服务企业，减按15%的税率征收企业所得税；技术先进型服务企业职工教育经费按不超过企业工资总额8%的比例据实在企业所得税税前扣除;对技术先进型服务企业离岸服务外包业务收入免征营业税。设立政府创业投资引导基金,引导创业投资企业加大对先进制造和先进技术服务领域初创期企业的资本投入。

**七、加强组织领导和协调服务**

(十七)建立健全上海国际金融中心和国际航运中心建设的指导协调机制。建立由发展改革委牵头,有关部门参加的协调机制,加强对上海国际金融中心和国际航运中心建设的指导、协调和服务。进一步细化相关政策措施,认真研究解决推进上海国际金融中心和国际航运中心建设过程中出现的新情况和新问题。

(十八)转变政府职能,加强政府服务,营造良好环境。上海市政府要从全局和战略的高度,充分认识上海国际金融中心和国际航运中心建设的长期性和艰巨性,增强责任感、紧迫感和使命感,精心筹划实施方案,扎实推进各项工作。要加快政府职能转变和管理创新,加快事业单位改革,加快构建服务型政府,深入推进浦东综合配套改革,使上海成为全国行政效能最高和行政收费最少的地区,成为中介服务最发达的地区。要加快淘汰落后产业和弱势产业,积极推进产业转移和产业升级,积极推进国有企业改革和重组,完善有利于现代服务业和先进制造业加快发展的政策和体制环境。要建立健全有利于人才集聚的机制,研究制定吸引各类高层次人才的配套措施,加强职业教育和培训,营造良好、便利的工作和生活环境,使上海成为国际化高端人才的集聚地,为上海国际金融中心和国际航运中心建设提供人才支撑。

## 《上海国际金融中心建设行动计划(2018—2020年)》(2019年1月)

中国人民银行、发展改革委、科技部、工业和信息化部、财政部、银保监会、证监会、外汇局关于印发《上海国际金融中心建设行动计划(2018—2020年)》的通知(银发〔2019〕17号)

建设上海国际金融中心是一项重大国家战略,2018至2020年是上海"基本建成与我国经济实力以及人民币国际地位相适应的国际金融中心"的决胜阶段。为加快推进上海国际金融中心建设,进一步明确2018至2020年的战略重点和推进举措,确保实现国家战略,根据《中华人民共和国国民经济和社会发展第十三个五年规划纲要》《国务院关于推进上海加快发展现代服务业和先进制造业建设国际金融中心和国际航运中心的意见》《"十三五"现代金融体系规划》等文件精神,编制本行动计划。

## 一、上海国际金融中心建设面临的发展基础和形势

(一) 发展基础。

近年来,特别是党的十八大以来,上海国际金融中心建设在服务国家经济社会发展和金融改革开放过程中取得了重要进展,进一步巩固了以较齐备的金融市场体系为支撑的、有一定国际影响力的金融中心地位。

1. 金融市场体系进一步完善,金融市场能级显著提升。上海集聚了包括股票、债券、货币、外汇、票据、期货、黄金、保险等各类全国性金融要素市场。2017年,上海金融市场成交总额达1 428.4万亿元,同比增长5.3%;直接融资额达7.6万亿元,全国直接融资总额中的85%以上来自上海金融市场。股票、债券、期货、黄金等金融市场国际排名显著提升,多个品种交易量位居全球前列,其中,上海证券市场股票筹资总额位居全球第二,股票交易额和股票市值均位居全球第四,上海黄金交易所场内现货黄金交易量位居全球第一,上海期货交易所螺纹钢、铜、天然橡胶等10个期货品种交易量位居全球第一。

2. 金融机构体系更加健全,金融业务规模不断扩大。除了银行、证券、保险、基金、信托等金融机构不断汇聚发展外,各类国际性、总部型、功能性金融机构和新型金融机构不断涌现。截至2017年年底,在沪持牌金融机构总数达1 537家。新开发银行、全球清算对手方协会(CCP12)、人民币跨境支付系统(CIPS)、中国保险投资基金、中国互联网金融协会等一批重要金融机构或组织落户上海。金融业发展规模不断扩大,2017年,金融业增加值5 330.5亿元,增长11.8%,占全市生产总值的比重达17.7%,占全国金融业增加值的比重为8.1%。

3. 金融对外开放继续扩大,国际化程度稳步提高。上海已成为外资金融机构在华主要集聚地。截至2017年年底,在沪各类外资金融机构总数达435家,占上海金融机构总数近30%。总部设在上海的外资法人银行占内地总数的一半以上;合资基金管理公司、外资保险公司均占内地总数的一半左右。金融对外开放领域不断拓宽,证券“沪港通”、黄金国际板、“债券通”、原油期货等相继启动,银行间债券、外汇、货币等市场加快开放,人民币海外投贷基金、跨境交易所交易基金(ETF)等试点顺利推出。上海航运保险协会成立并代表中国加入全球最大的航运保险协会组织——国际海上保险联盟(IUMI)。

4. 金融改革创新深入推进,金融业务创新日益活跃。多年来,党中央、国务院一直支持上海在金融改革发展方面先行先试,把许多金融领域的创新探索放在上海试点。特别是共建“一带一路”倡议、上海自贸试验区、具有全球影响力的

科技创新中心建设等国家战略提出后，上海不断加大金融改革力度，主动对接服务国家战略，进一步释放协同创新的聚变效应，跨境人民币业务、投贷联动等在全国率先试点，互联网金融等新业态、新模式健康发展，成为我国金融产品和业务种类最为丰富、最为集中的城市。

5. 金融发展环境持续优化，风险防范能力不断增强。金融法治环境建设取得重大进展，《关于设立上海金融法院的方案》经中央全面深化改革委员会审议通过、全国人大常委会表决通过。上海市人大颁布实施《上海市推进国际金融中心建设条例》。金融审判庭、金融检察处(科)、金融仲裁院、人民银行金融消费权益保护局、金融消费纠纷调解中心等陆续成立。在全国率先推出《上海国际金融中心法治环境建设》白皮书。信用体系建设取得重要进展，上海出台了全国首部地方综合性信用条例——《上海市社会信用条例》，落户上海的人民银行征信中心已建成全国集中统一的企业和个人金融信用信息基础数据库，上海市公共信用信息服务平台开通运行。金融专业服务机构体系不断健全，金融集聚区规划建设成效明显。近年来，上海通过主动实施各项金融服务措施，积极吸引金融机构、集聚金融人才。设立并连续评选金融创新奖，在全国率先建立金融业联合会，成功举办十届陆家嘴论坛，国际影响力进一步提升。

同时应当看到，和国际成熟的金融中心城市相比，上海国际金融中心还存在差距。主要包括：大而不强，市场功能齐全、交易量大，但产品不够丰富，整体缺乏市场定价权和话语权；国际化程度需进一步提高，作为全球投资、融资中心的作用发挥不够，国际影响力不足；吸引金融人才等金融发展的软环境需进一步优化等。这些问题，必须通过坚定不移推进金融改革开放创新加以解决。

（二）面临的机遇与挑战。

当前，上海国际金融中心建设正处在由内向外的开放创新期、由扩大规模到更加注重质量的结构转型期、由集聚资源到提升功能的发展升级期。上海国际金融中心建设的国内外环境正在发生深刻而复杂的变化，既面临重要机遇，也存在风险挑战。

1. 加快上海国际金融中心建设正面临难得的历史机遇。世界经济金融格局呈现深度调整，以中国为代表的发展中国家和新兴经济体在国际经济金融事务中的话语权继续提高。同时，我国经济运行稳中有进，供给侧结构性改革稳步实施，重要领域和关键环节改革取得突破性进展，金融服务需求依然较大。金融改革深入推进，金融开放不断扩大，金融与信息科技加速融合，金融创新潜力较大。“一带一路”和上海自贸试验区等国家战略实施，经济、贸易、航运和科创中心建设推进，都为国际金融中心建设提供了重要机遇。

2. 上海国际金融中心建设也面临着诸多挑战。国际金融危机后续影响持久深刻，国内外金融市场关联性、共振性日益增强，亚太地区国际金融中心的争夺日趋激烈，外部环境的不稳定不确定因素增加。同时，我国经济已由高速增长阶段转向高质量发展阶段，正处于转变发展方式、优化经济结构、转换增长动力的攻关期，一些长期积累的深层次矛盾逐渐暴露并反映于金融领域，金融支持经济转型发展任务艰巨，防范化解金融风险任重道远，这些挑战对上海国际金融中心建设提出了新的更高要求。

总体看，面对难得的发展机遇和诸多复杂的挑战，应审时度势、加强统筹、科学谋划、协同推进，充分利用各种有利条件，加快破解前进过程中的各种难题，努力实现上海国际金融中心建设战略目标。

**二、上海国际金融中心建设的指导思想、发展目标和主要指标**

（一）指导思想。

以习近平新时代中国特色社会主义思想为指导，全面贯彻党的十九大精神，深入贯彻 2017 年全国金融工作会议精神，牢固树立创新、协调、绿色、开放、共享的发展理念。加强党对金融工作的集中统一领导，坚持稳中求进工作总基调，遵循金融发展规律，紧紧围绕服务实体经济、防控金融风险、深化金融改革三项任务，显著提升上海国际金融中心配置全球金融资源的功能、服务我国经济社会发展的能力、推动长江三角洲区域一体化发展的龙头带动作用，不断增强上海国际金融中心的辐射力和全球影响力。

——坚持以人民币产品市场建设为重点。不断拓展人民币产品市场的广度和深度，丰富人民币产品和工具，提升人民币在岸价格国际影响力，加快建设人民币全球支付清算体系和全球金融市场基础设施体系。

——坚持以自贸试验区金融开放创新为突破口。不断深化自贸试验区金融改革，稳步推进资本项目可兑换、人民币跨境使用、金融服务业开放和建设面向国际的金融市场，不断完善金融监管，加强自贸试验区建设与上海国际金融中心建设的联动。

——坚持以科技创新中心建设和金融科技为新动力。牢牢抓住新一轮科技和产业革命的历史时机，依法合规推动科技与金融紧密结合，有序形成金融科技支撑有力的创新体系，加强上海国际金融中心和科技创新中心的联动；推动“互联网＋”等新业态、新模式规范发展，有序促进金融业与互联网等新技术的融合，引导互联网金融规范健康发展。

——坚持以服务“一带一路”、长江经济带和长江三角洲区域一体化发展等国家战略为切入点。抓住共建“一带一路”倡议的重要契机，拓宽金融合作，促进人民币在“一带一路”沿线国家和地区使用，提升上海金融市场的投融资服务功能；完善长三角金融协调机制，带动长江经济带加速发展。促进长江三角洲区域一体化发展，不断提升上海国际金融中心的服务能力

——坚持以市场化、国际化、法治化、信息化为方向。坚定推进金融市场化改革，充分发挥市场在资源配置中的决定性作用；形成能够有效服务于更高层次开放型经济的金融业双向开放新格局，提高我国经济金融国际竞争力、影响力和话语权；不断完善金融法治、会计、信用、监管等制度体系，着力营造更具国际竞争力的金融发展环境。顺应科技与金融渗透融合趋势，实现金融科技研究领域领先发展，广泛应用于并全面提高金融机构、金融市场、金融治理效率和水平。

（二）发展目标。

到 2020 年，上海基本确立以人民币产品为主导、具有较强金融资源配置能力和辐射能力的全球性金融市场地位，基本形成公平法治、创新高效、透明开放的金融服务体系，基本建成与我国经济实力以及人民币国际地位相适应的国际金融中心，迈入全球金融中心前列。

具体目标：

——基本形成交易、定价和信息功能齐备的多层次金融市场体系。提升人民币产品市场规模和影响力，建设全球人民币基准价格形成中心、资产定价中心。

——基本形成具有较强国际竞争力和行业影响力的多元化金融机构体系。提升金融机构服务功能和综合实力，建设全球跨境投融资中心和资产管理中心。

——基本形成国内外投资者共同参与的全方位金融开放体系。通过上海自贸试验区加快金融开放，服务“一带一路”建设，促进资金互联互通，成为国内外金融资源配置与合作共赢的重要节点。

——基本形成以信息化技术为重要特征的金融创新体系。提高金融服务的信息化程度和技术水平，充分利用互联网、大数据、云计算等技术，在依法合规的前提下，建设金融技术服务中心和金融信息中心。

——基本形成符合国际惯例、公正透明、规范有序的制度体系。加快与国际接轨，形成优良的金融生态环境，建设金融人才高地和制度创新高地。

（三）主要指标。

——金融国际化程度进一步提升。到 2020 年，参与上海金融市场的境外投

资者规模显著扩大，国际债券规模显著增加，上海金融市场国际影响力显著提升，上海外汇市场交易规模显著扩大。

——金融服务功能进一步完善。显著提高直接融资特别是股权融资比重，人民币跨境支付清算安排更加完善。

——金融发展环境进一步优化。到2020年，上海金融人才结构明显优化，金融发展环境的国际竞争力明显增强，金融监管和风险防范能力有效提高。

**三、上海国际金融中心建设重点任务措施**

（一）加快金融改革创新，加强自贸试验区建设与国际金融中心建设联动。

通过自贸试验区金融改革先行先试，推进上海国际金融中心建设。接轨高标准的国际贸易投资规则，通过制度创新激发市场活力，为全国金融改革探索可操作的路径。

1. 在风险可控前提下有序推动人民币资本项目可兑换。按照统筹规划、服务实体、风险可控、分步推进原则，进行人民币资本项目可兑换先行先试，逐步提高资本项下各项目可兑换程度。在上海国际金融中心探索开展本外币合一银行账户体系试点，将自由贸易账户纳入本外币合一银行账户体系框架。进一步拓展自由贸易账户功能，支持上海自贸试验区内经济主体通过自由贸易账户开展涉外贸易投资活动。条件成熟时，允许或扩大符合条件的机构在境内外证券期货市场投资，允许符合要求的境内银行和企业、境外机构参与境内外商品和金融衍生品市场。研究探索通过自由贸易账户等支持资本市场开放。

2. 扩大人民币跨境使用。完善人民币计价结算功能，研究推动大宗商品交易用人民币计价结算。支持自贸试验区内企业的境外母公司或子公司更为便捷地在境内发行人民币债券。在建立健全相关管理制度的基础上，根据市场需要启动自贸试验区个体工商户向其在境外经营主体提供跨境人民币借款。稳步推进投融资汇兑便利改革。创新面向国际的人民币金融产品，扩大境外人民币资金投资境内金融产品的范围，促进人民币资金跨境双向流动。

3. 推进功能监管和综合监管。以维护金融体系稳健为核心，坚持依法监管，在现行法律框架内，探索金融监管从机构监管为主向机构监管与功能监管并重转变。进一步发挥自贸试验区金融监管协调机制作用，推进综合监管，加强跨部门、跨行业、跨市场金融业务监管协调和信息共享，提升金融监管效率。加强事中事后分析评估和事后备案管理。完善跨境资金流动的监测分析机制，做好跨境资金异常流动应急预案。

4. 加强金融科技的研究和应用。推动金融科技研究领先发展，深化金融科技创新与应用，全面提高金融机构、金融市场、金融治理效率和水平。鼓励金融机构发展业务系统、技术测试、信息安全等云服务，探索金融业同其他领域的数据共享和大数据应用模式，大力发展数字普惠金融。积极推进金融科技标准研究，在依法合规的前提下，探索研究金融科技应用创新。探索基于大数据等技术的穿透式监管和智能监管方法，建立风险测试区。

（二）完善金融市场功能，增强金融资源配置能力和影响力。

积极推动金融市场协调发展，进一步拓展市场的广度和深度，坚持投资功能与融资功能并重的金融市场发展理念，着力推动金融产品创新，加强市场制度和基础设施建设，促进资金在各市场之间有序流动。积极有序发展股权融资，扩大债券融资规模，稳步提高直接融资比重。形成融资功能完备、基础制度扎实、市场监管有效、投资者合法权益得到有效保护的多层次资本市场体系。

1. 建设面向国际的金融市场平台。支持中国外汇交易中心、上海证券交易所、中国金融期货交易所、上海黄金交易所、上海保险交易所等机构在依法合规、风险可控、审慎稳妥的前提下，进一步深化国际金融业务。积极吸引国际投资者在沪发行人民币债券。充分发挥原油期货等能源类期货交易产品市场功能，扩大国际影响力。

2. 增强多层次金融市场服务功能。强化中国外汇交易中心作为全球人民币产品交易主平台和定价中心的作用。在上海证券交易所设立科创板并试点注册制，支持上海国际金融中心和科技创新中心建设，不断完善资本市场基础制度。充分发挥和加强上海证券交易所主板地位，使其发展成为具有全球影响力的交易所。发展运行高效的债券市场体系，优化交易机制，提高债券市场流动性。加快债券市场开放。推进期货和衍生品市场建设，提升期货和衍生品市场价格发现和风险管理功能，支持上海期货交易所发展成为全球大宗商品定价中心，支持中国金融期货交易所发展成为全球人民币金融资产风险管理中心。完善场外金融衍生品市场。支持上海黄金市场发展，将上海黄金交易所打造成为世界一流的综合性黄金交易所。积极培育保险市场，发展再保险市场，加快上海保险交易所建设，把上海发展成为国际保险和区域性再保险中心。支持上海票据交易所发展，深化票据市场体系和金融服务功能，加快票据市场创新步伐。支持中国信托登记公司发展成为全国性的信托产品登记中心。推进人民币跨境支付系统建设，进一步提高人民币清算、结算效率。在上海自贸试验区建设、招商引资、对外交流等工作中，帮助搭建人民币跨境支付系统与“一带一路”沿线国际金融中心、跨境人民币贸易和投融资中心等政府机构的交流桥梁，向境外金融机构和企业宣传推介人民币跨境支付系统业务,助力人民币跨境支付系统国际宣传和交流合作。支持上海清算所发展成为国际化的清算服务机构。提升上海股权托管交易中心服务功能,研究建立与多层次资本市场的合作对接机制。

3. 加快金融市场产品和工具创新。适应中国经济转型升级的要求,加快发展股票、债券等基础性金融产品,深化 ETF 期权等业务创新,发展优先股。支持企业发行可转换债券、可交换债券、永续债等债务工具创新。推动完善债券发行注册制。扩大资产证券化规模。支持银行间债券市场和交易所债券市场完善市场间的交叉挂牌及自主转托管机制。支持外汇、债券等市场做市商制度、货币经纪制度建设。支持信用评级机构创新评级技术与方法,提高评级独立性和透明度,实现规范发展。支持场内、场外创新业务有序发展,稳步发展国债、外汇、股指等期货、期权产品,积极推进商品期货、期权及商品指数、碳排放权等交易工具发展,形成覆盖远期、期货、期权、掉期及其组合的衍生品序列,有效帮助实体经济管理价格、信用等各类型风险。鼓励发展多样化私募投资基金和各类私募投资产品。

4. 提升"上海价格"影响力。推进金融市场基准利率体系建设,完善上海关键收益率(SKY)曲线以及上海银行间同业拆放利率(SHIBOR),充分发挥其国际影响力。完善"上海金""上海油"定价机制,提高价格国际影响力,打造具有全球影响力的大宗商品定价中心。

(三) 健全金融机构体系,增强金融创新活力和综合服务能力。

加强各类金融机构集聚,推动一批具有国际竞争力和跨境金融资源配置能力的金融机构快速稳健成长,促进专业服务机构发展,加快形成门类齐全、功能完善的金融机构体系。

1. 吸引具有国际竞争力和行业影响力的金融机构。支持新开发银行业务发展,吸引更多国际多边金融组织入驻上海。积极吸引各类总部型、功能性金融机构集聚发展,鼓励支持大型金融机构在风险可控、业务可持续的条件下,把更多金融产品、业务创新权限下放给在上海分支机构。鼓励和支持国内外金融机构在上海设立分支机构,吸引外资金融机构将区域性乃至全球性总部设在上海。

2. 提升资产管理的国际化水平。集聚和发展一批具有全球知名度和重要市场影响力的资产管理机构,积极争取更多银行资产管理子公司落户上海,扩大外商投资股权投资企业(QFLP)试点范围,深化合格境内有限合伙人(QDLP)试点。推进上海跨境资产管理业务加快发展,进一步提升上海管理全球资产的水平。

3. 加快各类机构发展。配合国家重大改革创新试点，支持上海金融机构创新发展。鼓励和引导私募股权投资基金、私募证券投资基金、创业投资基金等有序发展。发展中小银行和民营金融机构，支持符合条件的民间资本有序进入银行业，参与或发起设立中小型银行业金融机构，稳妥有序推进民营银行发展，同时鼓励民间资本进入证券业和保险业。

（四）聚焦国家发展战略，增强金融服务实体经济能力。

充分发挥金融在现代产业体系中的引领作用，积极支持供给侧结构性改革、创新驱动发展等国家重大战略实施。针对实体经济需求，不断改进金融服务方式，发展绿色金融和普惠金融，扩大金融服务领域，加快金融产品创新，促进经济转型发展和结构升级。

1. 加大对科技创新中心建设的支持。深入实施创新驱动发展战略，支持战略性新兴产业发展和制造强国建设。加强对新一代信息技术、高端装备、新材料、生物医药、智能制造、共享经济、数字创意等重点产业的金融支持。进一步加强科技与金融的深层次融合，创新科技金融服务。稳妥开展投贷联动试点。支持依据监管规定鼓励设立科技支行等科技金融特色机构，推动开展科技金融管理和服务方式创新。推动上海股权托管交易中心科技创新板扩大服务范围，支持中小型科技创新创业企业挂牌。支持保险机构开展科技保险产品创新，加快发展专利保险、首台（套）重大技术装备保险等，探索研究科技企业相关产品和服务，为初创期科技企业提供保险保障。鼓励和支持创业投资和天使投资发展，充分发挥政府创业投资引导基金作用，引导社会资本加大对科技企业的投入力度。积极发挥上海市绿色技术创业投资基金的作用，支持绿色技术成果转化和产业化。创建科技金融服务创新示范区，构建覆盖科技型中小企业不同发展阶段的服务模式，推动科技型企业集聚发展。

2. 加强金融服务上海“四大品牌”建设。支持上海全力打响“上海服务”“上海制造”“上海购物”“上海文化”四大品牌。着力发挥资金资本集散功能，加强与国际经济、贸易、航运的联动发展，不断增强城市综合服务功能；着力加大对高端制造、先进制造等的金融服务支持，助推上海制造转型升级；着力完善消费金融服务体系，创造更加便利的购物消费环境，着力拓展文化金融合作渠道，增强文化金融有效供给。

3. 深化长三角地区金融合作。搭建跨区域金融合作平台，加强在金融市场、金融支付体系、金融人才、金融信用体系等方面的交流合作，继续发挥上海在长三角地区金融合作交流的龙头带动作用，完善长三角金融合作协调机制。推动长三角地区社会信用体系建设，提高信用信息采集的覆盖面，扩大支付、信用产品的应用领域，加快建设"信用长三角"。

（五）扩大金融开放合作，提升金融中心的国际影响力。

充分利用国际国内两个市场、两种资源，以更大的力度、在更大的范围推进金融对外开放。加强上海国际金融中心对外交流合作，深化与新兴经济体和发展中国家有关城市的互利合作及互联互通，积极服务共建"一带一路"倡议。

1. 扩大金融服务业对内对外开放。在审慎基础上优化金融服务业的准入标准和流程，鼓励和引导民间资本进入金融服务领域。扩大金融业对外开放程度，使外资金融机构平等参与市场竞争。继续推动金融机构对外开放，取消中资银行和金融资产管理公司的外资持股比例限制，实施内、外资一致的股权投资比例规则，扩大外资参股或控股的在沪金融机构的业务经营范围。鼓励中外资金融机构深化股权合作与业务竞争。支持在上海金融机构海外合理布局，健全金融支持企业"走出去"的政策体系、服务体系和保障体系，提升品牌影响力。探索引入高水平国际专业服务机构，进一步提高会计审计、法律服务、资产评估、金融资讯等专业服务业国际化水平。

2. 扩大金融市场对外开放。在风险可控前提下审慎推进境内外主体开展跨境投融资，加快建设人民币跨境投融资中心。推进合格的境外机构参与境内货币市场。稳妥推进期货市场对外开放，有序引入境外投资者参与中国商品期货市场。稳步扩大场外金融衍生品市场参与主体范围。提高境外机构参与银行间和交易所债券市场的深度和规模，稳步扩大境内机构境外发行债券的主体类型和地域范围，规范境外机构在境内发行人民币债券。积极推进境外机构以人民币资金投资境内债券和试点投资其他金融市场，拓宽境外人民币资金回流渠道。积极探索境外个人投资者直接投资境内金融市场的有效方式。

3. 建设"一带一路"投融资中心。完善面向共建"一带一路"的投融资服务体系，继续支持沿线国家和地区在上海发行债券和其他证券。支持在上海金融市场与沿线国家和地区交易所、登记结算机构开展双边技术与业务等方面合作。加快集聚服务"一带一路"倡议的相关金融机构。研究发展涵盖共建"一带一路"沿线主要国家和地区货币的结算、清算等中间业务，开发相关的金融产品。积极发挥出口信用保险作用，加强对境外项目的保险服务，提升承保能力。

4. 加强境内外金融交流合作。根据国家统一部署，进一步发展沪港金融的互补共赢关系，增进国家整体利益。积极推动沪台、沪澳金融交流合作，拓展合作领域。充分利用新开发银行总部落户上海的优势，加强与新兴经济体和发展中国家的互利合作及互联互通，将上海打造成为新兴经济体和发展中国家的金融交流和合作服务中心。配合亚太自由贸易区建设战略，加强上海与亚太地区金融交流合作。继续加强上海与纽约、伦敦等全球主要国际金融中心城市的交流，探索在规则制定、制度创新、人员往来和产品互通等方面的合作。加强上海国际金融中心建设的海外宣传和推介，积极参与“共建‘一带一路’国际合作高峰论坛”，继续办好“陆家嘴论坛”等大型活动。

（六）优化金融发展环境，维护金融安全稳定。

营造开放、透明、包容、法治的金融营商环境，以更高的标准和要求系统解决金融发展中的瓶颈问题，进一步激发市场活力，使上海金融发展环境逐步与国际先进水平接轨，不断提升金融法治建设水平，切实防范化解金融风险。

1. 建设国际金融人才高地。为外籍高层次人才入境和停居留提供便利，完善配套措施，充分发挥户籍政策在国内金融人才引进集聚中的激励和导向作用，健全以居住证制度为核心的国内金融人才引进政策。加强与国际金融教育培训组织合作。建立健全金融人才数据库，定期发布金融人才发展报告。加强高水平、国际化的金融人才“软环境”建设，优化金融人才生活环境，妥善解决金融人才住房、医疗、教育等现实问题。

2. 提升金融信息化和网络安全水平。以智慧城市建设为基础，进一步完善信息通讯等基础设施建设，为金融市场发展提供有力的技术保障。支持国家金融管理部门和国内外金融机构在上海建设信息化平台、信息服务中心和数据备份中心，引进和设立金融数据、信息和软件服务企业，形成金融信息服务产业集群。支持金融机构提高信息化建设水平，将信息系统建设、金融业务创新、业务流程完善和再造有机结合。探索建设集资讯、交易于一体的信息化金融综合服务平台，贯彻落实网络安全等级保护制度，完善金融业信息安全防护体系，大幅提升信息系统抵御风险的能力。

3. 健全社会信用体系。依法推进公共信用信息的分类管理，加强信息保护。充分发挥全国信用信息共享平台和地方信用信息共享平台作用，加强信息归集共享整合。建立红黑名单制度，健全守信联合激励和失信联合惩戒机制。促进信用披露和信用分类评价，便利市场参与者依法依规查询相关公共信用信息。推动公共信用信息开放，激发信用服务市场需求。

4. 促进专业服务业发展。完善政策措施，加快构建与金融市场发展相适应的专业服务和中介服务体系。创新完善金融专业服务业监管体制和模式。大力支持会计审计、法律服务、信用评级、资产评估、投资咨询、资信服务等专业服务机构，特别是新兴金融领域的专业服务机构规范发展。大力推进国际金融中心智库体系建设，提高智库国际影响力。

5. 推进金融集聚区建设。进一步优化金融集聚区功能布局，提升上海金融空间承载能力。加强陆家嘴金融城和沿黄浦江金融集聚带联动发展，打造具有全球影响力的上海国际金融城，创新管理体制机制，建设世界一流的现代金融服务区。支持区县结合自身产业基础、区位优势，发展科技金融、并购金融、文化金融等特色金融，形成各具特色的金融业发展格局。

6. 完善地方金融监管体制。按照2017年全国金融工作会议精神，设立地方金融监管机构，完善地方金融监管体系。在坚持金融管理主要是中央事权的前提下，明确地方金融监管职责，加强对小额贷款公司、融资担保公司、区域性股权市场、地方资产管理公司等授权监管机构的监管，强化对辖区内各类交易场所等的监管，牢牢守住不发生系统性、区域性金融风险的底线。

7. 提升金融法治建设水平。进一步发挥上海金融法院的职能作用，加强与金融监管部门之间的合作。积极探索地方立法实践，完善地方金融监管法律制度，为完善国家金融政策法规体系提供经验。探索建立调解与仲裁、诉讼的对接机制，设立第三方金融纠纷调解中心，在金融纠纷非讼解决方式方面先行先试，建立公平、公正和高效的纠纷解决机制。借鉴域外经验，整合金融领域调解组织，建立综合性金融消费纠纷处理机构。加强对司法、执法人员的金融知识专业培训，提升金融司法和执法水平。发展行业自律组织，加强行业协会等自律组织建设，完善自律组织的治理结构，提升行业自律管理水平。

8. 加强金融消费者权益保护。强化金融消费者权益保护工作，健全金融消费者权益保护制度和工作机制，实施金融机构消费者权益保护工作动态考核，促进金融业规范经营和销售行为，切实维护金融消费者合法权益。建立多元化金融消费纠纷解决机制，畅通金融消费者投诉渠道。加强金融知识普及和金融消费者教育工作，提高金融消费者的风险意识、产品认知和自我保护能力。

9. 防范化解金融风险。打好防范化解重大风险攻坚战，把防控金融风险放在更加重要的位置，下决心处置一批风险点，防范单体局部风险演化为系统性全局性风险。有序处置债券违约风险，加强对高负债企业债务风险排查监测，做好重点行业和企业的债券违约风险摸底排查，完善市场化法治化的债券违约处置机制，有序打破刚性兑付，防范道德风险和逃废债行为。积极防范资本市场异常波动风险，强化资金动向监测和异常交易监控，规范程序化交易。妥善处置地方政府隐性债务。打击非法集资。完善金融风险动态监测和早期预警的指标体系和评估方法，提高风险识别和预判能力。制定完善突发性金融风险应急处置机制，强化危机预防。

建设上海国际金融中心，必须始终坚持党对金融工作的集中统一领导，按照党中央决策部署，贯彻实施金融领域的重大方针政策、战略规划和重大改革开放举措。加强上海市金融系统党的领导和党的建设，积极构建与金融中心建设相适应的党建工作格局。压实从严治党的主体责任，加强党风廉政建设。坚决贯彻党管干部、干部跟党的原则，始终把党员干部政治过硬摆在突出位置，大力培养、选拔、使用政治过硬、作风优良、业务精通的专业人才，建设好金融系统领导班子，为上海国际金融中心建设提供强有力保障。

上海市要加强与国家有关部门的沟通协调，积极配合国家有关部门研究制定相关实施方案，积极争取在金融创新和改革开放等方面的先行先试，努力形成滚动推进的落实机制，切实研究解决上海国际金融中心建设过程中出现的新情况和新问题，不断完善相关配套政策和措施。

## 《关于进一步加快推进上海国际金融中心建设和金融支持长三角一体化发展的意见》(2020 年 2 月)

为深入贯彻落实党中央、国务院决策部署，进一步推进上海国际金融中心建设，加大金融支持上海自贸试验区临港新片区（以下简称临港新片区）建设和长三角一体化发展力度，深化金融供给侧结构性改革，推动金融更高水平开放创新，经国务院同意，现提出以下意见。

**一、总体要求**

（一）服务实体经济高质量发展。立足于临港新片区功能定位和产业体系，试点更加开放、便利的金融政策，稳步推进人民币国际化，推行绿色金融政策。加快上海国际金融中心建设，推进金融业对外开放，优化金融资源配置，提升金融服务质量和效能。发挥上海国际金融中心的引领辐射作用，完善金融服务长三角一体化发展体制机制，加大金融支持区域协调发展、创新驱动发展等国家重大战略的力度。

（二）深化金融体制机制改革。以制度创新为重点，增强金融创新活力，探索更加灵活的金融政策体系、监管模式和管理体制。健全金融法治环境，全面实行准入前国民待遇加负面清单管理制度，对内外资金融机构适用同等监管要求，对接国际高标准规则，推动金融业高水平开放。

（三）防范系统性金融风险。在依法合规、风险可控、商业自愿前提下，稳妥有序推进各项金融开放创新措施，部分措施可在临港新片区先行试点。建立健全金融监管协调机制，完善金融风险防控体系，加强金融科技在监管领域的应用，牢牢守住不发生系统性金融风险的底线。

**二、积极推进临港新片区金融先行先试**

（一）支持临港新片区发展具有国际竞争力的重点产业。

1. 试点符合条件的商业银行理财子公司，按照商业自愿原则在上海设立专业子公司，投资临港新片区和长三角的重点建设项目股权和未上市企业股权。鼓励保险机构依法合规投资科创类投资基金或直接投资于临港新片区内科创企业。

2. 支持符合条件的商业银行按照商业自愿原则在上海设立金融资产投资公司，试点符合条件的金融资产投资公司在上海设立专业投资子公司，参与开展与临港新片区建设以及长三角经济结构调整、产业优化升级和协调发展相关的企业重组、股权投资、直接投资等业务。

3. 鼓励金融机构按照市场化原则为临港新片区内高新技术产业、航运业等重点领域发展提供长期信贷资金，支持区内重大科技创新及研发项目。鼓励金融机构在"展业三原则"基础上，为区内企业开展新型国际贸易提供高效便利金融服务，支持新型国际贸易发展。

4. 支持金融机构和大型科技企业在区内依法设立金融科技公司，积极稳妥探索人工智能、大数据、云计算、区块链等新技术在金融领域应用，重视金融科技人才培养。

（二）促进投资贸易自由化便利化。

5. 对于符合条件的临港新片区优质企业，区内银行可在"展业三原则"基础上，凭企业收付款指令直接办理跨境贸易人民币结算业务，直接办理外商直接投资、跨境融资和境外上市等业务下的跨境人民币收入在境内支付使用。

6. 在临港新片区内探索取消外商直接投资人民币资本金专用账户，探索开展本外币合一跨境资金池试点。支持符合条件的跨国企业集团在境内外成员之间集中开展本外币资金余缺调剂和归集业务，资金按实需兑换，对跨境资金流动实行双向宏观审慎管理。探索外汇管理转型升级。

7. 在临港新片区内试点开展境内贸易融资资产跨境转让业务。研究推动依托上海票据交易所及相关数字科技研发支持机构建立平台，办理贸易融资资产跨境转让业务，促进人民币跨境贸易融资业务发展。

**三、在更高水平上加快上海金融业对外开放**

（一）扩大金融业高水平开放。

8．在依法合规、商业自愿的前提下，支持符合条件的商业银行在上海设立理财子公司，试点外资机构与大型银行在上海合资设立理财公司，支持商业银行和银行理财子公司选择符合条件的、注册地在上海的资产管理机构作为理财投资合作机构。

9．支持外资机构设立或控股证券经营机构、基金管理公司在上海落地。推进人身险外资股比限制从51%提高至100%在上海率先落地。

10．对境外金融机构在上海投资设立、参股养老金管理公司的申请，成熟一家、批准一家。鼓励保险资产管理公司在上海设立专业资产管理子公司。试点保险资产管理公司参股境外资产管理机构等在上海设立的理财公司。探索保险资金依托上海相关交易所试点投资黄金、石油等大宗商品。

11．支持符合条件的非金融企业集团在上海设立金融控股公司。鼓励跨国公司在上海设立全球或区域资金管理中心等总部型机构。跨国公司在上海设立的资金管理中心，经批准可进入银行间外汇市场交易。允许在上海自贸试验区注册的融资租赁母公司和子公司共享外债额度。

（二）促进人民币金融资产配置和风险管理中心建设。

12．继续扩大债券市场对外开放，进一步便利境外投资者备案入市，丰富境外投资者类型和数量。逐步推动境内结算代理行向托管行转型，为境外投资者进入银行间债券市场提供多元化服务。

13．发展人民币利率、外汇衍生产品市场，研究推出人民币利率期权，进一步丰富外汇期权等产品类型。

14．优化境外机构金融投资项下汇率风险管理，便利境外机构因投资境内债券市场产生的头寸进入银行间外汇市场平盘。

15．研究提升上海国际金融中心与国际金融市场法律制度对接效率，允许境外机构自主选择签署中国银行间市场交易商协会（NAFMII）、中国证券期货市场（SAC）或国际掉期与衍生工具协会（ISDA）衍生品主协议。

（三）建设与国际接轨的优质金融营商环境。

16．支持上海加快推进金融法治建设，加快建成与国际接轨的金融规则体系，加大对违法金融活动的惩罚力度，鼓励开展金融科技创新试点。

17．切实推动“放管服”改革，全面清理上海市不利于民营企业发展的各类文件，定向拆除市场准入“隐形门”。多措并举，孵育公平竞争的市场环境。

18．研究推动上海金融法院和上海破产法庭顺应金融市场发展趋势，参照国际高标准实践，加强能力建设，提高案件专业化审理水平，增强案件审判的国际公信力和影响力。

**四、金融支持长三角一体化发展**

（一）推动金融机构跨区域协作。

19．提升长三角跨省（市）移动支付服务水平，推动长三角公共服务领域支付依法合规实现互联互通。

20．积极推动长三角法人银行全部接入合法资质清算机构的个人银行账户开户专用验证通道，对绑定账户信息提供互相验证服务。

21．强化长三角银行业金融机构在项目规划、项目评审评级、授信额度核定、还款安排、信贷管理及风险化解等方面的合作协调，探索建立长三角跨省（市）联合授信机制，推动信贷资源流动。支持商业银行为长三角企业提供并购贷款。在现行政策框架下，支持金融机构运用再贷款、再贴现资金，扩大对长三角“三农”、从事污染防治的企业、科创类企业、高端制造业企业、小微企业和民营企业等信贷投放。

（二）提升金融配套服务水平。

22．推动G60科创走廊相关机构在银行间债券市场、交易所债券市场发行创业投资基金类债券、双创债务融资工具、双创金融债券和创新创业公司债。

23．积极支持符合条件的科创企业上市融资，鼓励各类知识产权服务与评估机构积极开发构建专利价值评估模型或工具，促进知识产权交易和流转。研究支持为外国投资者直接参与科创板发行和交易提供便利汇兑服务。

24．探索建立一体化、市场化的长三角征信体系，向社会提供专业化征信服务。依托全国信用信息共享平台，进一步完善跨区域信用信息共享机制，加大信息归集共享和开发利用力度，服务小微企业信用融资。支持人民银行征信中心实现长三角企业和个人借贷信息全覆盖。开展长三角征信机构监管合作，试点建设长三角征信机构非现场监管平台。

25．推动长三角绿色金融服务平台一体化建设。在长三角推广应用绿色金融信息管理系统，推动区域环境权益交易市场互联互通，加快建立长三角绿色项目库。

（三）建立健全长三角金融政策协调和信息共享机制。

26．建立适用于长三角统一的金融稳定评估系统，编制金融稳定指数，建立金融稳定信息共享合作机制，搭建金融风险信息共享平台，建立反洗钱信息交流机制，强化数据保护与管理，加强金融消费纠纷非诉解决机制（ADR）合作。

27. 推动长三角金融统计信息共享，研究集中统筹的监测分析框架，提升经济金融分析的前瞻性。

28. 促进长三角普惠金融经验交流，构建普惠金融指标体系，联合撰写普惠金融指标分析报告。

**五、保障措施**

29. 支持人民银行上海总部组织开展加强支付结算监管能力的试点，推动人民银行征信系统同城双活灾备中心在上海建设落地。研究推动在上海设立中国金融市场交易报告库，集中整合各金融市场的交易信息，提升监测水平，与雄安新区相关建设进行有效衔接。

30. 目前已出台及今后出台的在自贸试验区适用的金融政策，国家金融管理部门出台的各项金融支持贸易和投资自由化便利化的政策措施，适用于上海实际的，可优先考虑在上海试点。人民银行上海总部会同上海银保监局等单位根据本意见制定实施细则，并报上级部门备案。

# 附录三　上海市关于建设国际金融中心配套政策与措施

## 《加快推进上海金融科技中心建设实施方案》(2020年1月)

建设上海金融科技中心作为新时代深入推进上海国际金融中心建设的新内涵，是贯彻落实国家战略、推动上海国际金融中心和科技创新中心联动发展的重要着力点。为加快推进上海金融科技中心建设，根据《上海国际金融中心建设行动计划(2018—2020年)》《金融科技发展规划(2019—2021年)》等精神，制定本实施方案。

**一、指导思想**

以习近平新时代中国特色社会主义思想为指导，全面贯彻党的十九大和十九届二中、三中、四中全会精神，按照上海加快建设“五个中心”、全力打响“四大品牌”、努力强化“四大功能”的要求，牢牢把握新一轮科技革命契机，充分发挥上海金融市场体系完备、金融机构体系健全、科研基础雄厚等优势，加快推进上海金融科技中心建设，为将上海建设成为社会主义现代化国际大都市提供有力支撑。

**二、基本原则**

(一) 坚持科技赋能，联动发展。依靠科技创新提高金融服务效率，提升金融服务能级，增强金融企业核心竞争力。以金融应用为引领，以需求为导向，促进科学技术创新，推动金融与科技联动发展。

(二) 坚持普惠包容，服务实体。明确金融科技发展方向，提升金融的普惠性和包容性，切实保障不同群体平等享有安全、便利、优质、高效的金融服务，持续加大金融创新对实体经济和民生领域的支持力度。

(三) 坚持市场运作，政府引导。激发市场主体创新活力，形成市场驱动内生动力，发挥政府引导服务职能，营造良好创新发展环境。鼓励多元合作，增加有效金融供给。

(四) 坚持守正创新，安全可控。树立稳健发展理念，坚守科技伦理底线，平衡好创新发展与安全可控的关系。加强监管科技运用，创新监管方式，强化金融消费者权益保护，维护金融稳定。

**三、发展目标**

力争用5年时间，把上海打造成为金融科技的技术研发高地、创新应用高地、产业集聚高地、人才汇集高地、标准形成高地和监管创新试验区,将上海建设成具有全球竞争力的金融科技中心。

——技术研发成果不断涌现。加强大数据、人工智能、区块链、5G、量子计算等领域新兴技术研发攻关,支持芯片、算法、云计算等领域基础技术理论研究,推动前沿技术开发利用走在世界前列,为驱动金融创新提供不竭动力。

——金融科技应用国际领先。发挥上海金融产业基础雄厚、应用场景和数据资源丰富等优势,推动20家左右金融市场和总部型金融机构科技应用水平国际领先,使金融科技成为服务实体经济和推动金融业高质量发展的"新引擎"。

——金融科技产业集聚发展。通过政策引导、完善配套、优化布局,培育集聚20家左右具有国际知名度和影响力的金融科技龙头企业,打造良好金融科技生态圈,助推国际金融中心建设和科创中心建设联动发展。

——金融科技人才向往汇集。加大金融科技人才培养引进力度,完善创新创业配套机制,优化人才居住生活环境,将上海打造成为全球金融科技人才的"向往之城"和交流交汇的"首选之地"之一。

——金融科技标准培育卓有成效。加强金融科技在金融行业的应用,培育50个左右创新性强、应用性广、示范性好的创新项目,推动形成一批技术和业务创新的"上海标准",为全球金融科技发展贡献"上海力量"。

——监管创新试点走在前列。按照金融科技监管顶层设计,在沪开展创新监管试点。进一步完善长三角监管协同,逐步推动长三角地区金融科技监管标准统一。建立健全金融科技风险防范机制,强化消费者(投资者)权益保护。

**四、重点任务**

(一)全速推进金融科技关键技术研发。

1. 加强新兴技术研发创新。紧密围绕金融创新需求,积极推动大数据、人工智能、区块链、5G等新兴技术深入研发攻关。支持人工智能企业面向金融领域开展场景应用和关键技术突破。推动拥有自主知识产权的区块链底层、前沿技术研究和性能测试,带动适合金融领域的区块链关键技术创新。积极支持人民银行数字货币研究所在沪设立金融科技公司。鼓励服务于资产管理、授信融资、供应链金融等领域的智能合约、分布式存储、生物识别等技术研发。

2. 深化基础技术研发攻关。围绕芯片、算法、服务器、网络通信、云计算等关键环节,支持科研机构和金融科技领军企业持续推动相关基础技术和产品的开发。重点支持新兴移动互联网技术、虚拟化技术、加密技术、高密度低功耗新型服务器、安全可靠操作系统和平台软件的攻关,提升金融产品、金融服务、金融监管创新的基础技术支撑能力。

3. 构建高效可靠的基础设施。统筹布局安全、稳定、高效的信息基础设施，为金融科技核心业务系统运行提供稳定充足的计算和存储资源。积极争取国家级金融科技重大项目和平台在沪落地。大力推动金融数据中心和云服务平台建设，更好适应高并发、多频次、大流量等新型金融业务需求。

（二）全面提升金融科技应用水平。

4. 提升金融科技服务实体经济能力。利用科技创新进一步丰富金融供给，提升金融资源配置效率，助力实体经济健康可持续发展，增强民生领域金融服务的获得感和满意度。全面推广金融科技应用试点，推动智慧小微纳税快捷贷、贸易融资智慧审核系统、长护险智慧结算服务、大数据绿色农业等综合金融服务创新。探索新技术在渠道拓展、运营模式、产品服务、风险管控、普惠金融等方面的应用新路径，推广具有行业性、全局性的经验做法。

5. 持续深化金融市场科技应用。围绕资产交易、支付清算、登记托管、交易监管等关键环节，实施金融科技应用升级。运用科技手段，提升交易所标准仓单交易平台效率，深化期货市场服务实体经济功能。运用区块链技术，加快票据交易全流程数字化建设。运用数据估值、高性能计算等技术，推进民营企业债券融资支持工具发行和清算结算。建立新一代证券登记结算业务批量处理平台。发挥监管科技作用，提升科创板上市审核、市场监察、上市公司监管效能。

6. 不断优化各类支付结算服务。持续提升人民币跨境支付系统（CIPS）科技应用水平，完善人民币国际化基础设施。鼓励开展生物识别支付、智能穿戴设备支付及银行卡综合服务等创新，促进金融支付与城市产业链、服务链深度融合。探索突破外籍人士使用移动支付工具的障碍。

7. 着力推动智慧银行建设。以生物识别、智能语音交互、情景感知等技术为支撑，推进智慧银行建设。强化金融科技赋能社会信用体系建设，不断完善企业信贷流程和信用评价模型，缓解银企信息不对称问题。鼓励银行机构基于新技术开展民生领域金融创新，运用密码识别、隐私计算、远程开户等科技手段，提升金融服务可得性、便利性和安全性。

8. 大力发展智能投资管理服务。支持资产管理机构探索人工智能、大数据、知识图谱等技术运用，对投资者风险承受能力、收益目标等进行精准识别与分析，满足差异化资产配置需求。鼓励资产管理机构加大投入力度，推动智能合约、数据标签、自然语言处理等技术在交易、风控、客服等方面的应用，进一步完善服务流程，提高服务效率。

9. 深入推进保险产品服务创新。支持保险机构运用物联网、机器学习等技术,提高保险深度和密度,提升保险普惠水平。利用大数据,助力保险业务发展,建设"互联网＋医疗健康＋保险"的一体化健康保险服务业发展平台。鼓励探索区块链技术在保险行业的创新应用,推动承保、核保、定损、理赔等环节的服务流程和模式创新。

(三) 全要素促进金融科技产业集聚。

10. 加快形成金融科技企业集群。大力吸引金融机构和大型科技企业在沪设立金融科技子公司、金融科技研发中心、开放式创新平台。支持多方共建各类金融科技实验室、孵化器、加速器。开展跨界金融科技创新合作,针对关键共性技术难题联合攻关。吸引不同细分领域的金融科技企业来沪集聚发展,健全丰富本市金融科技机构体系。

11. 推动金融科技产业联盟和专业智库发展。发挥产业联盟在产业生态链中的作用,推动各类成员之间的长期、全面、深度合作,实现资源共享、优势互补。研究建立金融科技产业专家咨询委员会,为本市金融科技产业发展的战略规划、重大方针政策和改革举措提供智力支持。

12. 培养引进金融科技高端人才。支持在沪高校金融科技相关学科和专业建设,加大高素质、复合型人才培养力度。建立健全产学研结合、校企协同的人才培养机制。吸引国内外金融科技高端人才来沪发展,对高管和核心骨干在居住证办理、人才公寓申请等方面给予便利。对注册在自贸试验区临港新片区的金融科技企业,经相关部门推荐后,纳入人才引进重点机构,其紧缺急需人才符合条件的可直接落户,其境外高端、紧缺人才个人所得税税负差额部分给予补贴。

13. 构建金融科技产业配套服务体系。加强对本市金融科技企业的综合公共服务,为金融科技企业各类资质认定、专利申请和商标注册等提供便捷服务。引导各类服务机构为金融科技企业的财务审计、信用评估、法律咨询、融资对接、创业辅导、市场推广等提供专业服务。

14. 优化金融科技战略空间布局。发挥本市重点区域金融资源和科技资源集聚的优势,着力优化"两城、一带、一港"的空间布局,形成点上引领突破,由点及面、联动发展的上海金融科技产业集聚态势。"两城",是指分别依托陆家嘴金融城和张江科学城,建设金融科技应用示范城和核心技术创新城。"一带",是指以杨浦滨江、北外滩、外滩金融集聚带、徐汇滨江为依托,建设金融科技应用示范带。"一港",是指依托自贸试验区临港新片区,建设金融科技创新试验港。

（四）全力推进金融科技监管创新试点。

15. 积极探索金融科技监管创新。发挥自贸试验区及临港新片区先行先试优势，开展金融科技监管创新试点。支持人民银行在上海组织开展提高支付结算监管能力的试点，推动全国支付领域非现场监管系统上海中心建设，支持金融科技研究中心进一步做大做强。

16. 进一步完善长三角监管协同。在国家金融科技监管基本规则框架下，逐步推动长三角地区金融科技监管标准统一。研究建立长三角金融科技监管协作机制，推动区域协作常态化、制度化。推动长三角地区金融科技监管信息共享，加强对跨地域金融科技风险的联合监管和协调处置。

17. 建立金融科技风险防范机制。在上海设立中国金融市场交易报告库，集中整合各金融市场交易信息，提升金融市场监测水平。落实金融信息安全保护制度，强化金融信息全生命周期安全防护。建立新技术金融领域应用的风险防范机制，充分评估新技术与业务融合的潜在风险，完善风险拨备资金、保险计划等风险补偿机制。

18. 强化金融消费者（投资者）权益保护。建立健全适应金融科技发展的消费者权益保护机制，认真落实投资者适当性制度，引导市场主体规范提供金融科技产品与服务，完善消费者（投资者）投诉处理程序，依法加强监督检查，切实保护金融消费者（投资者）合法权益。

（五）全方位营造一流金融科技发展环境。

19. 打响上海金融科技国际化品牌。进一步深化上海与国内外金融科技中心的交流与合作。每年在沪举办全球金融科技峰会和展会，在陆家嘴金融城设立金融科技展示平台。鼓励“银行间市场金融科技创新大赛”等活动在沪举办。发挥上海城创金融科技国际产业园的引领带动效应，鼓励张江高新区、紫竹科技园的企业积极拓展国际化布局，探索国际金融科技创新合作新模式。

20. 培育金融科技标准。在“上海金融创新奖”中，增设“金融科技类”项目评选，加大对优秀金融科技项目的表彰和宣传力度。鼓励本市金融科技企业深度参与全国金融标准化技术委员会相关工作，加强与国际标准化组织金融服务技术委员会等国际组织的交流，提升上海在国际、国内金融科技标准形成、修订、推广中的影响力。引导各类金融科技标准在金融机构落地运用，发挥标准的规范引领作用。

21. 推动公共数据资源共享开放。落实《上海市公共数据开放暂行办法》，推进跨部门数据共享，在充分保障数据安全的前提下，依法有序丰富金融科技数据资源。推动跨领域、跨行业的数据融合与协同创新,带动金融产品研发、业务管理、商业模式的变革与创新。积极审慎、稳步有序开展公共数据普惠金融应用项目试点,促进数据安全可控开放应用。

22. 打造多层次融资服务体系。积极推动优质金融科技企业在国内上市。探索设立长三角金融科技指数 ETF 产品,提升本市和长三角金融科技上市公司整体发展水平。发挥创业投资引导基金作用,吸引更多社会资本投资金融科技项目。推动知识产权在金融科技企业融资过程中发挥更大作用。支持本市政策性担保基金扩大对金融科技企业的担保规模。

23. 加大财税政策支持力度。支持符合高新技术企业、技术先进型服务企业、软件企业等资格条件的金融科技企业,享受相关税收优惠政策。支持金融科技企业申请本市信息化发展专项资金。将符合条件的金融机构在本市设立的金融科技子公司,纳入本市金融发展资金支持范围。

24. 加大对金融科技人才的支持力度。支持金融科技企业人员享受本市软件和集成电路企业设计人员、核心团队专项奖励。鼓励金融科技人才申报本市各类人才计划。商业银行可按照规定为海外引进人才提供经常项下个人收支及汇兑便利。鼓励金融机构建立与金融科技市场相适应、有利于激励金融科技人才的薪酬体系和考核制度,激发人才创新和创造活力。

25. 完善市场环境和法治保障。营造公平竞争、有序规范的市场环境,进一步完善金融科技企业的市场准入机制,坚持包容审慎监管,支持金融科技企业创新发展。不断加大对金融科技知识产权的保护力度,妥善应对涉金融科技企业纠纷中的新情况、新问题,防范化解金融风险,为新兴金融科技产业发展提供法治保障。

本实施方案自 2020 年 2 月 1 日起施行。

## 《全面推进中国(上海)自由贸易试验区临港新片区金融开放与创新发展的若干措施》(2020 年 5 月)

设立中国(上海)自由贸易试验区临港新片区(以下简称临港新片区),是以习近平同志为核心的党中央总揽全局、科学决策作出的进一步扩大开放重大战略部署,是新时代彰显我国坚持全方位开放鲜明态度、主动引领经济全球化健康发展的重要举措。为深入贯彻落实习近平总书记关于临港新片区“要进行更深层次、更宽领域、更大力度的全方位高水平开放,努力成为集聚海内外人才开展国际创新协同的重要基地、统筹发展在岸业务和离岸业务的重要枢纽、企业走出去发展壮大的重要跳板、更好利用两个市场两种资源的重要通道、参与国际经济治理的重要试验田”的“五个重要”指示精神，依据《中国（上海）自由贸易试验区临港新片区总体方案》(国发〔2019〕15号)《关于进一步加快推进上海国际金融中心建设和金融支持长三角一体化发展的意见》(银发〔2020〕46号)等文件要求，从更深层次、在更宽领域、以更大力度推进临港新片区金融开放与创新发展，努力提升对全球资源的配置能力，加快打造更具国际市场影响力和竞争力的特殊经济功能区，特制定如下措施。

**一、总体要求**

（一）服务国家大局。主动服务上海国际金融中心建设、长三角一体化高质量发展等国家重大战略，更好服务我国对外开放总体战略布局，选择国家战略需要、国际市场需求大、对开放度要求高但其他地区尚不具备实施条件的重点领域，实施具有较强国际市场竞争力的金融开放政策和制度，积极承接国家各项金融改革开放任务。

（二）对标国际一流。对标国际上公认的竞争力最强的自由贸易园区，对标国际最高标准投资贸易规则，对标国际一流营商环境，对中外资金融机构适用同等监管要求和标准，加强与国际通行规则相衔接，率先推动金融业高水平开放，建设高质量金融机构集聚地、高水平对外投资策源地和高层次金融人才汇集地。

（三）聚焦先行先试。全面落实银发〔2020〕46号文关于“积极推进临港新片区金融先行先试”精神，立足于临港新片区功能定位和产业体系，聚焦新型金融业态创新发展、跨境资金流动自由化便利化、金融服务实体经济高质量发展，先行试点更有力度的开放突破举措和更大程度的风险压力测试。

**二、全面落实全方位、深层次、高水平的金融业对外开放**

根据国发〔2019〕15号等文件，临港新片区将先行先试金融业对外开放措施，积极落实放宽金融机构外资持股比例、拓宽外资金融机构业务经营范围等措施，支持符合条件的境外投资者依法设立各类金融机构，保障中外资金融机构依法平等经营。

（四）积极吸引外资设立各类机构。

1. 支持外资机构与中资银行或保险公司的子公司在临港新片区合资设立由外方控股的理财公司，支持境外金融机构参与设立、投资入股商业银行理财子公司。

2. 支持外资在临港新片区设立由外资控股或全资持有的证券公司、基金管理公司和期货公司。

3. 支持在临港新片区设立由外资控股或全资持有的人身险公司。支持境外金融机构在临港新片区投资设立、参股养老金管理公司。

4. 支持跨国公司在临港新片区设立全球或区域资金管理中心等总部型机构，经批准可参与银行间外汇市场交易，使临港新片区成为亚太地区跨境资金流动和调配中心。

5. 支持境外投资机构在临港新片区内发起设立私募基金，深化外商投资股权投资企业(QFLP)试点和合格境内有限合伙人(QDLP)试点。

（五）加强与国际接轨的制度建设。

6. 健全金融法治环境，推动临港新片区国际商事审判组织建设，加快国际仲裁机构的业务机构集聚，打造调解、仲裁与诉讼相互衔接的多元化纠纷解决机制。支持资本市场法律服务中心等专业机构的发展。

7. 实施具有国际竞争力的跨境金融税收政策，扩大临港新片区服务出口增值税政策适用范围，研究适应境外投资和离岸业务发展的临港新片区税收政策。探索试点自由贸易账户的境外投资收益递延纳税等税收政策安排。

8. 实施国际互联网数据跨境安全有序流动，探索金融交易数据跨境流动，畅通金融机构获取境外经济金融信息的渠道。

（六）大力引进海外优秀金融人才。

9. 对在临港新片区工作的境外高端、紧缺人才，给予个人所得税税负差额补贴。

10. 对符合条件的境外高端人才，在外国人来华工作许可、外国人才签证加分、外籍高层次人才永居申请等方面给予支持。

11. 支持符合条件的具有境外职业资格的金融人才经备案后，在临港新片区内提供服务，其在境外的从业经历可视同国内从业经历。

**三、进一步强化开放型经济制度创新和风险压力测试**

根据国发〔2019〕15 号、银发〔2020〕46 号等文件，在适用已出台及今后出台的全国自贸试验区各项金融政策及国家金融管理部门出台的各项贸易投资自由化便利化措施的基础上，以资金跨境自由流动和资本项目可兑换为重点，承担更大的风险压力测试，充分发挥制度创新试验田作用。

（七）实施资金便利收付的跨境金融管理制度。

12. 探索建立本外币一体化账户体系，实施更加便利的跨境资金管理制度。

13. 拓展自由贸易账户功能，推进临港新片区内资本自由流入流出和自由兑换。

14. 探索取消外商直接投资人民币资本金专用账户，探索开展本外币合一跨境资金池试点。支持符合条件的跨国企业集团在境内外成员之间集中开展本外币资金余缺调剂和归集业务，资金按实需兑换。

15. 探索外汇管理转型升级，推动低成本、高效率、有标准的经常项目可兑换，率先实现非金融部门资本项目可兑换，建设跨境投融资便利设施和跨境资金流动监测分析中心，形成国际收支及汇兑全新管理体系。

（八）实施高水平贸易投资自由化便利化措施。

16. 支持和推荐更多临港新片区企业纳入优质企业名单，享受跨境人民币结算便利化等政策先行先试。

17. 支持临港新片区内企业参照国际通行规则依法合规开展跨境金融活动，支持金融机构在依法合规、风险可控、商业可持续的前提下为临港新片区内企业和非居民提供跨境发债、跨境投资并购和跨境资金集中运营等跨境金融服务。

18. 支持金融机构按照国际惯例为临港新片区内企业开展离岸转手买卖、跨境电商等新型国际贸易提供高效便利的跨境金融服务，完善新型国际贸易与国际市场投融资服务的系统性制度支撑体系，打造供应链金融管理中心。

19. 临港新片区内企业从境外募集的资金、符合条件的金融机构从境外募集的资金及其提供跨境服务取得的收入，可自主用于临港新片区内及境外的经营投资活动。

（九）提升跨境金融供给能力。

20. 支持临港新片区开展境内贸易融资资产跨境转让业务。支持上海票据交易所及相关数字科技研发支持机构建立平台，办理贸易融资资产跨境转让业务，促进人民币跨境贸易融资业务发展。

21. 支持符合条件的临港新片区内金融机构开展跨境证券投资、跨境保险资产管理等业务。

22. 探索设立国际金融资产交易平台，适应境内外投资者需求。

**四、加快培育具有较强国际国内金融资源配置能力的金融及相关机构体系**

实施创新发展战略，推动优质资源集聚和高端金融产业发展，打造总部型或功能性机构、资产管理机构、金融科技的聚集地，加快构建区域特色金融体系，增强上海国际金融中心功能。

（十）支持设立各类总部型或功能性机构。

23. 支持银行、证券、保险等各类金融机构为临港新片区进行高端专业金融赋能，打造总部级别的专业化、功能性平台，包括但不限于跨境业务中心、跨境资产管理中心、跨境托管中心、跨境银团中心、跨境票据中心、金融创新实验室、金融市场业务中心，进一步提升临港新片区金融服务的能级。

24. 支持符合条件的非金融企业集团在临港新片区设立金融控股公司，加强对各金融业务板块的股权管理和风险管控，并参照金融机构享受相关扶持政策。

（十一）集聚发展各类资产管理机构。

25. 支持符合条件的商业银行理财子公司在临港新片区设立专业子公司。支持符合条件的商业银行在临港新片区设立金融资产投资公司，支持符合条件的金融资产投资公司在临港新片区设立专业投资子公司。

26. 支持证券公司在临港新片区设立专业子公司。支持保险资产管理公司设立专业资产管理子公司。

27. 为各类社会资本在临港新片区设立投资类公司提供高效便利服务。

（十二）加快建设金融科技生态圈。

28. 把握金融业数字化转型机遇，支持金融机构运用金融科技赋能创新金融产品和服务模式，包括但不限于数字银行、智能投顾、保险科技、数字支付等。

29. 发挥临港新片区先行先试优势，积极探索金融科技监管创新，试点开展“监管沙盒”机制，探索人工智能、大数据、云计算、区块链等新技术在金融领域应用，打造具有国际影响力的金融科技创新试验港。

30. 支持金融要素市场、持牌类金融机构和大型科技企业在临港新片区设立金融科技公司、金融科技实验室、企业技术研究院等，对具有重大示范引领作用的，参照金融机构享受相关扶持政策。

31. 积极配合国家金融管理部门加强金融基础设施建设，争取交易报告库、基础征信系统等设施及其运营机构在临港新片区落地。

**五、建立和完善金融支持重点产业发展的生态体系**

坚守金融服务实体经济的宗旨，立足临港新片区的功能定位和产业基础，深化金融供给侧结构性改革，优化金融资源配置，提升金融服务的质量和效能，支持集成电路、人工智能、生物医药、航空航天、新能源汽车、装备制造、绿色再制造、航运业等重点产业发展，打造世界级前沿产业集群。

（十三）加大对重点产业的信贷支持力度。

32. 综合运用融资担保、贷款贴息、风险补偿等财政政策工具，支持开发性金融机构、政策性金融机构和商业性金融机构为临港新片区内高新技术产业、航运业等重点领域发展提供长期信贷资金，并积极支持保险公司创新金融产品和服务。

33. 鼓励开发性、政策性银行运用抵押补充贷款(PSL)资金支持临港新片区内重大科技创新及研发项目。鼓励金融机构运用再贷款、再贴现资金，扩大对临港新片区内科创类企业、高端制造业企业、小微企业和民营企业等信贷投放。

34. 鼓励金融机构发行双创金融债券，募集资金用于临港新片区内科技创新企业贷款。

(十四) 拓宽科创企业直接融资渠道。

35. 支持商业银行理财子公司专业子公司、金融资产投资公司及其专业投资子公司、证券公司专业子公司、保险资产管理公司专业子公司机构发展，投资临港新片区的重点建设项目股权和未上市企业股权，参与企业重组、直接投资等。支持商业银行和银行理财子公司与临港新片区内的资产管理机构开展业务合作。

36. 更好发挥保险资金支持实体经济功能，引导保险资金积极开展价值投资、长期投资，支持保险机构投资与临港新片区建设相关的科创类投资基金或直接投资于临港新片区内科创企业。

37. 设立临港新片区引导基金，积极吸引各类社会资本在重点产业领域组建产业发展基金群，不断拓宽临港新片区科创企业的股权直接融资渠道。

38. 深化与上海证券交易所、上海股权托管交易中心等合作，建立临港新片区资本市场服务联动工作机制，加大对科创企业挂牌、上市的培育辅导和财政奖励，加快培育一批创新能力强、成长速度快、能够引领和支撑产业发展的创新龙头企业上市科创板。

(十五) 依托产业优势促进跨境业务和离岸业务发展。

39. 支持融资租赁产业依托洋山特殊综合保税区建设做大做强，加快发展租赁资产证券化等业务，打造融资租赁产业高地。大力促进单机、单船、单套设备融资租赁业务集聚和创新发展，支持享受母子公司共享外债额度、海关异地委托监管等便利政策。

40. 推进"中国洋山港"保税船舶登记，大力发展航运融资、航运保险、航运结算、航材租赁、船舶交易和航运指数衍生品等业务，提升高端航运服务功能。

41. 积极对接在沪金融要素市场，在洋山特殊综合保税区大力开展国际大宗商品交易，深入推进期货保税交割业务，推动期货市场与现货市场的联动发展。

42. 支持保险机构与境外机构合作开发跨境医疗保险产品、开展国际医疗保险结算试点，加快建设国际医疗服务集聚区。

**六、强化个性化的综合服务保障**

按照《中国（上海）自由贸易试验区临港新片区支持金融业创新发展的若干措施》，通过功能性政策、财税政策和综合配套政策，为集聚金融机构和金融人才在临港新片区各展其才、各尽其用提供保障。对于重点机构和企业，可采取"一事一议"的方式予以支持。

（十六）加快金融集聚区建设。

43. 优化现代服务业开放区功能空间布局，全力吸引各类持牌类金融机构、新型金融机构、投资类企业和金融功能性机构入驻。加快会计审计、法律服务、信用评级、投资咨询、财经资讯、人力资源等金融专业服务业发展。

44. 对于在临港新片区新设的机构，给予相应的落户奖励，最高不超过6 000万元。对金融机构因业务发展需要增加实缴资本金的，给予一定的增资奖励。根据机构（包括融资租赁 SPV 公司）形成的管委会财力贡献，给予一定的综合贡献奖励。

45. 支持新设机构在临港新片区新建、购置或租赁自用办公用房，对于购地建设自用办公用房，且建筑面积自用率达到 70%的，对项目建设费用给予一定的奖励；对于租赁自用办公用房的，根据实际租赁面积，按年租金最高 100%的比例给予补贴，年限不超过三年。

46. 对在临港新片区工作的金融人才，支持享受人员落户、人才公寓或限价商品房、子女教育、医疗保障等方面的优惠政策。对于符合条件的高管人员和特殊高端人才，给予个人贡献奖励，并给予落户支持，紧缺急需的特殊人才符合条件的可直接落户。

（十七）支持金融业务创新发展。

47. 建立重大项目服务专员机制，为金融机构注册设立、牌照申请、业务对接、金融创新提供全生命周期的定制化服务。

48. 建立金融创新协调推进机制，根据金融机构业务发展和创新需求，为金融机构与国家金融管理部门对话搭建桥梁、为金融产品和服务创新提供平台，争取更多首创性金融政策在临港新片区先行先试。

49. 建立产融合作长效工作机制，定期举办专业路演、行业沙龙、产融对接会等活动，为金融机构和企业提供有效的对接服务。

50. 设立临港新片区金融业务创新发展资金，每年评选十大金融创新企业、金融业十强企业和十大杰出金融创新人才，并给予一定的奖励，鼓励开展跨境金融、离岸金融等产品和服务创新。

本措施由临港新片区管委会会同有关业务主管部门负责解释。本措施自发布之日起施行，有效期五年。

# 后　记

改革开放40多年来，上海作为我国经济发展最活跃、开放程度最高、创新能力最强的城市之一，已经拥有了在全国乃至全世界具有重要影响力的股票、期货、外汇、黄金等金融交易中心，上海油、上海金、沪港通、沪伦通等金融产品享誉全球，吸引了海内外众多金融机构在上海开展资产管理相关业务。作为中国改革开放的重要窗口和发展成就的生动缩影，上海正在成为全球金融机构最集中、金融要素市场最齐备、金融环境最友好的城市之一，资产管理行业在金融体系和实体经济中发挥越来越重要的作用，使建设全球资产管理中心成为上海建设国际金融中心的重要一环。

资产管理业务在满足居民财富管理需求、优化社会融资结构以及推进更高水平的金融服务实体经济等方面发挥了积极作用，伴随着金融行业高质量的发展，资产管理行业在国民经济中的重要性将持续提升，上海发展建设市场化、国际化、法治化的资本市场离不开要素市场完善、资产配置齐全的资产管理中心建设。

站在高质量发展新时期的重要节点上，中国宝武作为长期践行“产融结合”发展理念的国有资本投资公司，以“成为全球钢铁业引领者”为愿景，以“共建高质量钢铁生态圈”为使命，以“诚信、创新、协同、共享”为价值观，打造了以绿色精品智慧的钢铁制造业为基础，新材料产业、智慧服务业、资源环境业、产业园区业、产业金融业等相关产业协同发展的战略布局。实体是肌体，金融是血脉，中国宝武的产业金融板块坚持“产业＋金融”双驱动的发展战略，充分发挥贴近产业需求的优势和协同优势，深入践行习近平总书记关于金融服务实体经济的理念，提供全方位的综合金融服务，为实体经济发展提供更高质量、更有效率的金融服务。

目前，中国宝武产业金融板块拥有华宝证券、华宝信托、华宝基金、华宝租赁、财务公司等专业金融公司，还出资参与建设银行股份制改制、新华保险以及渤海银行的发起设立，投资参股中国太保、长江养老、上海农商银行、湖北银行、汉口银行等金融机构。在信托业务、证券业务、公募基金、融资租赁、财务公司、产业基金、商业保理以及金融科技等领域，中国宝武产业金融板块为不同的企业和投资者提供标准化的金融产品以及个性多样的资产管理服务，不仅为企业创造了金融价值，为投资者提供了可靠的金融产品，更体现了国有资本投资公司的社会担当。截至2019年年底，中国宝武产业金融板块管理的资产规模约7 418亿元。

上海建设全球资产管理中心，对于同样坐落在上海的华宝证券有限责任公司而言，是一次重要的转型发展机遇。华宝证券要敢于担当、敢于作为，更要抓住机遇，在金融行业主动管理能力提高、专业化研究水平普及以及金融对外开放深度不断提升的趋势下，加快资产管理业务体系能力建设，充分利用政策红利，回归资产管理业务的本源，以解决中小微企业痛点为问题导向，以差异化的金融服务，增强资产管理业务的价值，在防范金融风险、助力金融供给侧改革以及服务实体经济方面，为上海建设全球资产管理中心助力并作出应有的贡献。

华宝证券有限责任公司
2020年12月

**图书在版编目(CIP)数据**

实践与创新:上海全球资产管理中心建设研究/上海全球资产管理中心建设研究课题组编著.
—上海:复旦大学出版社,2020.12
ISBN 978-7-309-15403-0

Ⅰ.①实… Ⅱ.①上… Ⅲ.①资产管理-金融机构-建设 -研究-上海 Ⅳ.①F832.751

中国版本图书馆 CIP 数据核字(2020)第 265560 号

**实践与创新:上海全球资产管理中心建设研究**
上海全球资产管理中心建设研究课题组 编著
责任编辑/谢同君

复旦大学出版社有限公司出版发行
上海市国权路 579 号 邮编:200433
网址:fupnet@fudanpress.com http://www.fudanpress.com
门市零售:86-21-65102580 团体订购:86-21-65104505
外埠邮购:86-21-65642846 出版部电话:86-21-65642845
上海华业装潢印刷厂有限公司

开本 787×1092 1/16 印张 17.75 字数 309 千
2020 年 12 月第 1 版第 1 次印刷

ISBN 978-7-309-15403-0/F·2756
定价:68.00 元